权威·前沿·原创

皮书系列为
"十二五""十三五"国家重点图书出版规划项目

社会责任管理蓝皮书

BLUE BOOK OF
SOCIAL RESPONSIBILITY MANAGEMENT

中国上市公司社会责任能力
成熟度报告（2017~2018）*No.3*

REPORT ON CHINA LISTED CORPORATE SOCIAL RESPONSIBILITY
CAPABILITY MATURITY (2017-2018) No.3

肖红军　王晓光　李伟阳／著
中国企业管理研究会社会责任专业委员会
北京融智企业社会责任研究院

社会科学文献出版社
SOCIAL SCIENCES ACADEMIC PRESS (CHINA)

图书在版编目（CIP）数据

中国上市公司社会责任能力成熟度报告.No.3，2017 ~ 2018 / 肖红军，王晓光，李伟阳著. -- 北京：社会科学文献出版社，2018.5
（社会责任管理蓝皮书）
ISBN 978 - 7 - 5201 - 2543 - 7

Ⅰ.①中⋯ Ⅱ.①肖⋯ ②王⋯ ③李⋯ Ⅲ.①上市公司 - 社会责任 - 研究报告 - 中国 - 2017 - 2018 Ⅳ.①F279.246

中国版本图书馆 CIP 数据核字（2018）第 064853 号

社会责任管理蓝皮书

中国上市公司社会责任能力成熟度报告（2017~2018）No.3

著　者／肖红军　王晓光　李伟阳

出 版 人／谢寿光
项目统筹／吴　敏
责任编辑／吴　敏

出　　版／社会科学文献出版社 · 皮书出版分社（010）59367127
　　　　　　地址：北京市北三环中路甲29号院华龙大厦　邮编：100029
　　　　　　网址：www.ssap.com.cn
发　　行／市场营销中心（010）59367081　59367018
印　　装／三河市龙林印务有限公司

规　　格／开 本：787mm × 1092mm　1/16
　　　　　　印 张：20.25　字 数：305 千字
版　　次／2018 年 5 月第 1 版　2018 年 5 月第 1 次印刷
书　　号／ISBN 978 - 7 - 5201 - 2543 - 7
定　　价／98.00 元

皮书序列号／PSN B - 2015 - 507 - 2/2

本书如有印装质量问题，请与读者服务中心（010 - 59367028）联系

中国企业管理研究会
社会责任专业委员会

　　中国企业管理研究会,原名中国工业企业管理教育研究会,创建于1981年。1995年3月经民政部批准,改名为中国企业管理研究会。作为全国性社团组织,中国企业管理研究会的主要功能是向政府反映企业管理中出现的问题、提出企业管理政策建议;总结和推广企业的先进管理经验,并开展管理咨询服务;进行企业管理理论研究和学术交流;组织协调全国大专院校企业管理教材的编写和教学经验的交流;开展企业家经营管理知识培训和国际学术交流等。研究会现有理事单位近300家,涵盖企业、高等院校、研究机构和新闻出版单位。自成立以来,研究会不仅为我国大中型企业培训了许多优秀的经营管理人才,而且就高等管理教育的改革、成人教育的发展等问题曾向国务院和中央有关部委提出一些重要建议,受到中央有关领导同志的好评。

　　中国企业管理研究会社会责任专业委员会于2014年正式成立,其定位是充分发挥中国企业管理研究会的优势,将企业、高等院校、研究机构联结起来,引领中国企业社会责任发展的潮流,推动中国企业社会责任的理论与实践发展,提高中国企业的责任竞争力。中国企业管理研究会社会责任专业委员会的理事单位来自全国多个研究机构、高等院校和知名企业,主要任务是从事社会责任基础理论研究、社会责任管理与教学案例开发、举办社会责任活动与会议、开展社会责任理论与实践优秀成果跟踪评价、提供社会责任高端培训和咨询服务。

北京融智企业社会责任研究院

北京融智企业社会责任研究院（以下简称"研究院"）是一家在北京市民政局正式注册、国内专门从事企业社会责任研究与推广的专业机构，其核心团队包括国内较早从事社会责任研究和实践的主要专家。研究院致力于为政府、企业和非政府组织在社会责任领域提供强有力的研究平台、服务平台、沟通平台、创新平台和合作平台，积极推动国内企业社会责任理论与实践的持续健康发展。

研究院始终以建设国内领先、国际一流的企业社会责任研究与服务专业机构为着眼点，坚持秉承"融生达道、智造卓越"的办院宗旨，融智成智，积极为企业探寻可持续发展之道，用智慧帮助更多企业成就卓越。

研究院拥有一支具有较高专业水平、素质全面、能力突出、经验丰富、胸怀激情、具有国际视野的研究与服务团队，融合一批来自国内外一流高等院校，以及具备管理学、经济学、社会学、金融学、环境学等不同学科背景的人才队伍，造就了一批资深的企业社会责任专家。研究院拥有广泛的产业、学界、政府、国际机构资源，建立了高层次的社会责任国际平台，与国内企业社会责任政府主管部门保持着密切的合作与联系，形成了由来自中国社会科学院、国务院发展研究中心、北京大学、北京师范大学、厦门大学、对外经济贸易大学等机构的国内一流专家组成的智库。

研究院长期以来专注于可持续发展和企业社会责任领域的研究、咨询、培训和传播，出版了多部具有较大影响力的企业社会责任著作或研究报告，创新开展了多次不同形式的企业社会责任专项培训，研发了适合中国企业实际的可持续发展和社会责任管理体系与模式，为30多家中央企业、金融机构以及众多中小企业提供了社会责任的专门咨询服务，组织了多次具有广泛影响的企业社会责任国际和国内会议，积极为企业搭建社会责任的沟通与传播平台。

研究院目前是国家标准委员会核心合作单位，参与中国企业社会责任标准以及中国企业社会责任报告标准的制定。研究院创新推出了以社会责任管理能力成熟度模型为基础，以利益相关方关系管理为主线，以可持续竞争力提升为目标的社会责任管理体系和模式。

研究院一直坚持"用心、专心、同心"的客户服务理念，努力做到用心为客户谋事，专心为客户干事，同心为客户成事；一直坚持"热心、诚心、细心"的开放合作态度，不仅热心于与社会各界开展各项合作，而且始终诚信地对待合作伙伴，细心地与合作伙伴携手共进。研究院期待为更多的客户提供专业、优质的服务，实现共同成长；期待与更多的有志之士紧密协作，共创中国企业可持续发展的未来。

主要编撰者简介

肖红军 先后就读于厦门大学电子工程系、厦门大学管理学院和中国社会科学院研究生院，分别获得工程学学士、管理学硕士和管理学博士学位。现任职于中国社会科学院工业经济研究所，主要从事企业社会责任、企业成长方面的研究，曾经主持或参与多项国家科技支撑计划项目、"863"计划项目、国家社科基金项目，以及国家发改委、工业和信息化部等多个部委委托的重要研究课题，在全国核心期刊上发表论文多篇。

王晓光 管理学博士，研究员，毕业于中国社会科学院研究生院，现任北京融智企业社会责任研究院院长、中国企业管理研究会副理事长、中国工业经济联合会企业社会责任促进中心主任、中国工业企业社会责任研究智库秘书长、国家企业社会责任标准起草组专家，主要从事企业社会责任管理、企业战略与组织等领域的研究，在企业社会责任管理与可持续竞争力领域提出了系统的理论框架。先后主持或参与联合国开发计划署（UNDP）、国际劳工组织（ILO）、科技部、工信部、国务院国资委等国际组织与国家部委的研究项目十余个，主持大型企业的社会责任咨询与培训项目上百个，发表论文数十篇，出版专著和教材多部。

李伟阳 毕业于财政部中国财政科学研究院研究生部，现任国家电网公司能源研究院副院长，兼任中国企业管理研究会常务副理事长、厦门大学企业社会责任与企业文化研究中心首席研究员、联合国"全球契约"中国网络中心副主任、中国ISO社会责任专家组成员。主笔完成我国企业首份社会责任报告和首个企业履行社会责任指南，率先提出企业全面社会责任管理模式，成果荣获第十五届国家级企业管理现代化创新成果一等奖，出版著作多部，主持国家级科研项目多个。

摘　要

企业社会责任能力成熟度是对企业社会责任能力的度量，企业社会责任能力集中体现在实现企业社会责任目标或构想所具有的知识、技能和意愿水平上。为了更加全面准确评价中国上市公司的社会责任能力成熟度水平，为企业提升社会责任能力提供参考，推动中国企业社会责任管理实践和理论研究的发展，在编写《中国上市公司社会责任能力成熟度报告（2016）*No. 2*》的基础上，继续编写《中国上市公司社会责任能力成熟度报告（2017～2018）*No. 3*》。

在以往研究的基础上，本报告研究样本覆盖沪深 A 股全部上市公司，用来反映中国资本市场整体社会责任能力发展水平。报告由总报告、技术报告、基础指数报告、衍生指数报告、指数比较报告、附录六大部分构成。

总报告是对全书主要研究成果的总体性概括，提炼了 2017 年具有代表性的中国上市公司社会责任能力成熟度八大发现。

技术报告是对评价方法的说明。2017 年继续采用 2016 年中国上市公司社会责任能力成熟度评价方法，主要从指标构建、赋值赋权、评价实施等三个方面进行了说明。

基础指数报告包括两部分内容：中国资本市场社会责任发展成熟度综合指数评价、沪深上市公司社会责任能力成熟度评价分析。前者是对中国资本市场社会责任发展阶段的整体研究，后者是对中国沪深 A 股上市公司社会责任能力成熟度的总体平均分析。

衍生指数报告从 19 个重点行业，同时专门对"一带一路"主题上市公司的社会责任能力建设水平和制造业上市公司绿色发展能力进行了评价分析。

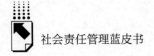

指数比较报告旨在比较不同股票价格指数上市公司的社会责任能力成熟度水平。从指数的代表性和多元性考虑，选取了上证 180、深证 100、中证 100、沪深 300、中小板综、创业板综共六类指数进行了比较分析。我们还在本部分提出了"CSRCM50 指数"的概念，并将这一指数的市场表现与上述不同股票价格指数的市场表现进行了比较，分析了社会责任能力成熟度对上市公司在资本市场表现的影响。

附录部分集中展示了 2016 年中国沪深上市公司社会责任能力成熟度指数以及"一带一路"主题上市公司社会责任能力成熟度指数的得分。

目　录

Ⅰ　总报告

Ⅱ　技术报告

Ⅲ　基础指数报告

Ⅳ　衍生指数报告

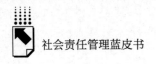

Ⅴ 指数比较报告

Ⅵ 附录

皮书数据库阅读**使用指南**

总 报 告

B.1

2016年中国上市公司
社会责任能力建设进展

——2016年中国上市公司社会责任能力成熟度八大发现

摘　要：　本文概括提炼了2016年中国上市公司社会责任能力成熟度的主
要研究结论。研究发现，2016年中国资本市场社会责任发展成
熟度处于起步的后半段，沪深上市公司的社会责任能力建设水平
处于弱能级。本文对重点行业、"一带一路"主题、绿色制造主
题等不同上市公司集合的社会责任能力成熟度进行了总体评价。

关键词：　上市公司　资本市场　成熟度　社会责任能力

一　发现1：中国资本市场社会责任发展成熟度
综合指数得分40.18分，处于弱能级

2016年中国资本市场社会责任发展成熟度综合指数得分为40.18分，

略低于 2015 年的平均得分 42.79 分，这表明我国资本市场社会责任发展水平整体处于弱能级。这一时期，资本市场对社会责任理念从一无所知到初步了解，社会责任相关议题开始出现在投资决策的考虑因素中，但远没有成为投资的重要参考。负责任投资、社会价值投资等与社会责任密切相关的投资概念逐渐被市场提及、讨论。从企业实践来看，绝大部分上市公司仍然没有开展富有成效的社会责任推进管理。与经济指标相比，资本市场对环境因素的重视程度还远远不够。

二 发现2：中国上市公司社会责任能力成熟度得分偏低，只有1.8%的上市公司处于本能级

2016 年中国上市公司社会责任能力成熟度平均得分为 34.25 分，略高于 2015 年的平均水平 33.01 分，整体处于弱能级。在 2805 家上市公司中，高达 98.2% 的公司得分低于 60 分，超过 60 分的公司仅有 51 家。这表明中国上市公司社会责任能力建设水平正处在启蒙跟随阶段，大多数上市公司正在为履行社会责任打造基础，尚不具备足以实现企业社会责任目标的知识和能力，履责意愿也相对较低。

社会责任理论和管理实践在我国已经有近十年的发展积累，但上市公司的社会责任能力建设水平较低，上市公司的经济价值创造能力普遍突出，社会责任推进管理严重不足，环境价值创造能力和社会价值创造能力都亟待提升。导致这一结果的主要原因是：从社会责任自身的发展趋势来看，社会责任理论研究和管理思想至今并没有进入主流经济学和管理学的视野。这表现在企业管理中，就是社会责任工作被边缘化。从资本市场来看，我国的"负责任投资"理念仍处于起步阶段，投资者的社会责任投资意识比较缺乏，资本市场对未能履行社会责任的上市公司没有形成普遍性压力，同时对履行了社会责任的上市公司也缺乏有效的激励。从政策环境来看，两个交易所对上市公司履行社会责任的推动力度偏弱。2006 年深交所发布《深圳证券交易所上市公司社会责任指引》，倡导上市公司承担社会责任，鼓励上市

公司发布社会责任报告。2008 年上交所发布《上海证券交易所上市公司环境信息披露指引》，号召上市公司按照所处行业和自身经营特点，建立符合公司实际的社会责任战略规划及工作机制。虽然两个交易所先后对上市公司履行社会责任和披露相关信息都提出了要求，但仍然界定在企业自愿的基础上，没有强有力的约束举措，并将重点放在了信息披露上。而且，最近几年，上交所和深交所都没有就社会责任提出新的政策要求。从企业自身来看，上市公司对社会责任的认知理解仍然停留在基础的理念层面，普遍没有开展实质性的推进管理。受到资本市场对上市公司财务绩效表现的压力，相较于社会、环境等非财务绩效，上市公司更关注经济绩效，大多数公司的综合价值创造能力不足。

三 发现3：普遍没有进行社会责任知识管理，社会责任 专项培训和专职人员数量严重不足

在上市公司社会责任能力成熟度六大维度中，"社会责任推进管理"维度得分最低，仅 6.07 分，与其他五个维度的得分差距极大，但高于 2015 年的平均得分 4.45 分。其中，社会责任知识管理与社会责任专项培训得分分别为 1.56 分和 2.18 分，在社会责任推进管理中得分最低。从得分分布来看，得分低于 30 分的企业有 2683 家，占比 95.65%，且以 0 分居多。达到 60 分以上的公司仅有 14 家。这表明，沪深两市上市公司还没有建立起完善的社会责任推进管理体系，对开展社会责任工作缺乏顶层设计和系统的保障。

社会责任推进管理体系是企业落实社会责任议题、开展社会责任实践的重要保障，尤其是当前中国企业社会责任发展处于起步阶段，无论是企业对社会责任意识理念的导入和认知的提升，还是企业推动各层级、各单位落实社会责任要求、践行社会责任理念，均需要强有力的社会责任推进管理。沪深上市公司社会责任推进管理能力成熟度得分普遍较低的主要原因：首先，大多数上市公司没有建立社会责任组织机构或推进制度，即便有社会责任工

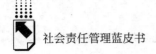

作委员会、报告编写小组等机构，也由于设置层次较低，统筹和执行力度偏弱；其次，绝大多数上市公司没有就社会责任开展专门的能力建设，如专项培训、知识管理等；最后，针对社会责任推进管理工作的人力和资金投入严重不足。

四 发现4：环境价值创造能力严重不足，应对气候变化及生态环境保护两个指标得分明显偏低

环境与经济、社会共同构成了企业社会责任的"三重底线"，因此，环境绩效是企业社会责任能力成熟度的重要方面。然而，分析发现，与社会价值创造能力和经济价值创造能力相比，上市公司的环境价值创造能力严重偏弱。数据显示，2016年沪深两市上市公司的环境价值创造能力维度平均得分为20.13分，高于2015年的平均得分18.15分，处于无能级，远逊于上市公司在经济和社会方面的表现。在2805家样本中，有2239家企业在该维度得分低于30分，占比79.82%，仅有46家公司得分高于60分，占比仅为1.6%。

沪深两市上市公司的环境价值创造能力低的原因可能在于：第一，企业对环境问题仍然没有足够重视，特别是制造业企业将治理环境的成本转移到自然环境中，制定的环境政策和体系没有得到有效落实，环境管理的实际效果不理想；第二，环保监管部门的监督管理力度不大，使得环境违法的成本较低；第三，企业对于公共环境问题的关注程度和参与解决的意愿较低。

五 发现5："一带一路"主题上市公司较注重社会责任战略规划的引领作用，超过70％的企业制定了可持续发展战略

2016年，86家"一带一路"主题上市公司有72家公司（84%）制定了可持续发展战略或在战略表述中融入了可持续发展、三重底线责任和利益

相关方等理念,这一比例高于上市公司平均水平,甚至还有 14 家公司 (16%) 制定了具体的社会责任规划,也高于上市公司平均水平。这表明中资上市公司在"一带一路"建设中,更为重视社会责任的顶层设计和信息披露,从而促进了内部管理提升和外部沟通改进。

六 发现6:制造业上市公司绿色发展能力亟待提升,81%的企业得分低于30分

2016 年,中国制造业上市公司绿色发展能力平均得分为 19.89 分,略低于全部沪深上市公司的平均得分 20.13 分,略高于 2015 年的平均得分 18.65 分,整体处于无能级。在 1641 家上市公司中,1335 家企业的绿色发展能力成熟度平均得分低于 30 分,处于无能级,占比 81.35%;98.29% 的公司绿色发展能力成熟度没有达到 60 分(本能级),绿色发展能力成熟度平均得分处于 60~80 分的企业数量为 26 家,达到本能级;进入强能级或超能级的企业各为 1 家。

制造业上市公司绿色发展能力偏弱的原因在于:一方面,制造行业资源能源消耗高,长期以来的粗放式发展模式,导致生态环境影响突出,而且大部分企业对环境指标和信息的披露水平不高,不重视与社会公众沟通企业在环境方面的表形;另一方面,反映出当前我国制造业转型升级十分迫切。制造行业对资源能源的消耗大,长期以来的粗放式发展模式,导致生态环境影响突出,迫切需要加快转型升级,改变高投入、高消耗、高排放的传统发展模式,积极推进发展绿色制造、智能制造。

七 发现7:媒体行业上市公司社会责任能力成熟度平均水平最高,食品行业上市公司社会责任能力成熟度得分最低

按照 Wind 资讯的分类,上市公司归属的行业(一级行业)共分为 19 大类。统计显示,社会责任能力成熟度水平最高的三个行业分别是媒体行

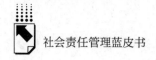

业、公用事业行业、金融行业，得分依次为41.69分、41.25分、40.69分；得分最低的三个行业是工业行业、医疗保健行业、食品行业，得分分别是31.13分、31.02分、30.51分。

媒体行业包含由传播各类信息、知识的传媒实体部分所构成的产业群，其社会责任能力成熟度水平高于其他行业的原因在于：商业化新媒体平台是一个综合性的媒体平台，满足人们的精神文化需求也是其责任之一，如"今日头条"中的一些历史领域作者发布的历史科普，生活领域作者发布的生活窍门、美食制作，还有一些有深度的自媒体作者通过自己的方式展现不一样的社会和生活。目前，一些优质的自媒体已经得到了受众的认可，具备一定的认知度。如人民网、新华网等知名媒体已经在传播方面做到了有口皆碑，而目前比较流行的知名的视频博主等，他们本身已经成为新媒体品牌，不仅能获得高流量的回报，而且能够生产优质的内容，满足人们的精神文化需求。

食品行业社会责任能力成熟度得分最低，其中社会责任推进管理得分仅为3.61分，与其他几个指标相比差距较大，而且严重低于沪深两市上市公司的平均得分6.07分，说明食品行业上市企业在自身的发展过程中，严重忽视了经济、社会和环境的综合发展。

八 发现8：社会责任能力成熟度处于本能级的前50家公司构成的指数（CSRCM50）在资本市场上的累计收益率高于沪深300、深证综合、上证180

CSRCM50是以沪深两市上市公司中社会责任能力成熟度得分最高的前50家企业为样本编制的指数。统计发现，2016年1~12月，CSRCM50指数的收益率为0.21%，在7个指数中为唯一正值，同期深证综合指数为-14.72%，深证100指数为-15.11%，中证100指数为-7.5%，沪深300指数为-11.28%，上证180指数为-0.964%，上证综合指数为-12.31%。CSRCM50的市场收益率显著高于其他指数。从2017年整体行情看，股票市场整体收益率逐步回升，数据显示，CSRCM50指数的收益率为24.57%，在 7 个指数中名列第三位，跑赢了同期沪深 300 指数 21.78% 的收益率，也超过深证综合指数的 - 3.54% 、上证 180 指数的 19.69% 以及上证综合指数的 6.56% ，略低于中证 100 指数的 30.21% 和深证 100 指数的 28.43% ，整体数据说明 CSRCM50 指数在市场上行期也展现了较好的市场投资价值。

由此可见，在 2016 年，CSRCM50 指数大幅跑赢主板指数，具有一定的投资价值。通过综合考虑指数成分股的财务绩效和非财务绩效，从社会责任理念与战略、社会责任推进管理、经济价值创造能力、社会价值创造能力、环境价值创造能力和合规透明运营能力等社会责任成熟度的六个维度，鼓励投资者在做投资决策的时候综合考虑指数的财务和非财务的信息数据，优中选优，优化投资决策，发现投资机遇，规避环境、社会和管治风险，从而在中长期对社会可持续发展有利的投资中，获取更好的财务回报。

技术报告

B.2
中国上市公司社会责任
能力成熟度评价方法

摘　要： 本文系统阐述了中国上市公司社会责任能力成熟度的评价方法。首先，介绍了企业社会责任能力成熟度指标的构建；其次，确定了企业社会责任能力成熟度评价指标体系的赋值赋权；最后，对评价实施的方法进行了简要介绍。

关键词： 上市公司　评价原则　指标体系　社会责任能力

2017年我们继续采用2016年中国上市公司社会责任能力成熟度评价体系，开展中国上市公司社会责任能力成熟度的评价研究，并再次验证了所构建的评价体系总体上具有科学性、合理性和可操作性，我们从指标构建、赋值赋权和评价实施三个方面对评价体系进行简要说明。

一 指标构建

本研究基于企业社会责任能力成熟度评价的理论模型——"1 + 1 + 4"钻石模型，针对中国上市公司社会责任能力成熟度原有指标体系中某些指标存在偏离企业履责实际、数据信息获取难度大、指标互有包含关系和指标分解过于细化等局限性，按照"科学性、适用性、获取性、评价性"四个原则，优化形成了由 6 个一级指标、21 个二级指标和 65 个三级指标构成的新的评价指标体系。

（一）指标构建原则

2017 年，本研究基于企业社会责任能力成熟度评价的理论模型——"1 + 1 + 4"钻石模型，在对国内外企业社会责任指标最新的研究文献、标准指南、案例经验进行吸收借鉴的同时，按照"科学性、适用性、获取性、评价性"四个优化原则，对中国上市公司社会责任能力成熟度原指标体系进行优化。

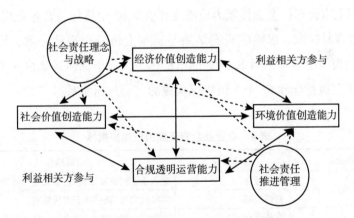

图1　企业社会责任能力成熟度指标钻石模型

指标优化，按照以下四个原则。

1.科学性原则

以科学发展观和可持续发展思想为指导，以中国上市公司企业社会责任

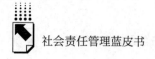
实践为依据，科学合理地设计企业社会责任能力成熟度指标体系，使之具有前瞻性和引领性。

2. 适用性原则

按所有中国沪深上市公司均能适用的、有代表性的指标，去收集信息、衡量高低、评价优劣，以更好地指导实践、完善管理、提升能力。

3. 获取性原则

通过官方权威、完整可靠、实时准确的信息渠道，获得所有中国沪深上市公司的企业社会责任能力成熟度指标的相关信息，用以指导指标优化，避免出现部分指标通过相关渠道无法获取的情况。

4. 评价性原则

以信息数据定性和定量相结合的评价方法，确定所有的企业社会责任能力成熟度指标均可以在一套评价体系下，完成统一的指标赋值。

（二）指标体系

基于 2016 年对中国上市公司社会责任能力成熟度进行评价的实际情况，发现中国上市公司社会责任能力成熟度评价的 65 个指标符合企业履责实际、数据信息容易获取、成熟度研究结果与资本上市公司现状一致，因此，在 2017 年的报告中继续采用 2016 年的指标体系，该指标体系是由 6 个一级指标、21 个二级指标和 65 个三级指标构成的三层指标体系。

表1　企业社会责任能力成熟度指标

一级指标	二级指标	三级指标
社会责任理念与战略	责任理念	融入企业使命或价值观;融入企业愿景
	责任战略	可持续发展战略;社会责任规划
社会责任推进管理	责任治理	社会责任组织机构;社会责任推进制度
	能力建设	社会责任专项培训;社会责任外部交流;社会责任知识管理
	社会责任管理投入	社会责任专项资金预算;社会责任专职人员数量
经济价值创造能力	直接经济价值	营业收入;净利润
	间接经济价值	对税收的贡献;对就业的贡献

续表

一级指标	二级指标	三级指标
社会价值创造能力	为客户创造价值	消费者权益保护;产品质量;客户服务;客户满意度(包括投诉处理)
	为伙伴创造价值	公平竞争的理念与政策;合同履约率;供应商合作;银企合作;其他合作伙伴
	为员工创造价值	劳动合同签订率;员工工资与福利;五险一金覆盖率;公平雇佣政策;职业安全健康体系;员工体检率;员工培训人均投入;职业发展通道;员工关爱;员工满意度
	为社区创造价值	促进社区发展的政策;社区关系管理
	公益慈善	公益慈善理念与政策;对外捐赠占营业收入的比重;员工志愿者活动
	安全生产运营	安全生产管理体系;安全应急管理机制;安全生产投入;安全事故数
环境价值创造能力	环境管理	环境管理政策与体系;环保投入;环保负面信息
	污染减排	废水减排;废气减排;固体废弃物减排
	资源可持续利用	综合能耗管理;水资源管理
	应对气候变化	应对气候变化措施;温室气体排放管理
	生态环境保护	减少生态环境破坏;生态恢复与治理
合规透明运营能力	合规运营	合规管理体系;合规培训;违规腐败事件数
	信息披露	信息披露机制;信息披露渠道;官网社会责任信息发布数量;发布社会责任报告;发布财务报告
	沟通参与	股东关系管理;组织举办的重大公开活动

注：各级指标的详细定义及具体赋值规则请参看《中国上市公司社会责任能力成熟度报告（2016）No. 2》中的附录部分的"中国上市公司社会责任能力成熟评价指标体系的分维度详细说明"。

二　赋值赋权

由于指标赋值规则符合上市公司信息披露的全面性和定量化，赋权方面符合中国上市公司的履责实践。2017 年，本研究继续采用优化后的企业社会责任能力成熟度指标，优化三级指标的赋值赋权原则，利用专家法分别考

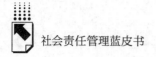

察企业社会责任能力成熟度指标一级指标、二级指标和三级指标的相对重要性，优化形成企业社会责任能力成熟度评价体系。

（一）指标赋值赋权

按照重要性、引导性、前瞻性和实践性原则，依据优化后的指标赋值和赋权原则，指标赋值赋权能体现社会责任能力成熟度评价的领先性和客观性，2017年指标体系赋值赋权原则保持不变。

（二）评价指标体系

通过对企业社会责任能力成熟度指标赋权进行优化，以及对企业社会责任能力成熟度三级指标赋值原则进行确认，得到了企业社会责任能力成熟度评价体系。

表2　企业社会责任能力成熟度评价体系

单位：%

一级指标	一级指标权重	二级指标	二级指标权重	三级指标	三级指标权重
社会责任理念与战略	10	责任理念	50	融入企业使命或价值观	50
				融入企业愿景	50
		责任战略	50	可持续发展战略	50
				社会责任规划	50
社会责任推进管理	18	责任治理	40	社会责任组织机构	60
				社会责任推进制度	40
		能力建设	40	社会责任专项培训	33
				社会责任外部交流	33
				社会责任知识管理	33
		社会责任管理投入	20	社会责任专项资金预算	50
				社会责任专职人员数量	50
经济价值创造能力	18	直接经济价值	45	营业收入	50
				净利润	50
		间接经济价值	55	对税收的贡献	50
				对就业的贡献	50

续表

一级指标	一级指标权重	二级指标	二级指标权重	三级指标	三级指标权重
社会价值创造能力	18	为客户创造价值	20	消费者权益保护	20
				产品质量	25
				客户服务	25
				客户满意度	30
		为伙伴创造价值	15	公平竞争的理念与政策	30
				合同履约率	22
				供应商合作	16
				银企合作	16
				其他合作伙伴	16
		为员工创造价值	20	劳动合同签订率	8
				员工工资与福利	10
				五险一金覆盖率	10
				公平雇佣政策	13
				职业安全健康体系	10
				员工体检率	6
				员工培训人均投入	10
				职业发展通道	13
				员工关爱	8
				员工满意度	12
		为社区创造价值	15	促进社区发展的政策	50
				社区关系管理	50
		公益慈善	10	公益慈善理念与政策	50
				对外捐赠占营业收入的比重	30
				员工志愿者活动	20
		安全生产运营	20	安全生产管理体系	40
				安全应急管理机制	30
				安全生产投入	30
				安全事故数（负向指标）	33

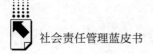

续表

一级指标	一级指标权重	二级指标	二级指标权重	三级指标	三级指标权重
环境价值创造能力	18	环境管理	25	环境管理政策与体系	50
				环保投入	50
				环保负面信息(负向指标)	50
		污染减排	20	废水减排	33
				废气减排	33
				固体废弃物减排	33
		资源可持续利用	20	综合能耗管理	50
				水资源管理	50
		应对气候变化	20	应对气候变化措施	50
				温室气体排放管理	50
		生态环境保护	15	减少生态环境破坏	50
				生态恢复与治理	50
合规透明运营能力	18	合规运营	40	合规管理体系	50
				合规培训	50
				违规腐败事件数(负向指标)	50
		信息披露	30	信息披露机制	20
				信息披露渠道	15
				官网社会责任信息发布数量	15
				发布社会责任报告	25
				发布财务报告	25
		沟通参与	30	股东关系管理	50
				组织举办的重大公开活动	50

三 评价实施

2017年，由于研究对象覆盖全部沪深上市公司，本研究遵循科学性、全面性和准确性原则，基于优化后的企业社会责任能力成熟度评价体系，在前期准备环节完善了评价信息系统，在信息收集环节优化了评价信息收集范围，在信息审核环节健全了评价信息审核机制，最终得到了中国上市公司社会责任能力成熟度指数，深入考察了全部沪深上市公司社会责任能力成熟度的基本特征。

（一）评价信息系统

2017 年，在中国上市公司社会责任能力成熟度评价前期准备过程中，项目团队优化了企业社会责任能力成熟度评价信息系统，建立了企业社会责任能力成熟度评价信息数据库，更好地将企业的基本信息和企业的社会责任能力成熟度信息集成在一起，实现了企业社会责任能力成熟度评价结果计算的自动化，提高了企业社会责任能力成熟度信息收集工作的效率。并且通过企业社会责任能力成熟度评价信息系统直接实现了企业社会责任能力成熟度评价结果的汇总，避免了在企业社会责任能力成熟度评价和结果汇总过程中可能出现的问题。

（二）评价信息收集范围

本研究收集了全部沪深上市公司的基本信息，主要通过"国泰安数据服务中心"所开发的中国上市公司研究系列数据库和"Wind 咨讯"所开发的中国上市公司数据库获取。这两个数据库均对我国上市公司基本信息进行了归纳、汇总，其为本研究所需的基本信息的收集提供了极大的便利。

对于全部沪深上市公司的社会责任能力成熟度信息，主要通过这些企业在 2017 年所发布的企业社会责任报告、企业财务报告以及企业官方网站获取。其中，企业社会责任报告对相应上市公司在 2016 年所开展的社会责任工作进行了详细的总结，企业财务报告对相应上市公司在 2016 年的财务状况进行了详细的总结，企业官方网站披露了大量关于企业的社会责任信息。

对于全部沪深上市公司的负面社会责任信息，由于企业主动披露的企业社会责任信息往往是正面或积极的，为了获得样本企业可能存在的负面社会责任信息，本研究对权威网站、权威媒体等所披露的关于上市公司的负面信息进行了检索，这些权威网站包括上交所、深交所、政府部门网站等。

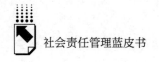

（三）评价信息审核机制

中国企业社会责任能力成熟度评价的信息审核工作是对所收集信息的真实性、完备性以及依据所收集到的信息开展的三级指标赋值的准确性进行的审核。

对收集到的信息的真实性进行审核，保证了对全部沪深上市公司所收集到的信息，均对应与特定的三级指标所标识的企业社会责任意愿、行动或绩效，从而避免了由信息对应错误所带来的企业社会责任能力成熟度评价结果的真实性调整。如医药行业上市公司在年报中将职业健康安全作为质量管理体系的内容进行了介绍，而资源行业上市公司在年报中则将职业健康安全作为安全管理体系的内容进行了介绍，对此，需要区别对待，以保证信息的真实性。

对收集到的信息的完备性进行审核，是进一步搜集缺省三级指标项可能存在的企业社会责任能力成熟度信息，从而最大限度地避免信息的缺失，提高信息的完备性。如对于"合规运营"指标，部分行业上市公司在年报里并没有进行独立的信息披露，而是作为公司治理的内容进行了介绍，针对此情况需要进行二次收集，以保证信息的完备性。

对三级指标赋值进行审核，保证了三级指标得分满足企业社会责任能力成熟度信息与相应的企业社会责任赋值标准的一致，从而保证了企业社会责任能力成熟度评价三级指标赋值的准确性。如针对同一个三级指标，不同上市公司的赋值水平不因行业特性而有所不同，以保证赋值水平的一致性和评价结果的可比性。

B.3
中国资本市场社会责任发展
成熟度综合指数评价分析

一 中国资本市场社会责任发展成熟度综合
指数的概念界定及层级划分

(一)概念界定

中国资本市场社会责任发展成熟度综合指数是指以沪深两市全部A股为样本进行编制的、专门衡量中国资本市场社会责任发展阶段的指数。该指数的英文简称为SRCI。

中国资本市场社会责任发展成熟度综合指数由本研究首次提出。与当前我国资本市场不同股票价格指数以及社会责任领域相关指数相比,SRCI有以下特点。①样本全覆盖。SRCI成分股以沪深两市全部A股上市公司为研究对象,指数样本覆盖了除去上市时间不足一年以外的其余所有上市公司。②内容的综合性。当前我国资本市场上关于不同股票价格的指数主要是为了考察不同上市公司群体的经济价值创造能力,指数的功用相对单一。而与社会责任相关的指数大都以具体企业为研究对象,缺乏对整个资本市场的研究。SRCI弥补了这两个方面的不足。一是SRCI由六大分维度指数构成,六大分维度不仅有反映资本市场经济价值创造能力的指标,也有反映资本市场社会价值创造能力、环境价值创造能力、合规透明运营能力、社会责任理念与战略、社会责任推进管理等多个发展能力的指标。与着眼于具体企业的社会责任发展水平不同,SRCI以中国资本市场为研究对象,旨在反映整个资本市场的社会责任发展水平,反映资本市场社会责任发展的层级性。中国资

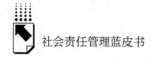

本市场的社会责任发展水平是一个不断演进的过程，SRCI 得分的高低反映了中国资本市场社会责任发展成熟度所处的阶段，得分越高，中国资本市场社会责任发展能力就越趋于成熟。

（二）层级划分

为了反映中国资本市场社会责任发展成熟度的所处阶段，研究分析各阶段的特点，我们根据 SRCI 的得分将资本市场社会责任发展成熟度划分为起步期、发展期、成熟期三个阶段。

1. 起步期

当 SRCI 得分处于 0 ~ 50 分时，表示中国资本市场的社会责任发展水平正处于起步期。这一时期资本市场的社会责任发展特点是：从理念认知来看，无论是上市公司还是投资者对社会责任都正处了解学习的阶段，还没有完全理解。从制度建设来看，无论是监管部门还是上市公司都尚未建立任何社会责任专项推进制度。从企业实践来看，绝大多数企业还没有开展社会责任管理活动、实践活动以及社会责任总结宣传活动。根据起步期的不同阶段表现，起步期可以分为前半段（0 ~ 25 分）和后半段（25 ~ 50 分）。

2. 发展期

当 SRCI 得分处于 50 ~ 80 分时，表示中国资本市场的社会责任发展水平正处于建设成长中。这一时期资本市场的社会责任发展特点是：从理念认知来看，整个资本市场对社会责任理念有了一定程度的理解，并着手将社会责任理念与资本市场的相关指标表现进行关联，并由初步具备到相对成熟地具备了主动创造经济、社会、环境综合价值的意识。从制度建设来看，一是证券监管部门对上市公司的社会责任工作提出明确要求，二是上市公司开始着手建立社会责任理念与战略，探索社会责任推进管理的方法。从企业实践来看，一些意识领先、规模较大的企业开始推进社会责任管理工作，探索建立社会责任规划，并有意识、有计划地开展社会责任实践，落实社会责任议题。这一时期，整个资本市场对社会责任的关注度由低到高，企业对社会责任理念的理解由泛化到深刻，社会责任推进管理由简单到系统，社会责任实践由单纯的项目逐渐与企业运营相结合。投资者逐渐将社会责任表现纳入投资决策考量，负责任投资出现并逐渐被市场认可。根据发展期的不同阶段，发展期又可以分为前半段（50~65分）和后半段（65~80分）。

3. 成熟期

当 SRCI 得分处于 80~100 分时，表示中国资本市场的社会责任发展已经趋于成熟。这一时期资本市场的社会责任发展特点是：社会责任成为衡量资本市场发展完善与否的重要指标，负责任投资成为资本市场的共识。社会责任理念已经完全融入上市公司的企业文化、使命、价值观，成为企业发展战略的组成部分。绝大多数上市公司建立了较为完善的社会责任推进管理体系和专项制度，企业的社会责任实践取得了良好的绩效。根据成熟期的不同阶段，成熟期可以分为前半段（80~90分）和后半段（90~100分）。

二 资本市场社会责任发展成熟度综合指数的计算方法

中国资本市场社会责任发展成熟度综合指数（SRCI）的评价结果可用以下公式表示：

$$SRCI = \sum_{i=1}^{6} \alpha_i \sum_{j=1}^{x_i} \beta_{ij} \sum_{k=1}^{y_{ij}} \gamma_{ijk} t_{ijk}$$

其中，SRCI 为中国资本市场社会责任发展成熟度综合指数（Social Responsibility Capacity Index）的英文缩写，α_i 为第 i 个一级指标的权重，β_{ij} 表示第 i 个一级指标的第 j 个二级指标的权重，γ_{ijk} 表示第 i 个一级指标第 j 个二级指标的第 k 个三级指标的权重，t_{ijk} 表示 2805 家沪深上市公司第 i 个一级指标第 j 个二级指标的第 k 个三级指标的赋值结果的平均得分。和为指标评价结果，即表1所呈现的一级指标、二级指标和三级指标的得分。作为赋值结果，2805家上市公司第i个一级指标第j个二级指标的第k个三级指标的赋值结果的平均得分都是已知的。

具体来看，i的取值范围为$[1,6]$，当i为1时，表示第一个一级指标的权重为10%。j的取值范围为$[1,x_i]$，表示第i个一级指标下所有二级指标的数量，当i为1时，第1个一级指标下所包括的二级指标数量为2，所以，j的取值范围就为$[1,2]$；当i为1，j为2时，表示第1个一级指标的第2个二级指标的权重，即50%。k的取值范围为$[1,y_{ij}]$，表示第i个一级指标第j个二级指标下所有三级指标的数量，当i为1、j为2时，第1个一级指标第2个二级指标下所包括的三级指标数量为2，所以，k的取值范围就为$[1,2]$；当i为1、j为2、k为1时，表示第1个一级指标第2个二级指标的第1个三级指标权重，即50%。

表1 企业社会责任能力成熟度三级指标权重

单位：%

一级指标	一级指标权重	二级指标	二级指标权重	三级指标	三级指标权重
社会责任理念与战略	10	责任理念	50	融入企业使命或价值观	50
				融入企业愿景	50
		责任战略	50	可持续发展战略	50
				社会责任规划	50
社会责任推进管理	18	责任治理	40	社会责任组织机构	60
				社会责任推进制度	40
		能力建设	40	社会责任专项培训	33
				社会责任外部交流	33
				社会责任知识管理	33
		社会责任管理投入	20	社会责任专项资金预算	50
				社会责任专职人员数量	50
经济价值创造能力	18	直接经济价值	45	营业收入	50
				净利润	50
		间接经济价值	55	对税收的贡献	50
				对就业的贡献	50

续表

一级指标	一级指标权重	二级指标	二级指标权重	三级指标	三级指标权重
社会价值创造能力	18	为客户创造价值	20	消费者权益保护	20
				产品质量	25
				客户服务	25
				客户满意度	30
		为伙伴创造价值	15	公平竞争的理念与政策	30
				合同履约率	22
				供应商合作	16
				银企合作	16
				其他合作伙伴	16
		为员工创造价值	20	劳动合同签订率	8
				员工工资与福利	10
				五险一金覆盖率	10
				公平雇佣政策	13
				职业安全健康体系	10
				员工体检率	6
				员工培训人均投入	10
				职业发展通道	13
				员工关爱	8
				员工满意度	12
		为社区创造价值	15	促进社区发展的政策	50
				社区关系管理	50
		公益慈善	10	公益慈善理念与政策	50
				对外捐赠占营业收入的比重	30
				员工志愿者活动	20
		安全生产运营	20	安全生产管理体系	40
				安全应急管理机制	30
				安全生产投入	30
				安全事故数	33

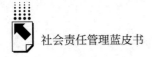

续表

一级指标	一级指标权重	二级指标	二级指标权重	三级指标	三级指标权重
环境价值创造能力	18	环境管理	25	环境管理政策与体系	50
				环保投入	50
				环保负面信息	50
		污染减排	20	废水减排	33
				废气减排	33
				固体废弃物减排	33
		资源可持续利用	20	综合能耗管理	50
				水资源管理	50
		应对气候变化	20	应对气候变化措施	50
				温室气体排放管理	50
		生态环境保护	15	减少生态环境破坏	50
				生态恢复与治理	50
合规透明运营能力	18	合规运营	40	合规管理体系	33
				合规培训	33
				违规腐败事件数	33
		信息披露	30	信息披露机制	20
				信息披露渠道	15
				官网社会责任信息发布数量	15
				发布社会责任报告	25
				发布财务报告	25
		沟通参与	30	股东关系管理	50
				组织举办的重大公开活动	50

根据2017年中国上市公司社会责任能力成熟度评价指标体系的权重设置以及2805家沪深上市公司的企业社会责任能力成熟度评价三级指标赋分结果的平均得分，使用上述计算公式，就可以得到中国资本市场社会责任发展成熟度综合指数得分。这一综合结果是本研究分析中国全部沪深上市公司2017年企业社会责任能力成熟度状况的依据。

三 2016年中国资本市场社会责任
发展成熟度评价分析

2016 年中国资本市场社会责任发展成熟度综合指数得分 40.18 分，这表明我国资本市场社会责任发展水平止处在起步期，且处于起步期的后半段。这一时期，我国资本市场社会责任发展的特点表现如下。

（一）社会责任理念和意识处于启蒙状态

经过十年发展，中国资本市场对社会责任理念有了初步认识，社会责任意识已经进入启蒙状态。2016 年，中国资本市场社会责任理念与战略综合指数（PSCI）得分为 34.35 分，得分较低，处于起步期的后半段。这表示在一部分上市公司的远景、使命、价值观中有对社会责任理念和思想的体现，企业发展战略中也有反映社会责任的思想表述或者对客户、对股东负责等相关方价值诉求的回应。但是绝大多数上市公司仍然没有将社会责任上升到公司发展的战略高度，没有制定专项的可持续发展战略和社会责任规划，没有正确理解社会责任与企业主营业务和经营管理之间的关系。

（二）社会责任尚未导入企业管理

资本市场对社会责任的认知仍然停留在理念层面，还没有落实到投资决策、企业管理之中。2016 年，中国资本市场社会责任推进管理综合指数（IMCI）得分仅为 6.07 分。这表明，绝大多数上市公司尚未建立任何专门的社会责任推进管理体系，如社会责任领导机构和工作机构、专门的社会责任培训和知识管理、社会责任专项投入。企业的社会责任工作仍以定期的社会责任报告编制发布、临时的主题活动、相关项目为主要内容，没有系统的顶层规划，缺乏人力、物力、财力等资源配置和持续保障。

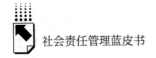

（三）资本市场对经济价值的重视程度远高于对环境和社会价值的重视程度

在构成资本市场社会责任发展成熟度综合指数的六大维度中，经济价值创造能力综合指数（$E_c VCI$）得分 68.55 分，远高于社会价值创造能力综合指数（SVCI）和环境价值创造能力综合指数（$E_n VCI$）得分。这表明，当前资本市场仍然看重上市公司的财务绩效表现及其为投资者带来的投资回报。因此，投资者进行投资时，主要以财务表现为考量因素，缺乏对上市公司创造的社会、环境价值的科学衡量，没有充分地将其纳入投资决策、风险评估和投资行为中。

（四）合规透明运营水平较高

合规透明运营是资本市场健康发展的基础，上市公司提高运营透明度有利于和股东、投资者建立长期的相互信任的关系。2016 年，中国资本市场合规透明运营能力综合指数（LTCI）得分为 43.21 分，得分相对较高，接近发展期。这表明，资本市场对合规透明运营相对比较重视。这主要是因为：一方面，监管层的监管力度较大，在上市公司信息披露合规性的基础上，进一步要求信息披露的有效性，即结合行业动态和政策，主动披露行业及经营性信息，深入比较分析行业发展趋势、核心竞争力等经营性信息等事项。另一方面，投资者对上市公司的信息披露也有更加多元的诉求，除了投资的经济回报，更加关注投资项目的环境保护、社会发展等社会责任问题，以及是否通过投资者说明会等形式介绍公司业绩或者说明重大事项，及时回应投资者投诉等，从而对资本市场透明运营形成倒逼。

基础指数报告

B.4

中国上市公司社会责任
能力成熟度评价分析

摘　要：　本文系统评价了沪深A股上市公司的社会责任能力成熟度表
　　　　　现。通过对2805家上市公司进行分析发现，中国上市公司社
　　　　　会责任能力成熟度整体偏低，普遍没有建立社会责任推进管
　　　　　理体系，专项的社会责任能力建设和管理投入严重缺乏。相
　　　　　较于经济价值创造能力，上市公司的环境价值创造能力和社
　　　　　会价值创造能力有待提高。

关键词：　上市公司　沪深A股　成熟度　弱能级

一　样本来源和基本特征介绍

（一）样本来源说明

中国上市公司社会责任能力成熟度评价分析是指针对所有在上海证券交

易所和深圳证券交易所上市的公司开展的有关社会责任能力建设水平的评价分析。本次研究选择的样本为截至 2016 年 12 月 31 日在沪深两市上市，且上市时间在 2016 年之前的所有公司，样本数量总计 2805 家。

本研究的信息来源主要有三个渠道："国泰安数据服务中心"中国上市公司研究系列数据库，"Wind 资讯"中国上市公司数据库，企业年度报告、社会责任报告和官方网站以及权威组织平台。

"国泰安数据服务中心"中国上市公司研究系列数据库收录了中国上市公司近年来的所有可能涉及的基本数据信息。在"国泰安数据服务中心"中国上市公司研究系列数据库方面，我们主要收集企业的基本信息，比如，企业规模、上市时间、企业营利性信息、企业成长性信息以及企业公司治理信息等。"Wind 资讯"涵盖了中国上市公司研究方面的大部分数据，因此本研究从该数据库中获取了截至 2016 年 12 月 31 日在沪深两市上市的企业名单，并从"国泰安数据服务中心"收集对应的企业信息，最终构成完整的中国上市公司样本信息数据。

企业年度报告、企业社会责任报告和企业官方网站是企业自主披露社会责任信息的重要平台和载体，其中企业年度报告主要披露企业财务方面的信息，企业社会责任报告披露企业在社会责任领域的管理实践信息，企业官方网站则及时披露了大量的企业新闻和产品服务信息。所以，通过企业年度报告、企业社会责任报告和企业官方网站收集到的信息基本覆盖了企业所有的财务信息和非财务信息。

（二）样本特征介绍

1. 上市地点分布

2805 家上市公司中，有 1071 家在深交所上市，有 1734 家在上交所上市。

2. 企业性质分布

按企业性质对上市公司进行划分，中央国有企业有 342 家，地方国有企业有 624 家，民营企业有 1562 家，外资企业有 80 家，集体企业有 20 家，公众企业有 142 家，其他类型的企业有 35 家。

3. 财务数据分布

2016 年，沪深两市上市公司总资产的平均值为 119.4 亿元，净资产的平均值为 108.17 亿元，营业收入的平均值为 60.01 亿元，市值的平均值为 191.64 亿元。

表1　2016 年沪深上市公司基本特征分布

指标	均值	中值	众数	标准差	偏度
总资产	119.4	20.31	0.3 *	695.85	18.96
净资产	108.17	24.52	-0.28 *	735.74	18.736
资产负债率	0.32	0.24	0.05 *	0.53	5.856
营业收入	60.01	16.97	0.07 *	241.89	21.11
净利润	9.49	1.27	-1.61 *	89.6	22.595
市值	191.64	78.04	0.41	700.21	15.269
市盈率	0.32	0.24	0.05	0.53	5.856
基本每股收益	0.32	0.24	0.05	0.53	5.856
指标	偏度的标准误	峰度	峰度的标准误	极小值	极大值
总资产	0.46	465.636	0.092	-3.08	20993.06
净资产	0.46	402.210	0.092	-2.89	19811.63
资产负债率	0.46	129.866	0.092	-2.8	13.31
营业收入	0.46	613.30	0.092	0.07	7675.42
净利润	0.46	587.709	0.092	-161.15	2782.49
市值	0.46	291.166	0.092	5.2	17895.41
市盈率	0.46	129.866	0.092	-2.8	13.31
基本每股收益	0.46	129.866	0.092	-2.8	13.31

注："＊"表示存在多个众数，显示最小值。"总资产""净资产""营业收入""市值"的单位均为亿元，"基本每股收益"的单位为元。

二　研究发现

（一）研究发现1：中国上市公司社会责任能力成熟度得分偏低，只有1.8%的上市公司处于本能级

2016 年中国上市公司社会责任能力成熟度平均得分为 34.25 分，略高

于 2015 年的平均得分 33.01 分，整休处于弱能级。在 2805 家上市公司中，高达 98.2% 的公司得分低于 60 分，超过 60 分的公司仅有 51 家。这表明中国上市公司社会责任能力建设水平正处在启蒙跟随阶段，大多数上市公司正在为履行社会责任打造基础，尚不具备足以实现企业社会责任目标的知识和能力，履责意愿也相对较低。

表 2 2016 年中国上市公司社会责任能力成熟度等级分布

单位：家

成熟度等级	无能级	弱能级	本能级	强能级	超能级
公司数量	980	1774	51	0	0

样本中得分最高的企业是京东方 A（77.01 分），得分最低的企业是新都退（0 分，已退市）。

表 3 2016 年中国上市公司社会责任能力成熟度前五名和后五名企业名单

前五名		后五名	
公司股票简称	成熟度得分	公司股票简称	成熟度得分
京东方 A	77.01	石化机械	13.27
中国石化	74.73	ST 慧球	13.23
中国神华	74.41	常山药业	11.46
中国联通	71.28	星河生物	11.31
中兴通讯	70.81	新都退	0

社会责任理论和管理实践在我国已经有近十年的发展积累，但上市公司的社会责任能力成熟度整体得分仍然较低，导致这一结果的主要原因如下。

从社会责任自身的发展趋势来看，社会责任理论研究和管理思想至今没有进入主流经济学和管理学的视野。表现在企业管理中，就是社会责任工作被边缘化。

从资本市场来看，我国的"负责任投资"理念仍处于起步阶段，投资者的社会责任投资意识比较缺乏，资本市场对未能履行社会责任的上市公司没有形成普遍性压力，同时对履行了社会责任的上市公司也缺乏有效的激励。

从政策环境来看，两个交易所对上市公司履行社会责任的推动力度偏弱。2006 年深交所发布《深圳证券交易所上市公司社会责任指引》，倡导上市公司承担社会责任，鼓励上市公司发布社会责任报告。2008 年上交所发布《上海证券交易所上市公司环境信息披露指引》，号召上市公司按照所处行业和自身经营特点，建立符合公司实际的社会责任战略规划及工作机制。虽然两个交易所先后对上市公司履行社会责任和披露相关信息都提出了要求，但仍然界定在企业自愿的基础上，没有强有力的约束举措，并将重点放在了信息披露上。而且，最近几年，上交所和深交所都没有就社会责任提出新的政策要求。

从企业自身来看，上市公司对社会责任的认知理解仍然停留在基础的理念层面，普遍没有开展实质性的推进管理。受到资本市场对上市公司财务绩效表现的压力，相较于社会、环境等非财务绩效，上市公司更关注经济绩效，大多数公司的综合价值创造能力不足。

（二）研究发现2：普遍没有进行社会责任知识管理，社会责任专项培训和专职人员数量严重不足

在上市公司社会责任能力成熟度六大维度中，"社会责任推进管理"维度得分最低，仅为 6.07 分，高于 2015 年的平均得分 4.45 分，与其他五个维度的得分差距极大。这表明，沪深上市公司还没有建立起完善的社会责任推进管理体系，对开展社会责任工作缺乏顶层设计和系统的保障。从得分的区间分布来看，超过 95% 的公司在该维度的得分低于 30 分，且以 0 分居多。达到 60 分以上的公司仅有 14 家。

表4　2016 年沪深两市上市公司"社会责任推进管理"维度得分分布

单位：家

得分	[0~30)	[30~60)	[60~80)	[80~90)	[90~100]
公司数量	2683	108	14	0	0

　　社会责任推进管理体系是企业落实社会责任议题、开展社会责任实践的重要保障，尤其是当前中国企业社会责任发展处于起步阶段，无论是企业对社会责任意识理念的导入和认知的提升，还是企业推动各层级、各单位落实社会责任要求、践行社会责任理念，均需要强有力的社会责任推进管理。

　　沪深上市公司社会责任推进管理能力成熟度得分普遍较低的主要原因：首先，大多数上市公司没有建立社会责任组织机构或推进制度，即便有社会责任工作委员会、报告编写小组等机构，也由于设置层次较低，统筹和执行力度偏弱；其次，绝大多数上市公司没有就社会责任开展专门的能力建设，比如专项培训、知识管理等；最后，针对社会责任管理工作的人力和资金投入严重不足。在 2584 家上市公司，仅 12% 的公司安排了专项资金和专职人员推进社会责任工作。

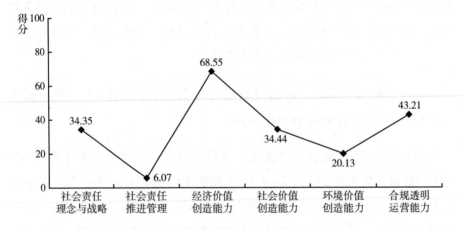

图1　2016 年中国上市公司社会责任能力成熟度六大维度得分

（三）研究发现3：环境价值创造能力严重不足，应对气候变化及生态环境保护两个指标得分明显偏低

　　环境与经济、社会共同构成了企业社会责任的"三重底线"，因此，环境绩效是企业社会责任能力成熟度的重要方面。然而，分析发现，与社会价值创造能力和经济价值创造能力相比，上市公司的环境价值创造能力严重偏

弱。数据显示，2016 年沪深两市上市公司的环境价值创造能力平均得分为20.12 分，略高于 2015 年的平均得分 18.15 分，处于无能级，远逊于上市公司在经济和社会方面的表现。在 2805 家样本中，有 2239 家企业在该维度得分低于 30 分，占比 79.82%，仅有 48 家公司得分高于 60 分，占比仅为1.7%。

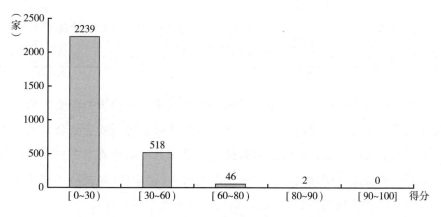

图 2　沪深两市上市公司"环境价值创造能力"维度得分分布

环境价值创造能力偏弱的原因在于：企业对环境问题仍没有足够重视，企业的环境政策和体系没有得到有效落实，环境管理的实际效果不理想。环保监管部门的监督管理力度不大，环境违法的成本较低。企业对于公共环境问题的关注程度和参与解决的意愿较低。在环境价值创造能力维度的各项三级指标中，"应对气候变化"指标平均得分仅为 9.73 分，"生态环境保护"指标平均得分为 9.17 分，得分都偏低。

（四）研究发现4：中央国有企业社会责任能力成熟度水平最高，民营企业得分最低

按照 Wind 资讯对上市公司所有制性质的划分，上市公司可分为中央国有企业、地方国有企业、民营企业、外资企业、集体企业、公众企业、其他企业七类。统计显示，中央国有企业的社会责任能力成熟度得分最高，平均

得分为 39.05 分，略高于 2015 年的平均得分 37.77 分；民营企业得分最低，平均得分为 32.12 分，略高于 2015 年的平均得分 31.00 分，前者比后者高出 6.93 分。从得分的区间分布来看，沪深两市中得分达到 60 分以上的公司共有 51 家，其中 21 家是中央国有企业。

表5　2016年沪深两市不同性质上市公司社会责任能力成熟度得分

企业性质	中央国有企业	地方国有企业	民营企业	外资企业	集体企业	公众企业	其他企业
得分	39.05	36.57	32.12	33.5	32.42	36.31	35.66

中央国有企业社会责任能力成熟度水平领先于其他类型企业，原因可以从以下三个方面来分析：一是中央企业的性质决定了社会公众对其关注程度高及其履行社会责任的天然属性。二是国务院国资委对中央企业的社会责任工作提出了明确要求并积极予以推动实行。2008 年发布《关于中央企业履行社会责任的指导意见》，随后提出所有中央企业必须在 2012 年之前发布社会责任报告。2011 年发布《中央企业"十二五"和谐发展战略实施纲要》，提出建设"责任央企"。2016 年发布《关于国有企业更好履行社会责任的指导意见》。三是中央企业的规模普遍较大，影响广泛，其履责的能力和意愿相对较强。

（五）研究发现5：沪深两市上市公司社会责任能力成熟度同处于弱能级，上交所得分略高于深交所

上交所上市公司的社会责任能力成熟度平均得分为 35.54 分，略高于 2015 年的平均得分 34.45 分，深交所平均得分为 33.46 分，同样略高于 2015 年的平均得分 32.13 分，都处于弱能级，上交所略高于深交所。从得分的区间分布来看，在沪深两市中，社会责任能力成熟度达到本能级的公司总共有 51 家，其中超过 59%（30 家）的公司分布在上交所。得分处于无能级的公司总共有 980 家，其中 68% 以上（667 家）的公司分布在深交所。

表6　2016年沪深两市上市公司社会责任能力成熟度六大维度得分比较

项目	综合得分	社会责任理念与战略	社会责任推进管理	经济价值创造能力	社会价值创造能力	环境价值创造能力	合规透明运营能力
上交所	35.54	37.01	8.83	68.87	36.09	19.72	43.39
深交所	33.46	32.72	4.45	68.39	33.44	18.33	43.09

就政策推动力度而言，上交所和深交所之间并没有本质差别。上交所整体得分略高的主要原因是：上交所上市公司的规模相对较大，按照"责任铁律——能力越大，责任越大"，社会责任能力成熟度水平与企业规模之间存在明显的正向关系。统计显示，上交所上市公司的平均市值为301.28亿元，深交所为123.92亿元，上交所高出深交所143.12%。上交所上市公司的平均营业收入为233.35亿元，深交所为49.08亿元，上交所比深交所高出375.45%。

（六）研究发现6：媒体行业上市公司社会责任能力成熟度平均水平最高，食品行业上市公司社会责任能力成熟度得分最低

按照Wind资讯的分类，上市公司归属的行业（一级行业）共分为19大类。统计显示，社会责任能力成熟度水平最高的三个行业分别是媒体行业、公用事业行业、金融行业，得分依次为41.69分、41.25分、40.69分；得分最低的三个行业是工业行业、医疗保健行业、食品行业，得分分别是31.13分、31.02分、30.51分。

媒体行业是指由传播各类信息、知识的传媒实体部分所构成的产业群，其社会责任能力成熟度水平高于其他行业的原因在于：商业化新媒体平台是一个综合性的媒体平台，满足人们的精神文化需求也是其责任之一，如今日头条中的一些历史领域作者发布的历史科普，生活领域作者发布的生活窍门、美食制作，还有一些有深度的自媒体作者在通过自己的方式展现不一样的社会和生活。目前，一些优质的自媒体已经得到了受众的认可，具备一定的认知度。如人民网、新华网等知名媒体已经在传播方面做到了有口皆碑，

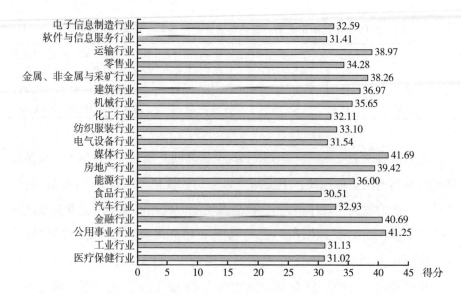

图3 重点行业上市公司社会责任能力成熟度得分

而目前比较流行的知名的视频博主，如二更、一条、papi 酱等，它们本身已经成为新媒体品牌，不仅能获得高流量的回报，而且能够生产优质的内容，满足人们的精神文化需求。

食品行业社会责任能力成熟度得分最低，其中社会责任推进管理得分仅为 3.61 分，与其他几个指标相比差距较大，而且严重低于沪深两市上市公司的平均得分 6.07 分，说明食品行业上市企业在自身的发展过程中，严重忽视了经济、社会和环境的综合发展。

衍生指数报告

B.5
重点行业上市公司社会责任
能力成熟度评价分析

摘　要：　本文评价分析了能源、金融、房地产、机械、软件与信息服务、媒体、零售、公用事业等19个重点行业上市公司的社会责任能力成熟度水平。研究发现，媒体行业上市公司社会责任能力成熟度平均得分最高，食品行业上市公司社会责任能力成熟度平均得分最低。社会责任推进管理能力严重偏弱是19个重点行业的普遍表现。

关键词：　重点行业　社会责任能力成熟度　上市公司

一　能源行业上市公司社会责任能力成熟度评价分析

当今世界正经历一轮新的变革、探寻新的发展引擎，同时以化石能源为

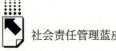

主体的能源消费结构带来了环境污染和气候变化等严峻挑战，全球能源结构转型成为当务之急，以清洁能源为主体的结构调整趋势初步形成。中国作为最大的发展中国家和主要经济体，推动能源结构转型，是全球经济、社会、环境实现可持续发展的重要环节。另一方面，为实现我国2020年非化石能源占一次能源消费的比重为15%，加快建立清洁低碳、安全高效的现代能源体系，促进可再生能源产业持续健康发展的目标，我国能源行业企业的经营目标及发展战略亟须调整，能源行业的社会责任受到空前的关注。

（一）基本特征分布

2016年中国能源行业上市公司有效样本共有70家。这些上市公司总资产的平均值为879.74亿元，其中最高的是23969.50亿元，最低的是7.69亿元；净资产的平均值为462.21亿元；资产负债率的平均值为51%；营业收入的平均值为704.54亿元；市值的平均值为524.47亿元，其中最高的是14330.54亿元，最低的是20.45亿元。

表1　2016年能源行业上市公司基本特征

指标	均值	中值	众数	标准差	偏度
总资产	879.74	106.98	7.69	3387.77	5.83
净资产	462.21	54.66	3.43	1939.17	5.841
资产负债率	0.51	0.54	0.05	0.22	-0.293
营业收入	704.54	52.82	0.50	3237.95	5.775
净利润	9.83	1.22	-161.15	67.35	4.76
市值	524.47	97.51	20.45	1952.93	6.011
市盈率	-0.7173	24.23	-3082.4	395.74	-6.844
基本每股收益	-0.01	0.1	0.04	0.58	-1.844
指标	偏度的标准误	峰度	峰度的标准误	极小值	极大值
总资产	0.287	35.802	0.566	7.69	23969.5
净资产	0.287	35.928	0.566	3.43	13730.28
资产负债率	0.287	-0.925	0.566	0.05	0.89
营业收入	0.287	32.891	0.566	0.5	20993.06
净利润	0.287	32.18	0.566	-161.15	464.16
市值	0.287	38.933	0.566	20.45	14330.54
市盈率	0.287	55.479	0.566	-3082.4	921.47
基本每股收益	0.287	5.46	0.566	-2.4	1.14

注："总资产""净资产""营业收入""净利润""市值"的单位均为亿元；"基本每股收益"的单位为元。

（二）研究发现1：能源行业上市公司社会责任能力成熟度整体水平低下，九成企业得分低于60分

能源行业上市公司社会责任能力成熟度整体处于弱能级，平均得分为36.00分，略高于2016年全部A股上市公司的平均分34.25分。就分布情况来看，能源行业上市公司近九成的企业社会责任能力成熟度均没有达到本能级。其中，处于无能级的公司有28家，占比40%；处于弱能级的有36家，占比51.4%；处于本能级的有6家，占比8.6%；没有任何一家企业达到强能级或超能级（见图1）。得分最高的是中国石化，达到74.73分，得分最低的是石化机械，仅为13.37分。

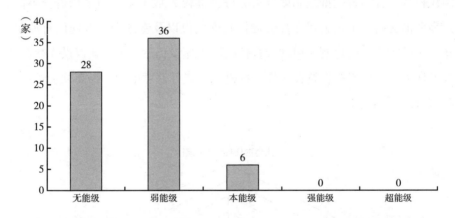

图1　2016年能源行业上市公司社会责任能力成熟度等级分布

表2　2016年能源行业上市公司社会责任能力成熟度企业前五名和后五名分布情况

前五名	成熟度得分	后五名	成熟度得分
中国石化	74.73	海越股份	23.57
中国神华	74.41	*ST准油	22.82
上海石化	68.39	泰山石油	22.76
中国石油	66.19	道森股份	22.23
兖州煤业	64.22	石化机械	13.37

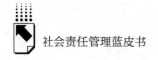

（三）研究发现2：能源行业上市公司社会责任推进管理水平有待提高，民营企业社会责任推进尚未起步

从社会责任能力成熟度的六个维度看，能源行业上市公司的经济价值创造能力维度得分最高，平均得分为66.06分。社会责任推进管理维度得分最低，平均得分仅为9.39分。特别是社会责任推进管理下设的社会责任专项培训、社会责任外部交流、社会责任知识管理和社会责任专职人员数量4项三级指标，得分仅分别为2.14分、2.78分、1.28分、1.57分，甚至有部分企业的得分均为0分。但在社会责任专项资金预算指标上，能源行业上市公司平均得分为10.79分，高于A股上市公司平均得分3.48分，社会责任组织机构、社会责任推进制度等指标得分也较A股上市公司平均得分更高。这表明能源行业上市公司在社会责任制度建设以及专项资金方面已有涉足，建立了较为完善的机制，但社会责任的能力建设仍然不足。建议设立社会责任专职人员，明确社会责任工作，推进社会责任制度落地，提高社会责任专项资金的利用效率。

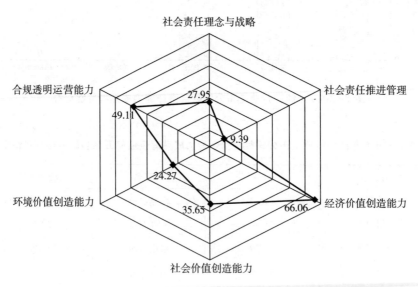

图2　2016年能源行业上市公司社会责任能力成熟度六大维度得分对比

此外，依照国有企业和民营企业所有制性质划分，可以看出国有企业特别是中央国有企业在社会责任推进管理维度的平均得分明显高于整个行业的平均得分，为 21.67 分；而民营企业在社会责任推进管理维度上的平均得分明显低于整个行业的平均得分，仅为 2.54 分。内外部的因素共同作用进而形成这种区别。首先，近年来，中国政府和监管部门加大了对中央国有企业的监管力度。国务院国有资产监督管理委员会提出了"十三五"时期中央企业社会责任工作形成"三个一批"的总体目标，即：形成一批社会责任管理体系较为完善的优秀企业、形成一批引领行业履行社会责任的优秀企业、形成一批模范履行社会责任具有国际影响力的优秀企业。同时，国企改革的举措还涉及企业治理、信息披露和资源配置效率等方面。而这些中央国有企业中的上市公司则面临着更为严厉的要求。其次，中央企业有更多的经济资源、组织资源投入到社会责任推进管理中，逐渐形成拥有自身文化特色的企业社会责任管理范式，例如中国石化在推进社会责任管理过程中逐步形成的"建设人民满意的世界一流能源化工公司"的责任发展目标以及《企业社会责任工作管理办法》等责任治理的具体推进指南。而民营企业与中央企业相比，首先，受到的外部约束和社会期望较少，与国家政策的贴合程度不高。其次，民营企业的背景及经营模式多样化，社会责任的治理模式难以被其大量借鉴使用。同时由于企业本身处于起步和上升阶段，缺少履行社会责任的意愿和资源，因此，民营企业无论在责任治理还是在社会责任投入、能力建设方面，都基本处于较低水平。

（四）研究发现3：能源行业上市公司环境价值创造水平较2015年有一定提高，但仍需要持续改进

2016 年，能源行业上市公司环境价值创造能力平均得分为 24.27 分，高于全部上市公司的平均得分 20.13 分，但是仍然处于无能级，这在能源行业发生深度变革的今天，亟须引起关注。

其中，环境管理是能源企业开展环保工作的基础和保障，包括建立环境管理政策与体系、遵守国家环保政策、环保投入和环保负面信息披露。统计

显示,能源行业上市公司环境管理政策与体系指标在环境价值创造能力的
12 个三级指标中得分较高,平均得分为 26.07 分,达到弱能级,部分公司
已经通过环境管理类的国际标准认证,具有较高的环境管理水平。但从得分
分布来看,28 家公司得分低于 30 分,处于无能级,没有一家企业得分为 0;
36 家公司的得分为 30 ~ 60 分,达到弱能级;6 家公司得分在 60 分以上。因
此,大部分能源行业上市公司的环境管理水平有待提高。而应对气候变化措
施指标在 12 个指标中得分较低,仅为 3.71 分,其中有 60 家企业该项指标
的得分为 0(见图 3)。

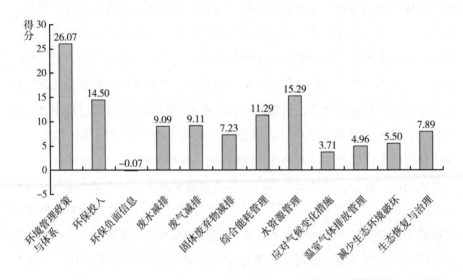

图 3　能源行业上市公司环境价值创造能力指标得分分布

(五)研究发现4:能源行业上市公司资源可持续利用总体水平较高,但综合能耗管理水平较低

当前能源结构转型、发展可再生能源的重要程度提升,成为国家及国
际可持续发展的重要促进政策。国家发改委于 2016 年 12 月印发《可再生
能源发展"十三五"规划》提出于 2020 年、2030 年非化石能源占一次能
源消费的比重分别达到 15%、20% 的能源发展战略目标,需进一步促进可

再生能源开发利用，加快对化石能源的替代进程，改善可再生能源经济性。2017 年 1 月 13 日，国家能源局发布《能源技术创新"十三五"规划》，提出能源技术创新的发展目标：围绕由能源大国向能源强国转变的总体目标，瞄准国际能源技术发展的趋势，立足我国能源技术发展现状及科技创新能力和实际情况，从 2016 年到 2020 年集中力量突破重大关键技术、关键材料和关键装备，实现能源自主创新能力大幅提升、能源产业国际竞争力的明显提升以及能源技术创新体系初步形成。科技部副部长王志刚在 2017 年 6 月 6 日能源基金会主办的"清洁能源·创新使命"峰会边会——清洁能源经济转型论坛上表示，"以清洁能源发展促进经济转型，既是中国经济发展的必然选择，也是中国作为一个负责任大国应对全球气候变化的具体行动。中国将坚定不移地践行新发展理念，以创新发展、绿色发展推动能源革命"。

就目前来看，能源行业社会责任能力成熟度评价体系中二级指标资源可持续利用的平均得分为 26.57 分，远高于 A 股上市公司平均得分 19.83 分，但能源行业企业作为能源结构改革的主体，仍需在应对气候变化和资源可持续利用上采取更多的行动，以驱动整体能源结构改革。在资源可持续利用指标下的三级指标中，综合能耗管理指标平均得分仅为 11.29 分，说明能源行业企业针对能源的使用、节约、再生建立的管理机制不够完善，以及在相关方面的管理举措和成效数据等披露不足。

能源行业上市公司应注重公司整体业务的能源技术创新与绿色能源可持续发展，通过技术创新与可持续发展治理能力提升，强化能源可持续发展的趋势。同时，注重资源可持续利用的管理举措与成效数据披露。

（六）研究发现5：能源行业上市公司安全生产运营管理水平较高，安全应急管理机制不健全

近年来，在政府相关部门的指导下，能源行业生产企业的安全生产工作取得积极进展。据国家安委会统计，当前安全生产事故总量仍然较大，风险隐患很多，形势依然严峻。安全运营和安全管理对能源行业而言至关重要。

但统计显示，能源行业上市公司 2016 年安全生产运营维度平均得分为 43.95 分，高于上市公司平均得分 31.00 分，该指标下的三级指标得分均高于上市公司整体水平，安全事故数也低于上市公司整体水平。从下设的三级指标来看，安全生产管理体系得分为 20 分，但安全应急管理机制得分仅为 11.94 分，说明能源行业较多企业按照监管要求建立了安全生产管理体系，但在安全应急管理机制的建立方面还需引起重视。

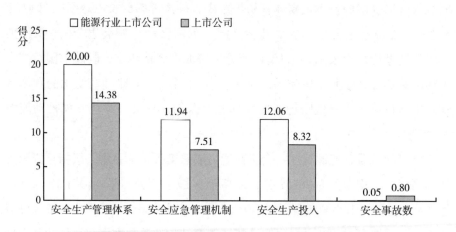

图 4 能源行业上市公司安全生产运营下属三级指标得分情况

二 金融行业上市公司社会责任能力成熟度评价分析

目前我国正处在需要转变经济发展方式的阶段，金融是现代经济的核心，应深化金融体制改革，增强金融服务实体经济的能力，促进多层次资本市场健康发展，以助力实现经济发展质量与效益并存、经济可持续健康发展的目标。同时，在全球环境问题日益严峻的现在，金融行业企业不断完善绿色金融的操作机制，协助建立监管平台，充分发挥金融推动环境可持续发展的作用。金融行业上市公司的社会责任履行情况受到了空前的关注与监督。

（一）基本特征分布

2016 年中国金融行业上市公司有效样本共有 60 家。这些上市公司总资产的平均值为 25116.24 亿元，其中最高的是 241372.65 亿元，最低的是 9.21 亿元；净资产的平均值为 2021.94 亿元；资产负债率的平均值为 76%；营业收入的平均值为 975.55 亿元；市值的平均值为 2093.36 亿元，其中最高的是 17895.41 亿元，最低的是 37.20 亿元。

表3　2016 年金融行业上市公司基本特征分布

指标	均值	中值	众数	标准差	偏度
总资产	25116.24	2145.22	9.21	53396.25	2.888
净资产	2021.94	446.91	7.26	4047.26	3.104
资产负债率	0.76	0.79	0.20	0.19	-1.914
营业收入	975.55	135.38	0.46	1841.72	2.396
净利润	248.39	30.23	-1.42	552.74	3.282
市值	2093.36	707.56	37.20	3504.79	2.832
市盈率	20.64	21.58	-315.67	50.18	-4.877
基本每股收益	0.81	0.65	0.41	0.71	1.691

指标	偏度的标准误	峰度	峰度的标准误	极小值	极大值
总资产	0.309	7.976	0.608	9.21	241372.65
净资产	0.309	9.501	0.608	7.26	19811.63
资产负债率	0.309	4.324	0.608	0.12	0.94
营业收入	0.309	4.885	0.608	0.46	7692.39
净利润	0.309	10.889	0.608	-1.42	2782.49
市值	0.309	8.326	0.608	37.20	17895.41
市盈率	0.309	35.621	0.608	-315.67	136.13
基本每股收益	0.309	3.343	0.608	-0.22	3.50

注："总资产""净资产""营业收入""市值"的单位均为亿元，"基本每股收益"的单位为元。

（二）研究发现1：金融行业上市公司社会责任能力成熟度水平较为平均，高于 A 股上市公司整体水平

金融行业上市公司社会责任能力成熟度平均得分为 40.69 分，整体处于

弱能级，高于 2016 年全部 A 股上市公司的平均得分 34.25 分。其中，金融行业上市公司社会责任能力成熟度处于无能级的有 4 家，占比 6.67%；处于弱能级的有 51 家，占比 85%；处于本能级的有 5 家，占比 8.33%；没有任何一家企业达到强能级或超能级。

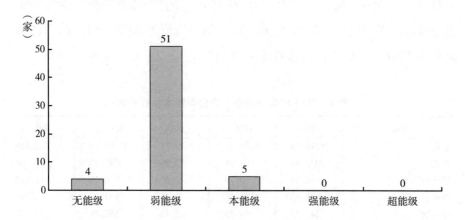

图 5　2016 年金融行业上市公司社会责任能力成熟度等级分布

样本中得分最高的企业是农业银行，综合得分为 68.59 分；得分最低的企业为熊猫金控，综合得分为 23.91 分。前五名和后五名得分分布情况如表 4 所示。

表 4　2016 年金融行业上市公司社会责任能力成熟度企业前五名和后五名分布情况

前五名	成熟度得分	后五名	成熟度得分
招商银行	66.53	越秀金控	30.18
平安银行	64.85	宝硕股份	29.53
交通银行	62.35	新力金融	28.91
华夏银行	67.95	绿庭投资	25.92
农业银行	68.59	熊猫金控	23.91

在社会责任成熟度的六个维度中，经济价值创造能力指标得分较高，为 76.38 分，高于上市公司整体得分 68.55 分；社会责任推进管理指标

得分为 18.86 分，合规透明运营能力指标得分为 49.29 分，都远高于上市公司整体的水平；但社会责任理念与战略以及环境价值创造能力的得分都较低。

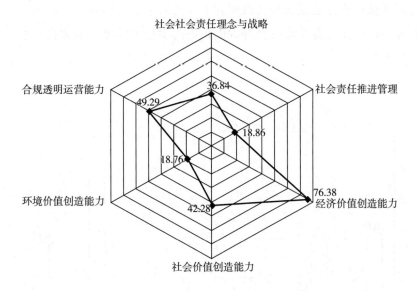

图6　2016 年金融行业上市公司社会责任能力成熟度六大维度得分对比

（三）研究发现2：金融行业上市公司社会责任推进管理明显高于上市公司平均水平，但大部分企业社会责任能力建设水平较为低下

2016 年，金融行业上市公司社会责任推进管理维度平均得分为 18.86 分，明显高于上市公司平均水平 6.07 分，但整体水平仍然偏低。与其他五个维度相比，此项维度得分较低，处于无能级。从社会责任推进管理指标下设的三级指标来看，社会责任组织机构、社会责任推进制度、社会责任专项资金预算三项指标的得分相对较高，平均得分分别为 10.10 分、9.18 分、23.43 分。社会责任专项培训、社会责任外部交流、社会责任知识管理的得分较低，平均得分分别为 3.08 分、4.36 分、4.30 分。在金融行业上市公司中，成立社会责任组织机构的企业有 27 家，33 家企业在该项指标上的得分为 0；建立了较为完善的社会责任推进制度的企业有 28 家，32 家企

业在该项指标上的得分为 0。社会责任知识管理指标得分为 0 的企业有
48 家。

由此可见，金融行业由于整体经济价值创造能力较强，社会责任专项
资金预算较其他行业更充裕，也建立了专门的组织机构及推进制度。一部
分上市公司在社会责任推进管理方面积极落实相关制度，加强自身能力建
设，但大部分企业的社会责任推进管理工作还处在未起步或者刚起步
阶段。

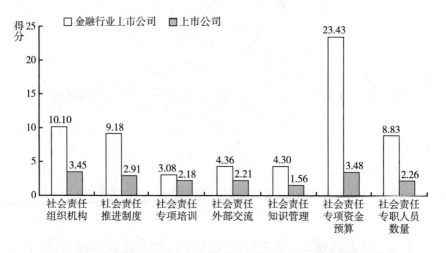

图7   2016 年金融行业上市公司社会责任推进管理三级指标得分情况

（四）研究发现3：金融行业为客户创造价值的能力高于上市公司整体，消费者权益保护较好，但产品质量仍需改进

金融行业作为与消费者联系紧密的服务行业，为客户创造价值的能力
很大程度上反映了其自身的社会责任成熟度。依据统计数据，金融行业为
客户创造价值指标的得分为 46.38 分，高于上市公司平均得分 39.08 分。
从三级指标来看，金融行业在消费者权益保护及客户满意度方面的得分均
高于上市公司平均得分，且处于较高水平，其中消费者权益保护的得分为
12.26 分，远高于上市公司的平均水平 4.24 分，表明金融行业作为一个掌

握消费者大量个人消费信息的服务行业，对消费者的隐私有较好的保护措施，这是其对消费者负责任的重要表现。但金融行业上市公司在产品质量维度的得分仅为9.41分，低于上市公司平均得分13.56分。在当下消费需求升级、需求多样化的情况下，金融行业企业应不断提升金融服务产品的质量、多样化程度及创新水平，以满足消费者日益增长的需求，提高为客户创造价值的水平。

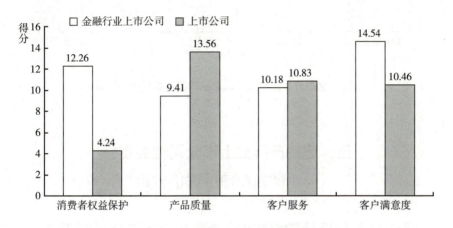

图8 金融行业上市公司为客户创造价值指标得分

（五）研究发现4：金融行业社会责任相关信息披露水平较高，但信息披露渠道还需进一步多样化

据统计，在信息披露指标上，金融行业的整体得分为72.24分，远高于上市公司平均得分46.03分，说明金融行业整体信息披露水平较高，符合其行业特征。在信息披露下设的三级指标中，金融行业信息披露机制、官网社会责任信息发布数量以及发布社会责任报告三项指标的得分均高于上市公司平均得分。由此可见，金融行业在社会责任信息专项披露方面的水平较高。但金融行业信息披露渠道指标的得分仅为4.96分，低于上市公司平均得分9.10分，说明其披露渠道还应结合监管部门以及消费者多方的需求进一步多样化（见图9）。

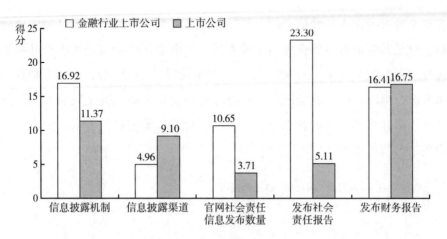

图9　金融行业上市公司信息披露三级指标得分情况

三　房地产行业上市公司社会责任
能力成熟度评价分析

房地产行业是国民经济发展中的重要产业，产业链长、关联度高，对就业、税收和经济增长的贡献大，但它不是一个在任何地方都能点石成金的产业。一个地区经济的发展、城镇化水平的提高、人口规模和收入的增长都是房地产市场繁荣和健康发展的基础条件。2016年12月14～16日举行的中央经济工作会议指出，要落实地方政府主体责任，房价上涨压力大的城市合理增加土地供应，提高住宅用地比例，盘活城市闲置和低效用地；加快住房租赁市场立法，加快机构化、规模化租赁企业发展；加强住房市场监管和整顿，规范开发、销售、中介等行为。一系列政策的出台旨在改变当前房地产行业的粗放式发展，促进房地产行业的可持续发展、住宅业的稳定协调发展，从而推进中国房地产行业的可持续发展。

（一）基本特征分布

2016年中国房地产行业上市公司有效样本共有142家。这些上市公司总资产的平均值为 456.53 亿元，其中最高的是 8306.74 亿元，最低的是 2.06 亿元；净资产的平均值为 107.40 亿元；资产负债率的平均值为 64%；营业收入的平均值为 116.79 亿元；市值的平均值为 181.15 亿元，其中最高的是 2584.13 亿元，最低的是 21.37 亿元。

表5　2016 年房地产行业上市公司基本特征分布

指标	均值	中值	众数	标准差	偏度
总资产	456.53	139.41	2.06	1062.31	5.44
净资产	107.40	47.36	0.42	201.99	4.77
资产负债率	0.64	0.66	0.1	0.17	-0.55
营业收入	116.79	37.40	0.1	329.77	6.14
净利润	10.31	2.93	-4.68	24.91	5.1
市值	181.15	103.02	2.14	295.91	5.29
市盈率	70.75	23.0	-625.66	271.17	6.12
基本每股收益	0.7	0.48	-0.26	0.68	1.42
指标	偏度的标准误	峰度	峰度的标准误	极小值	极大值
总资产	0.203	34.11	0.404	2.06	8306.74
净资产	0.203	28.07	0.404	0.42	1616.77
资产负债率	0.203	-0.21	0.404	0.10	0.96
营业收入	0.203	40.76	0.404	0.1	257.32
净利润	0.203	32.89	0.404	-4.68	210.23
市值	0.203	35.04	0.404	21.37	2584.13
市盈率	0.203	45.13	0.404	-625.66	2180.63
基本每股收益	0.203	2.62	0.404	-0.26	3.63

注："总资产""净资产""营业收入""市值"的单位均为亿元，"基本每股收益"的单位为元。

（二）研究发现1：房地产行业上市公司社会责任能力成熟度水平严重低下，只有2家企业达到本能级

房地产行业上市公司社会责任能力成熟度整体处于弱能级，平均得分为 39.42 分，高于 2016 年全部 A 股上市公司的平均得分 34.25 分，同时高于该行业 2015 年的平均得分 37 分。其中，处于无能级的公司有 9 家，占比

6.34%；处于弱能级的有 131 家，占比 92.25%；只有 2 家企业达到本能级，占比 1.4%；没有任何一家达到强能级或超能级。就分布情况来看，房地产行业上市公司社会责任能力成熟度主要集中分布在"弱能级"这一级别，说明房地产行业上市公司就社会责任能力成熟度而言虽然有很大一部分已经处于起步阶段，但是成熟度达到本能级的企业很少。

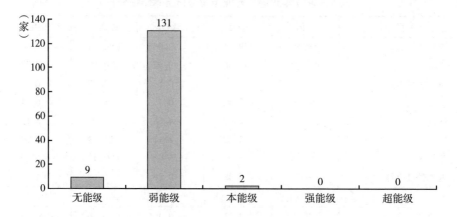

图 10　2016 年房地产行业上市公司社会责任能力成熟度等级分布

样本中得分最高的企业是万科 A，综合得分为 66.55 分；得分最低的企业为 ST 亚太，综合得分为 21.49 分。前五名和后五名得分分布情况如表 6 所示。

表 6　2016 年房地产行业上市公司社会责任能力成熟度企业前五名和后五名分布情况

前五名	成熟度得分	后五名	成熟度得分
万科 A	66.55	ST 山水	28.64
保利地产	64.28	中房股份	24.10
华夏幸福	62.28	荣丰控股	23.96
城投控股	61.26	S * ST 前锋	21.99
首开股份	60.29	ST 亚太	21.49

履行社会责任能够提升企业核心竞争力，如提升企业的实际经营业绩，增加人力资源、客户忠诚、社会认可等经营资源的价值。同时，企业实施履

行社会责任的行为可以减少对环境的污染，增强其促进社会进步所需的各种资源能力。房地产行业可以通过采取以下措施来提高自身的履责能力。

1. 强化产业链上下游合作

随着传统房地产行业逐渐从材料精工时代向技术集成时代转型，可以预见，"产业链"式竞争很快将在房地产市场上演，以目前房地产行业的发展态势来看，房地产企业只有强化与产业链上下游企业的合作，才能增强自身竞争能力。而房地产企业要想整合上下游产业链资源，就需要以诚信为本，努力践行社会责任，增强合作企业的互信。

2. 提高产品质量

在房地产调控政策持续发力、房企发展方式亟待转型的大背景下，房企要在激烈的市场竞争中脱颖而出，就应增强产品的竞争力。房产作为固定资产，消费者对于其质量具有很高的要求，因此房企要为购房者提供满意的住房，提升自身的核心竞争力。

3. 提升环境竞争力

房企通过绿色采购、污染治理、社区垃圾分类回收主动减少对环境的影响。同时房企应支持环境研究，推动社会大众环境保护的意识提高，做到企业与社会、环境的和谐发展。

（三）研究发现2：房地产行业上市公司社会责任推进管理水平严重低下，资源投入严重不足

房地产行业上市公司在六大维度的得分大部分高于2016年全部A股上市公司。其中，经济价值创造能力维度得分最高，为72.71分，达到本能级，略高于2015年该行业的经济价值创造能力平均得分69分；社会责任推进管理维度得分最低，平均得分为14.07分，虽然高于全部上市公司的平均得分6.07分及2015年该行业该维度的平均得分11分，但是该指标是六大维度中的最低得分。分指标来看，社会责任组织机构、社会责任推进制度、社会责任专项培训、社会责任外部交流、社会责任知识管理、社会责任专项资金预算和社会责任专职人员数量的平均得分都很低，分别为2.65分、

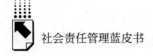
7.58分、6.26分、5.69分、4.62分、9.96分、6.73分。社会责任组织机构指标得分最低，说明房地产行业大部分上市公司没有成立社会责任专职部门，并且人力、物力、财力投入都严重不足，亟待加强。

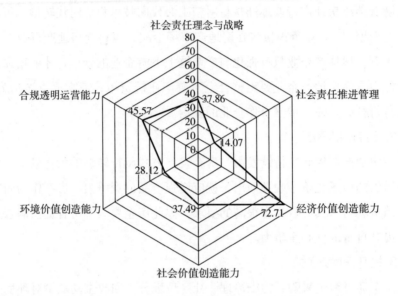

图11　2016年房地产行业上市公司社会责任能力成熟度六大维度得分对比

从房地产行业上市公司的社会责任推进管理的三级指标可以看出，社会责任组织机构指标得分严重偏低，结构完整、层级清晰、权责明确、流程顺畅、运转高效的社会责任治理架构，既是企业各利益相关方实施监督职责的组织保障，又是企业全面履行社会责任强有力的组织保障。建议房地产企业成立社会责任专职机构，明确各岗位的职责，以更好地统领公司的社会责任工作；同时注重社会责任与日常经营的融入，提高公司全体员工的社会责任意识，将社会责任作为必须要履行的职责，努力做到社会责任融入日常工作。

（四）研究发现3：房地产行业上市公司环保意识需要提升，环境管理举措有待完善

2016年，房地产行业上市公司环境价值创造能力平均得分为28.12分，

高于2016年全部A股上市公司的平均得分20.13分及该行业该维度2015年的平均得分23分，处于无能级。虽然房地产行业上市公司该维度得分高于全部上市公司的平均得分，但是环保对房地产行业来说是一个非常重要的议题，上市公司应注重环境、社会和环境的和谐发展。从得分分布情况来看，94家公司得分低于30分，居无能级；48家公司的得分处于30～60分，达到弱能级；没有一家公司处于弱能级别以上。因此，房地产行业上市公司的环境管理水平亟待提高，要增强自身环境价值的创造能力，减少建筑废物，更加注重施工过程中的生态环境保护。

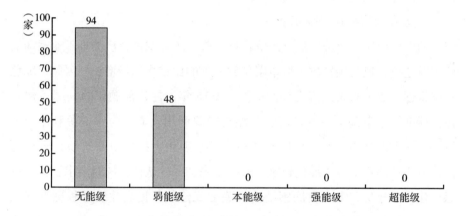

图12　房地产行业上市公司环境价值创造能力等级分布

随着国家密集出台各项绿色建筑政策，获得绿色建筑评价标识的地产项目呈现爆发式增长态势。与此同时，越来越多的房地产企业开始提出绿色发展理念。为促进房地产行业的绿色运营发展，可以采取以下措施。

1. 合理利用土地资源，避免浪费

土地资源是房地产行业发展的命脉。但土地资源是有限的，不可再生的。土地资源的永续利用是实现房地产行业可持续发展的物质基础，也是房地产市场发展与人居环境改善的基本前提，针对有限的土地资源，要按照可持续原则予以开发利用，实现土地资源高效配置。

2. 重视环境保护，维护生态平衡

房地产开发中的短期行为，对生态环境造成了破坏。开发单位片面追求经济效益，致使建筑密度过高、容积率过高，缺少绿色空间。一些房地产开发项目忽视了对生态环境的保护与建设。房地产行业的发展要与人口发展、环境发展、资源利用相协调。生态保护水平的差异，将会极大地影响房地产的价值。房地产生态价值的实现是房地产可持续发展的必然要求。因此，要在开发的同时做好生态环境的保护和建设工作，使房地产行业成为城市生态经济中的有机组成部分。在开发的过程中要做好生态环境的保护和建设工作，打造环境优美、和谐发展的社区。

3. 强化绿色建筑的发展趋势

随着中国城市经济向低碳经济转型，曾经主导城市经济的重工业逐渐被关闭或迁移，建筑碳排放占城市碳排放清单的比重将稳步增长。因此，绿色建筑将逐步成为未来经济发展的标配。2016年，住建部颁布的《绿色建筑评价标准》从节地与室外环境、节能与能源利用、节水与水资源利用、节材与材料资源利用、室内环境质量和运营管理六大指标对建筑项目进行评价，最终从高到低分为绿色建筑三星、二星和一星认证。同时要求积极推广绿色建筑和建材，大力发展钢结构和装配式建筑，提高建筑工程标准和质量，加大建筑节能改造力度，加快传统制造业绿色改造。房地产企业要顺应国家的大政方针不断朝着可持续发展的方向前进。

（五）研究发现4：房地产行业上市公司安全生产运营水平高于上市公司平均水平，但整体仍然偏低

房地产行业涉及的危险性作业多，并且考虑到人员素质构成复杂、管理存在疏漏等问题，安全问题对于房地产行业而言至关重要。数据显示，房地产行业上市公司在安全生产运营这个重要的议题领域的平均得分为32.15分，处于弱能级，略高于2016年全部A股上市公司的平均得分31分。如图13所示，就得分分布情况来看，只有1家企业达到了本能级，为万科A，得分为66.55分；其余141家企业处于无能级或弱能级，处于弱能级的企业

为 76 家，占比 53.52%，处于无能级的企业有 65 家，占比 45.77%。从房地产行业安全生产运营情况来看，一方面，房地产行业的安全生产管理水平较低，该行业安全生产管理信息披露不足；另一方面，虽然针对该行业的安全监管力度较大，出台的政策和标准较多，但就目前来看，该行业安全生产管理水平仍然偏低。

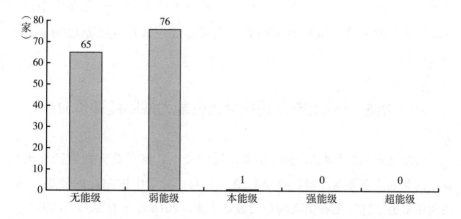

图 13　房地产行业上市公司安全生产运营等级分布

　　房地产行业是安全生产的重点管理行业，其在生产施工过程中面临十分严苛的条件限制，因此房地产行业必须加强安全生产体系建设，为此给出如下建议。

　　1. 明确责任主体，落实安全生产责任制

　　严格执行《安全生产法》，涉及房地产行业的相关企业要建立安管机构，或配备专职管理人员。对于无安全管理机构、无安全管理人员、安全管理混乱的企业一律暂扣有关证照，责令限期整改到位。落实企业安全生产风险抵押金、工伤保险、安全技术措施经费及安全生产备案等制度。

　　2. 完善监管体系，建立排查治理长效机制

　　建立安全隐患排查机构。加强隐患排查的组织领导，指定专门人员，坚持定期与不定期排查制度，将隐患排查工作纳入规范化、经常化轨道。

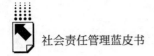

3. 严格安全措施，深化安全专项整治

深化建设工程施工安全整治工作。所有保障性住房建设工程和拆迁施工项目必须严格按照规定办理行政许可和安全生产备案手续，并按照《安全生产法》进行安全设施"三同时"验收，验收合格的工程项目方可投入生产和使用。深化直管公房和廉租住房用火用电管理。房地产公司工作人员要定期开展防火宣传工作，检查直管公房和廉租住房安全用电情况，在干燥季节要做到经常检查，发现违规用火用电要及时制止，杜绝火灾发生。

四　机械行业上市公司社会责任能力成熟度评价分析

机械行业与国民经济密切相关，属于资本、技术及劳动力密集型产业，行业处于成熟期，增长速度较低。目前，对于中国制造的转型升级，民间在努力促进，更有国家的顶层设计力推。2016 年 5 月 8 日，国务院正式印发《中国制造 2025》，在中国政府制定的"十三五"规划中，"工业4.0"和"中国制造 2025"战略被列为重中之重。5 月 18 日，国家发改委、工信部发布《关于实施制造业升级改造重大工程包的通知》，明确实施制造业升级改造重大工程包，坚持创新驱动协调发展，统筹推进传统产业升级和新兴产业发展，推动机械制造业迈向高端化、智能化、绿色化、服务化，并确定了智能化改造、基础能力提升、绿色制造推广等 10 大重点工程。

（一）基本特征分布

2016 年中国机械行业上市公司有效样本共有 239 家。这些上市公司总资产的平均值为 99.23 亿元，其中最高的是 3383.1 亿元，最低的是 0.64 亿元；净资产的平均值为 39.79 亿元；资产负债率的平均值为 41%；营业收入的平均值为 48.92 亿元；市值的平均值为 102.28 亿元，其中最高的是2712.49 亿元，最低的是 19.8 亿元。

表7   2016年机械行业上市公司基本特征分布

指标	均值	中值	众数	标准差	偏度
总资产	99.23	28.81	0.64	295.66	7.69
净资产	39.79	17.28	0.23	100.78	8.45
资产负债率	0.41	0.39	0.02	0.2	0.37
营业收入	48.92	11.26	0.31	177	9.23
净利润	0.93	0.67	−57.34	9.17	6.41
市值	102.28	61.05	19.8	201.08	10.09
市盈率	684.33	62.11	−1571.74	8879.13	15.37
基本每股收益	0.16	0.14	0.02	0.42	−2.18
指标	偏度的标准误	峰度	峰度的标准误	极小值	极大值
总资产	0.157	72.28	0.314	0.64	3383.1
净资产	0.157	88.99	0.314	0.23	1238.05
资产负债率	0.157	−0.56	0.314	0.02	0.97
营业收入	0.157	102.77	0.314	0.31	2229.84
净利润	0.157	101.02	0.314	−57.34	112.96
市值	0.157	123.29	0.314	19.8	2712.49
市盈率	0.157	236.43	0.314	−1571.74	136719.63
基本每股收益	0.157	14.72	0.314	−2.8	1.42

注："总资产""净资产""营业收入""市值"的单位均为亿元，"基本每股收益"的单位为元。

（二）研究发现1：机械行业上市公司社会责任能力成熟度水平严重低下，99％的企业得分低于60分

机械行业上市公司社会责任能力成熟度整体处于无能级，平均得分为35.65分，略高于2016年全部A股上市公司的平均分34.25分，远高于该行业2015年的平均得分27.96分。2016年是"十三五"的开局之年，有国内经济增长平稳、供给侧结构性改革政策效应逐步显现等积极因素，机械行业顺应时代的发展潮流，在提高经济效能的同时，努力促进社会和环境的和谐发展，呈现出全行业社会责任能力成熟度整体提升的可喜局面。

就得分分布情况来看，在机械行业上市公司中，99％的企业社会责任能力成熟度得分低于60分，处于无能级或弱能级，仅有5家企业达到本能级，没有任何一家企业达到强能级或超能级（见图14）。可见，机械行业上市公

司的社会责任能力成熟度整体水平偏低，大部分企业还处于起步阶段，能力建设亟待加强。

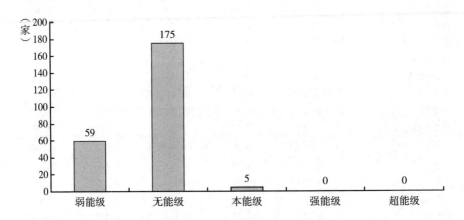

图14 机械行业上市公司社会责任能力成熟度等级分布

样本中得分最高的企业是中国中车，综合得分为 63.88 分；得分最低的企业为仰帆控股，综合得分为 16.53 分。前五名和后五名得分分布情况如表 8 所示。

表8 2016 年机械行业上市公司社会责任能力成熟度企业前五名和后五名分布情况

前五名	成熟度得分	后五名	成熟度得分
中国中车	63.88	国机通用	21.20
中集集团	62.41	天华院	20.86
柳工	61.60	中发科技	20.68
经纬纺机	61.51	中航黑豹	19.92
潍柴动力	61.17	仰帆控股	16.53

履行社会责任能够提升企业核心竞争力，如提升企业的实际经营业绩，增加人力资源、客户忠诚、社会认可等经营资源的价值。同时，企业实施履行社会责任的行为可以减少对环境的污染，增强自身为促进社会进步所需的各种资源能力。为促使机械行业上市公司提升社会责任履行能力，建议如下。

1. 增强社会责任履责意识

要把加强企业社会责任建设作为转变发展方式、提升经营理念、创新商业模式的重要抓手，走出一条"经济效益好、工程质量优、安全事故少、环境保护好、社会效益高"的中国机械企业社会责任建设道路。

2. 着力攻破突出问题

要抓薄弱环节，抓关键环节，抓影响全局的环节，比如机械行业的安全生产问题、劳务纠纷问题等。同时，要以点带面，循序渐进，不断总结经验，促进整个行业社会责任建设水平的提高。

3. 注重借鉴国外先进经验

要加强国际交流与合作，充分借鉴其他国家和地区的先进经验，同时立足中国国情，充分考虑我国经济社会发展水平和企业承受能力。

4. 加强与各利益相关方的沟通

要注重对既有社会责任绩效的宣传和推广，积极应对国际组织、当地居民等对各个项目的关注和审视，做到积极主动、公开透明。

（三）研究发现2：机械行业上市公司社会责任推进管理水平低下，资源投入严重不足

机械行业上市公司社会责任推进管理平均得分仅为 10.46 分，处于无能级，高于该行业 2015 年的平均得分 2.24 分；经济价值创造能力得分为 66.61 分，同样高于 2015 年该行业的平均得分 62.24 分，说明机械行业对社会责任的重视程度较上年有所提高，但是能力提升速度依然较缓慢。从社会责任推进管理指标下的三级指标来看，社会责任组织机构、社会责任推进制度、社会责任专项培训、社会责任外部交流、社会责任知识管理、社会责任专项资金预算和社会责任专职人员数量的平均得分都很低，分别为 2.18 分、4.83 分、4.18 分、5.99 分、3.77 分、5.79 分和 4.58 分，表明机械行业在社会责任推进管理过程中，人力、物力、财力投入都严重不足，亟待加强。

针对机械行业上市公司在社会责任推进中人力、物力、财力投入都严重不足的局面，建议采取以下措施。

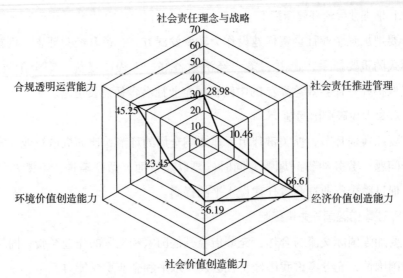

社会责任理念与战略

社会责任推进管理

合规透明运营能力

28.98

10.46

45.25

23.45

经济价值创造能力

66.61

环境价值创造能力

36.19

社会价值创造能力

图15 2016年机械行业上市公司社会责任能力成熟度六大维度得分对比

1. 建立社会责任组织机构

从组织、规划、沟通、传播等方面积极推进社会责任工作的开展，促进公司可持续发展能力的整体提高。

2. 建立社会责任指标体系

以社会责任治理指标、经济指标、环境指标、社会指标为框架，从定性和定量两个角度系统反映和衡量企业日常工作对各利益相关方的影响，以全面直观地展示企业社会责任工作绩效，为实现社会责任工作机制化、常态化奠定基础。

3. 加强社会责任沟通

通过对利益相关方的期望做出预测，阐明企业社会责任政策，运用组织沟通工具来提供真实透明且与商业运作、社会和环境事业相整合的公司或品牌信息，同时与利益相关方积极进行互动。

（四）研究发现3：机械行业上市公司环境保护意识薄弱，缺乏环保举措

机械行业是传统的"高能耗、高污染"行业，整体环境价值创造能力

得分为 23.45 分，低于 2016 年全部 A 股上市公司的平均得分 20.13 分，处于无能级。从环境管理指标来看，平均得分为 29.32 分，从污染减排指标来看，平均得分为 23.15 分；从资源可持续利用指标来看，三级指标综合能耗管理的平均得分为 10.89 分，水资源管理的平均得分为 8.47 分。通过对比发现，虽然大部分机械企业建立了环境管理体系，但其并没有发挥实际作用，污染减排和资源可持续利用水平还没有达到行业标准，水资源的可持续利用能力较弱。另外，机械行业部分企业还出现了重大环境事故，进一步影响了其环保履责能力的提升。

表 9   机械行业环境价值创造能力维度部分三级指标得分

三级指标	环境管理政策与体系	废水减排	废气减排	固体废弃物减排	综合能耗管理	水资源管理
得分	19.18	8.02	7.77	7.35	10.89	8.47

《中国制造 2025》为机械制造行业指明了新的发展方向，对组织实施传统制造业能效提升、清洁生产、节水治污、循环利用等专项技术改造提出了要求。机械行业作为重污染行业可以通过采取以下措施来减少对环境的破坏。

1. 加强自身的环保体系建设

机械行业企业在日常生产过程中要遵循保护和改善生活环境和生态环境、防止污染和其他公害、保障人体健康、促进社会主义现代化建设的发展方针，结合企业具体情况，组织实施环境保护管理工作。例如，加强对环境保护工作的管理；对生产过程中的"三废"排放必须大力开展综合利用工作，化废为宝，变废为宝；做好设备管理和维修工作，杜绝跑、冒、滴、漏；使用有毒有害物质及酚类物质的工厂、部门，在排放废气和废水前，应采取净化或中和处理等措施。

2. 推进生产智能化绿色化转型发展

"十三五"期间，我国实行了最严格的环境保护制度，这为环保装备制造业带来了巨大的市场空间。但是大部分企业仍面临创新能力较弱，产品低端、同质化竞争严重，先进技术装备应用推广困难等问题。机械行业企业要重点推进以下领域的发展：大气污染防治装备、水污染防治装备、固体废物处理处置装备、土壤污染修复装备、环境污染应急处理装备、环境监测专用仪器仪表、环境污染专用材料与药剂。

（五）研究发现4：机械行业上市公司为客户创造价值能力不足，消费者权益保护得分严重偏低

机械行业企业作为产业链上游企业，其为客户创造价值能力关系到很多下游生产企业的正常生产。统计显示，2016 年，机械行业上市公司为客户创造价值指标的得分为 46.56 分，处于弱能级，其中涉及的四个三级指标：消费者权益保护、产品质量、客户服务、客户满意度的平均得分分别为 6.95 分、13.85 分、12.91 分、12.86 分，都处于无能级，其中消费者权益保护得分最低。根据数据统计得出，机械行业企业的客户服务能力水平偏低，作为上游供应商应该进一步提高服务客户的水平，提高产品质量，强化消费者权益保护，为国民经济提供满意的机械产品，共同促进机械行业的高效、健康发展。

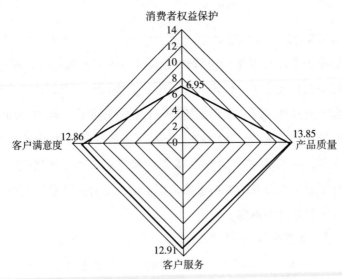

图16　2016 年机械行业上市公司为客户创造价值指标得分

在工程机械产品竞争日益激烈的今天，许多工程机械企业都面临着巨大的国内外同行企业的竞争压力，因此，如何最大限度地提高客户服务水平以及产品质量，成为许多企业迫切需要解决的问题。企业可以采取以下的措施来提高客户服务水平。

1. 提高高层对客户价值的重视

领导企业关注市场竞争的焦点，重视产品质量、服务质量、经营质量。强有力的领导班子和强有力的领导者是企业在激烈的市场竞争中胜出的关键，大力度地调整产品结构，注重质量改进、提高产品档次和水平；营造良好的企业文化氛围，调动广大员工的积极性，只有这样，企业发展才能成效显著。

2. 将企业经营战略决策纳入重要日程

企业应主动适应从农机产品到工程机械产品再到多种产品并举的经营战略，适应市场的需求和发展，即企业要适时、适势、正确果断地调整战略决策，促使企业发展进入新的时期。

3. 结合企业实际把好质量关

机械行业面临着前所未有的好形势。党中央高度重视振兴装备制造业，把装备工业提高到国民经济中重要的战略地位来抓，机械行业成为朝阳行业。企业在订单增多的同时，更要注重产品质量问题，产品质量是企业立足市场的根基，产品质量是企业长远发展的脊梁，要积极推行努力实践卓越的绩效模式，全面提升产品质量管理水平。

4. 走管理创新之路不断追求卓越

随着科学技术的日新月异，市场需求的瞬息万变，上市公司要不断解放思想，推陈出新；结合实际，在意识理念、价值观念、资源优化、体系整合、企业机制、组织结构、过程控制、行为规范、质量责任等方面进行变革。企业要在创新中不断追求卓越，要持续改进，涉及管理技术、企业运作效率、外部关系、管理技术方法应用的改进等。

5. 提高客户满意度

目前顾客满意度测评已经成为企业质量改进的一种新导向，有的人把它形容为企业的方向盘、晴雨表、指南针和添加剂。目前有些企业还没有开展此项工作，应该抓紧宣传和推广。要注意顾客满意度调查结果的真实性，不要只是为了应付评审，只有把顾客的问题、要求、评价、意见搞清楚，才能有利于赢得顾客。

五 软件与信息服务行业上市公司社会责任能力成熟度评价分析

《关于促进信息消费扩大内需的若干意见》（国发〔2013〕32号）出台以来，信息消费规模快速扩张、消费结构持续升级、消费模式不断创新。相应的，软件与信息服务行业企业不断利用技术创新、模式创新来提升服务水平。除企业自身创新外，还加大产学研合作力度，提升技术开发及技术应用水平。随着软件与信息服务市场的快速增长，社会各方也对该行业内的企业提出了更高的要求。

（一）基本特征分布

2016年中国软件与信息服务行业上市公司有效样本共有155家。这些上市公司总资产的平均值为82.21亿元，其中最高的是6159.07亿元，最低的是2.88亿元；净资产的平均值为41.83亿元；资产负债率的平均值为32%；营业收入的平均值为39.34亿元；市值的平均值为135.98亿元，其中最高的是1583.39亿元，最低的是22.61亿元。

表10 2016年软件与信息服务行业上市公司基本特征分布

指标	均值	中值	众数	标准差	偏度
总资产	82.21	27.96	2.88	493.22	12.304
净资产	41.83	20.37	0.44	184.36	12.169
资产负债率	0.32	0.3	0.04	0.17	0.81
营业收入	39.34	11.59	0.41	221.96	11.757
净利润	2.1	1.17	-17.60	3.34	0.317
市值	135.98	88.42	22.61	168.85	5.295
市盈率	82.77	56.23	-2514.47	278.07	-4.327
基本每股收益	0.34	0.29	0.16	0.39	0.969

续表

指标	偏度的标准误	峰度	峰度的标准误	极小值	极大值
总资产	0.195	152.524	0.387	2.88	6159.07
净资产	0.195	150.283	0.387	0.44	2305.07
资产负债率	0.195	0.493	0.387	0.04	0.92
营业收入	0.195	142.548	0.387	0.41	2728.62
净利润	0.195	11.958	0.387	−17.6	18.51
市值	0.195	38.003	0.387	22.61	1583.39
市盈率	0.195	53.122	0.387	−2514.47	1435.05
基本每股收益	0.195	7.485	0.387	−1.35	2.25

注:"总资产""净资产""营业收入""市值"的单位均为亿元,"基本每股收益"的单位为元。

（二）研究发现1：软件与信息服务行业上市公司社会责任能力成熟度整体水平较低

2016 年，软件与信息服务行业上市公司社会责任能力成熟度平均得分为 31.41 分，低于 2016 年全部 A 股上市公司的平均得分 34.25 分。就得分分布情况来看，软件与信息服务行业全部上市公司的企业社会责任能力成熟度水平分布主要集中为无能级，占比达到 60%，其余 37% 的企业得分处于弱能级，4 家企业处于本能级，没有处于强能级或超能级的企业。

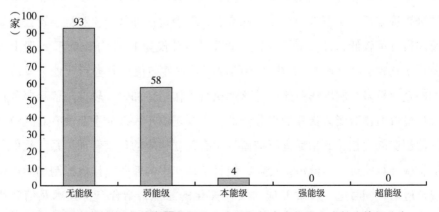

图 17　2016 年软件与信息服务行业上市公司社会责任能力成熟度等级分布

样本中得分最高的企业是中国联通，综合得分为 71.28 分；得分最低的企业为 ST 慧球，综合得分为 13.23 分。前五名和后五名得分分布情况如表 11 所示。由此可见，软件与信息服务行业上市公司的社会责任能力水平不均，已有部分企业社会责任能力成熟度处于较高水平，但仍有部分企业处于未起步的阶段。

表 11　2016 年软件与信息服务行业上市公司社会责任能力
成熟度企业前五名和后五名分布情况

前五名	成熟度得分	后五名	成熟度得分
中国联通	71.28	民盛金科	18.54
捷成股份	64.42	华胜天成	18.15
广博股份	64.22	湘邮科技	17.13
华东电脑	60.30	中青宝	17.09
南天信息	59.66	ST 慧球	13.23

（三）研究发现2：软件与信息服务行业社会责任推进管理水平低下，环境价值相关信息披露不足

从社会责任能力成熟度的六个维度得分来看，软件与信息服务行业上市公司的经济价值创造能力得分最高，为 70.75 分；得分较低的两项为社会责任推进管理和环境价值创造能力，分别为 3.14 分和 11.13 分。在社会责任推进管理方面，从下设的三级指标来看，社会责任外部交流和社会责任知识管理得分都较低，社会责任专职人员数量得分仅为 1.03 分，低于 A 股上市公司平均得分 2.26 分，其中主要的原因是软件与信息服务行业处于发展初期的企业较多，制度体系建设及落地执行工作亟待加强。软件与信息服务行业环境价值创造能力指标的得分较低，主要是由于大部分企业没有对其环境价值创造能力相关的指标进行披露且没有建立相应的环境管理体系。软件与信息服务行业虽然是低污染行业，但日常运作中的耗费及排放控制仍然需要规范应对，同时进一步提升应对气候变化的意识，结合自身技术及信息优势，促进环境的可持续发展。

（四）研究发现3：软件与信息服务行业的安全生产运营管理意识不足，信息安全问题亟须引起重视

在社会价值创造能力下属的六项二级指标中，得分最高的为"为伙伴创造价值"，为 47.92 分，高于 A 股上市公司平均得分 44.15 分，其次为"为员工创造价值"，得分为 46.39 分，略高于 A 股上市公司平均得分 45.32 分。软件与信息服务行业作为技术密集型行业，员工及上下游的合作伙伴对其运作的直接影响较大，企业更多的是关注价值创造。而安全生产运营指标得分仅为 9.75 分，远低于 A 股上市公司平均得分 31.00 分。软件与信息服务行业企业的服务种类具有特殊性，大量涉及国家、社会的信息安全，虽然在软件的开发过程中不涉及与传统制造行业相同的生产安全问题，但企业需注意建立、改进在开发软件过程中的安全及应急管理体系，减少信息安全事故的发生。

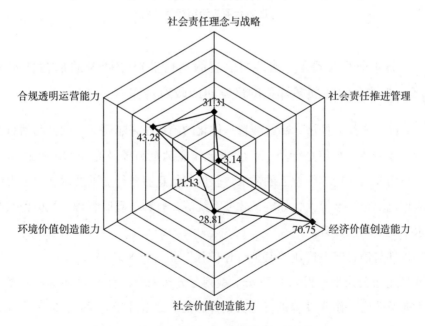

图18　2016 年软件与信息服务行业上市公司社会
责任能力成熟六大维度得分对比

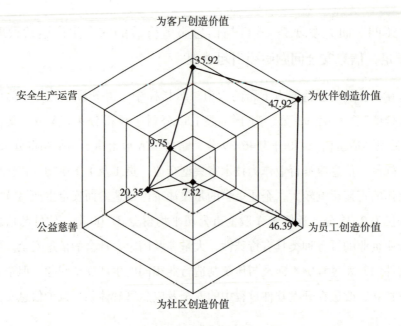

**图19 2016年软件与信息服务行业上市公司社会价值创造
能力六项二级指标得分对比**

（五）研究发现4：软件与信息服务行业产学研及政府合作水平较高，八成企业开展多样化的产学研或政府合作

目前，科技、经济、高等教育一体化的趋势越来越明显，软件与信息服务行业作为技术密集型行业，产学研合作能满足高校及企业双方在技术开发、应用及人才培养等方面的需求。软件与信息服务行业的技术在政务方面的应用范围也逐渐扩大，如电子政务系统等，有利于政府管理、社会公共服务水平及效率的提升。

软件与信息服务行业"其他合作伙伴"指标的平均得分为5.28分，高于A股上市公司平均得分4.73分。就得分分布来看，有37家企业没有相关产学研及政府合作或没有进行相关信息披露，占比19%。84家企业得分为10～20分，合作模式及合作项目已较为丰富。有32家企业进行了更为深入的产学研及政府合作，但总体水平仍有提高的空间。

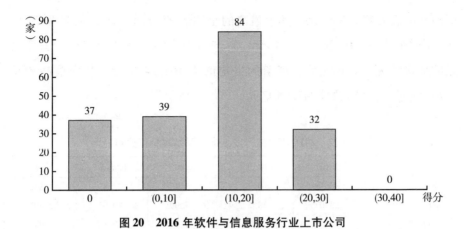

图20　2016年软件与信息服务行业上市公司
其他合作伙伴指标得分分布

六　媒体行业上市公司社会责任能力成熟度评价分析

近年来在中国市场中，年轻一代的影响力、本地化内容的优势、新产品集的复苏、不同成长型市场和新商业模式的机遇都促进了媒体行业快速发展。中国已超越日本成为亚洲媒体市场体量第一的国家。娱乐媒体行业受到内容数字化、技术发展的影响，经历了行业格局的变动，传统企业面临着商业模式调整与转型的挑战，不断创造出更加符合当下消费者与产业发展需求的产品及服务。生产制作高质量的、对社会产生正面影响的文艺及传播作品在以内容为重要要素的市场竞争中尤为重要。

同时，习近平总书记强调，要下大力气加强国际传播能力建设，讲好中国故事、传播好中国声音。我们要加强整体规划设计，继续优化国际传播布局，按照深耕"一带一路"、巩固非洲主流、开拓拉美市场、稳固周边友邻、提升对欧美影响的要求，进一步服务好国家战略。媒体行业也承担着提高国际表达能力、增强中国话语影响力的重要责任。

（一）基本特征分布

2016年中国媒体行业上市公司有效样本共有66家。这些上市公司总资产的平均值为 80.18 亿元，其中最高的是 367.97 亿元，最低的是 8.79 亿元；净资产的平均值为 53.07 亿元；资产负债率的平均值为 32%；营业收入的平均值为 38.56 亿元；市值的平均值为 165.24 亿元，其中最高的是 1170.74 亿元，最低的是 43.95 亿元。

表 12　2016 年媒体行业上市公司基本特征分布

指标	均值	中值	众数	标准差	偏度
总资产	80.18	50	8.79	72.5	1.832
净资产	53.07	38.2	5.99	49.33	2.397
资产负债率	0.32	0.32	0.06	0.15	0.474
营业收入	38.56	22.77	3.49	40.94	1.657
净利润	4.91	2.69	−2.66	6.93	3.752
市值	165.24	105.73	43.95	174.58	3.573
市盈率	48.63	38.25	−64.10	48.42	2.178
基本每股收益	0.41	0.38	0.49	0.32	−0.123
指标	偏度的标准误	峰度	峰度的标准误	极小值	极大值
总资产	0.295	3.939	0.582	8.79	367.97
净资产	0.295	8.057	0.582	5.99	287.12
资产负债率	0.295	−0.287	0.582	0.06	0.66
营业收入	0.295	2.27	0.582	3.49	189.76
净利润	0.295	17.833	0.582	−2.66	44.51
市值	0.295	16.921	0.582	43.95	1170.74
市盈率	0.295	6.828	0.582	−64.1	261.21
基本每股收益	0.295	2.129	0.582	−0.69	1.16

注："总资产""净资产""营业收入""市值"的单位均为亿元；"基本每股收益"的单位为元。

（二）研究发现 1：媒体行业上市公司社会责任能力成熟度水平较高，整体水平较为平均

2016 年媒体行业上市公司社会责任能力成熟度平均得分为 41.69 分，高于 2016 年全部 A 股上市公司的平均分 34.25 分，表明媒体行业上市公司社会责任能力成熟度整体水平较高。66 家企业得分都处于弱能级，分布较

为集中。得分最高的企业是蓝色光标，综合得分为 56.96 分；得分最低的为长城影视，综合得分为 34.11 分。前五名和后五名得分分布情况如表 13 所示。

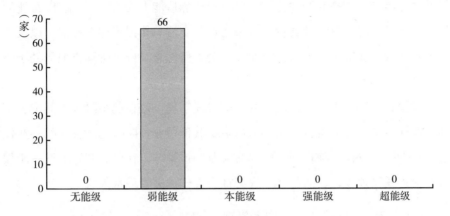

图 21　2016 年媒体行业上市公司社会责任能力成熟度等级分布

表 13　2016 年媒体行业上市公司社会责任能力成熟度企业前五名和后五名分布情况

前五名	成熟度得分	后五名	成熟度得分
蓝色光标	56.96	北京文化	35.60
中信国安	56.09	印纪传媒	35.41
华数传媒	55.07	龙韵股份	35.29
中文传媒	52.04	明家联合	35.14
华闻传媒	51.28	长城影视	34.11

（三）研究发现2：媒体行业上市公司整体社会责任成熟度水平较高，但社会责任理念与战略和社会责任推进管理水平较低

媒体行业上市公司整体成熟度平均得分为 41.69 分，高于上市公司整体平均水平。从社会责任能力成熟度的六个维度得分来看，2016 年媒体行业社会责任推进管理维度得分最低，平均得分为 4.90 分；经济价值创造能力维度得分最高，为 69.95 分。从与上市公司整体得分对比来看，社会责任理念与战略以及社会责任推进管理维度得分低于 A 股上市公司整体水平，经

济价值创造能力、社会价值创造能力、环境价值创造能力及合规透明运营能力维度得分都远高于 A 股上市公司整体水平。可以看出，媒体行业作为轻资产、低污染、较高利润的行业，经济价值创造能力强。同时，媒体行业的特征决定了其较为重视社会责任专项培训、交流与知识管理与传播，以及社区关系的管理和维护。但媒体行业在社会责任理念及推进管理方面仍处于较低水平。

我国媒体行业正处在发展上升期，责任管理也处在起步阶段。其中，媒体行业社会责任组织机构及制度可以借鉴其他行业，同时充分发挥其行业优势，加强社会责任专项培训、外部交流及知识管理，在已有基础上进一步加大社会责任管理投入，从整体上提升社会责任推进管理水平。

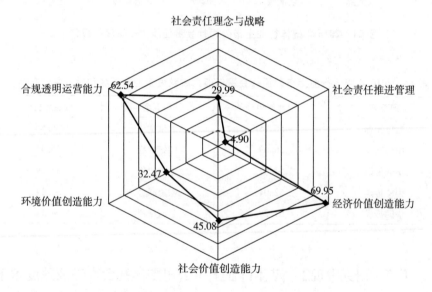

图22　2016年媒体行业上市公司社会责任能力成熟度六大维度得分对比

（四）研究发现3：媒体行业上市公司为客户创造价值水平较强，但仍有提升空间

统计显示，2016年在媒体行业社会价值创造能力维度下属的六个二级指标中，为客户创造价值指标的得分最高，为 59.97 分，且远高于上市公司

整体水平。与上市公司整体水平相比，媒体行业为伙伴创造价值及为员工创造价值的水平都低于上市公司整体水平。

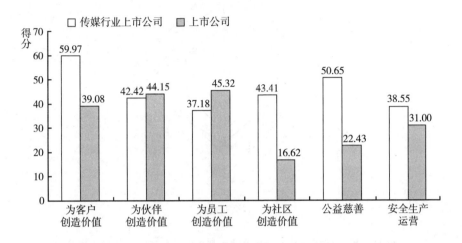

图23　2016年媒体行业上市公司社会价值创造能力维度得分对比

从为客户创造价值的三级指标得分来看，客户服务指标得分最低，为12.31分；产品质量得分最高，为20.13分，且高于上市公司整体水平，但仍有近四成企业没有完整披露相应的产品质量信息，表明媒体行业的行业标准及评价体系不完善，产品质量水平较难评估。同时，由得分来看，客户服务与客户满意度指标得分均处于较低水平。

媒体行业作为面向消费者的服务行业，应提升文艺作品及传播作品的质量，重视消费者需求，提升消费者的消费体验。单一追求文艺作品数量及短期利润的增加，不利于媒体行业的可持续发展。同时也应该进一步注重消费者的满意度调查及信息披露，以促进媒体服务行业的良性发展。

（五）研究发现4：媒体行业上市公司为员工创造价值的能力不足，职业发展及职业健康体系不完善，员工满意度较低

2016年，媒体行业上市公司为员工创造价值维度得分仅为37.18分，远低于上市公司平均得分45.32分。从下属三级指标来看，其中得分最低的

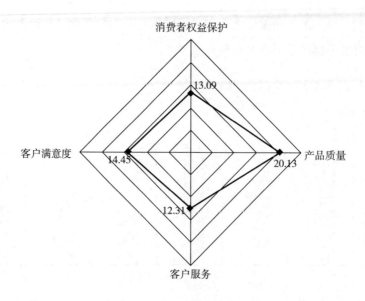

图24 2016年媒体行业上市公司为客户创造价值的三级指标得分

3项指标分别为职业安全健康体系、职业发展通道和员工关爱，得分分别为
1. 14分、1. 38分和1. 64分。其中，职业发展通道指标得分为0的有43家
企业，在样本中占比65%。由此可见，媒体行业上市公司整体对员工的职
业发展及职业安全缺乏关注，只有部分企业建立了清晰的员工职业发展路
径。媒体行业员工满意度整体较低，流动率较大。员工是创作高质量的文艺
作品的根本动力，媒体行业上市公司应从根本上增强对员工的重视程度，建
立和完善员工职业发展体系及职业安全健康体系，以促进行业可持续发展，
实现员工与企业的共赢发展。

（六）研究发现5：媒体行业上市公司整体合规透明水平较高，信息披露水平高，但合规管理体系有待完善

2016年，媒体行业上市公司合规透明运营能力维度指标得分为62.54分，
处于相对较高的水平。从二级指标来看，信息披露和沟通参与维度的得分分
别为84.77分和65.61分，均分别远高于上市公司平均得分46.03分和44.61
分，但合规运营维度的得分仅为43.57分，与上市公司平均得分较为接近。从

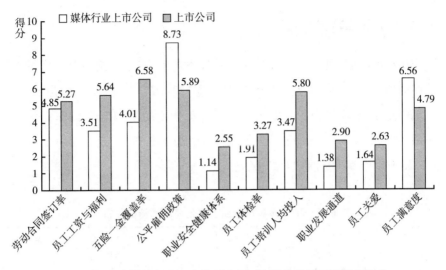

图25 2016 年媒体行业上市公司为员工创造价值的三级指标得分

下设三级指标得分来看，媒体行业上市公司的信息披露渠道平均得分远高于上市公司平均得分，由此可知，媒体行业企业利用其沟通和传播优势，保持了在信息披露和沟通参与方面的较高水平，但还应进一步完善其合规管理体系。

七 零售行业上市公司社会责任能力成熟度评价分析

零售是向最终消费者个人或社会集团出售生活消费品和提供相关服务，以供其最终消费之用的全部活动。2016 年我国零售行业面临着消费者需求变化、市场营销环境与商业模式变革，无论传统零售业还是电子零售业都在寻求新的发展思路，业界由此提出了"新零售"的概念，即今天的商业，成为一个泛媒体、泛平台和泛金融的怪物，轻资产、股权互溶、众筹、消费金融、理财等层出不穷。零售业不仅是经济发展中的热点行业，也是反映一个国家和地区经济运行状况的晴雨表。中国连锁零售企业作为先进的零售经营模式，经过 30 多年的高速发展，已成为中国经济的重要组成部分，但从现状来看，仍有需要改进的地方。

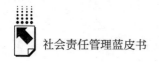
（一）基本特征分布

2016 年中国零售行业上市公司有效样本共有 70 家。这些上市公司总资产的平均值为 137.89 亿元，其中最高的是 1371.67 亿元，最低的是 8.22 亿元；净资产的平均值为 55.02 亿元；资产负债率的平均值为 53%；营业收入的平均值为 164.53 亿元；市值的平均值为 115.09 亿元，其中最高的是 1032.48 亿元，最低的是 24.17 亿元。

表 14　2016 年零售行业上市公司基本特征分布

指标	均值	中值	众数	标准差	偏度
总资产	137.89	55.96	8.22	237.13	3.64
净资产	55.02	28.3	0.68	97.45	4.83
资产负债率	0.53	0.52	0.09	0.2	−0.004
营业收入	164.53	60.14	0.93	368.49	4.29
净利润	2.89	1.5	−4.00	4.62	3.47
市值	115.09	63.62	24.17	151.34	3.95
市盈率	76.56	38.04	−442.49	172.31	3.11
基本每股收益	0.31	0.22	0.29	0.48	1.77

指标	偏度的标准误	峰度	峰度的标准误	极小值	极大值
总资产	0.287	14.49	0.566	8.22	1371.67
净资产	0.287	28.36	0.566	0.68	69.92
资产负债率	0.287	−0.57	0.566	0.09	0.96
营业收入	0.287	19.88	0.566	0.93	2295.62
净利润	0.287	15.36	0.566	−4.0	28.03
市值	0.287	19.87	0.566	24.17	1032.48
市盈率	0.287	17.26	0.566	−442.49	1063.89
基本每股收益	0.287	8.49	0.566	−1.28	2.39

注："总资产""净资产""营业收入""市值"的单位均为亿元，"基本每股收益"的单位为元。

（二）研究发现1：零售行业上市公司社会责任能力成熟度整体水平较低

零售行业上市公司社会责任能力成熟度整体处于弱能级，平均得分为

34.28 分,略高于 2016 年全部 A 股上市公司的平均得分 34.25 分,也高于该行业 2015 年的平均得分 32.15 分。就得分分布情况来看,处于无能级的企业共有 20 家,占比 28.57%;处于弱能级的企业有 49 家,占比 70%;只有 1 家企业达到本能级,为苏宁云商,得分为 63.45 分。如图 26 所示,零售行业上市公司社会责任能力成熟度整体水平还很低,绝大多数企业没有达到本能级水平。

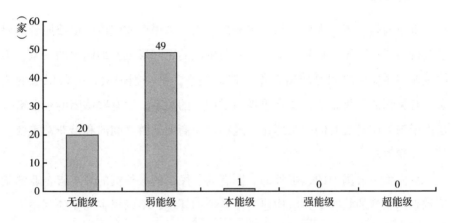

图 26 零售行业上市公司社会责任能力成熟度等级分布情况

样本中得分最高的企业是苏宁云商,综合得分为 63.45 分;得分最低的企业为商业城,综合得分为 19.71 分。前五名和后五名得分分布情况如表 15 所示。

表 15 2016 年零售行业上市公司社会责任能力成熟度企业前五名和后五名分布情况

前五名	成熟度得分	后五名	成熟度得分
苏宁云商	63.45	庞大集团	24.79
厦门信达	55.57	上海九百	23.82
华联股份	54.53	大东方	23.67
翠微股份	46.43	江苏舜天	23.23
徐家汇	43.47	商业城	19.71

零售行业作为与消费者接触最广泛的行业,包括百货店、超级市场、大型综合超市、便利店、仓储式商场、专业店、专卖店、购物中心等,顾客是

零售企业获取利润的主要来源。对顾客的责任，包括保障顾客的知情权，严格把关各类商品的进货渠道，为消费者提供物美价廉、安全环保的商品，为顾客提供满意的服务，让顾客宾至如归，为顾客提供一种新的生活方式。零售业和广大消费者之间的和谐是非常关键的，没有一个与顾客、消费者之间的和谐，就不能奢望构建和谐的商业社会。

1. 供应商

供应商是零售商提供产品和服务的源头，零售企业应该严格按照合同要求履行订货、物流、付款等义务，并与供应商之间形成互助同盟的关系。零售企业与供应商之间是战略合作伙伴的关系，是一损俱损、一荣俱荣的关系。有见识的零售企业都非常重视与供应商的关系，而有些倒闭的企业恰恰是由于与供应商之间的关系恶化。这种供应商上下游之间的和谐非常重要。

2. 竞争者

在面临来自国内的、国外的、国有的、民营的、外资的等零售企业的竞争越来越激烈的状况下，应构建公平竞争的环境，不以损害同业的利益为竞争前提，企业之间的公平竞争非常重要。

3. 员工

"以人为本"，除了以顾客为本以外，还应该以企业员工为本，包括零售企业应该履行对员工的经济承诺、创造良好的工作环境、及时激励和关心员工等。员工是零售企业自身发展的源头，有很多的企业为自己的员工构建了一个氛围非常好的集体，这就是以人为本。

4. 社区公众

零售企业存在于一定的社区中，其顾客来源也与社区密不可分。企业与社区的关系直接影响了其企业形象以及利润来源。零售企业要确保在环境建设、社区服务以及加强与社区的联系等方面做好工作。

（三）研究发现2：零售行业社会责任推进水平严重低下，社会责任知识管理不足

从社会责任能力成熟度的六个维度来看，零售行业上市公司的经济价

值创造能力维度得分最高，平均得分为 69.46 分，略高于 2015 年的平均得分 78.95 分；社会责任推进管理维度得分最低，平均得分仅为 9.9 分，处于无能级，高于该行业 2015 年的平均得分 3.13 分。这说明零售行业较上年对于社会责任推进管理的重视程度有所提高，一方面是由于消费者越来越关注产品质量及供应商的整体形象和口碑，另一方面是由于国家的监管越来越严，行业整体的社会责任意识有所提高，但推进能力还急需提高。

社会责任推进管理指标下的社会责任组织机构、社会责任推进制度、社会责任专项培训、社会责任外部交流、社会责任知识管理、社会责任专项资金预算和社会责任专职人员数量 7 个三级指标，得分分别为 4.57 分、4.24 分、5.9 分、3.41 分、2.04 分、4.1 分、5.06 分，很多企业得分均为 0。这表明零售行业上市公司的社会责任推进管理总体表现很差，急需引起企业的重视，加大在这方面的人力、物力、财力投入。

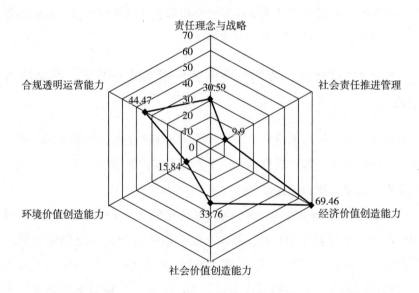

图 27　2016 年零售行业上市公司社会责任能力成熟度六大维度得分对比

零售行业上市公司在社会责任推进管理方面应该不断加强企业文化建设、建立科学的社会责任评价指标体系，同时为行业营造良好的舆论

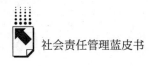
氛围。

1. 加强企业文化建设

将社会责任融入企业的文化建设中，建立涵盖社会责任内涵的价值观，并且得到员工的认同。

2. 建立科学的零售企业社会责任评价指标体系

社会责任评价体系不仅应该包括经济指标，还应包括环境指标和可持续发展指标，以及建立党、团、工会组织等情况指标。特别重要的是，就零售业"供应链责任"加强研究。参照发达国家，对任何一个企业的评价都从经济、社会和环境三个方面着手，而不能一味地强调其中一方面。

3. 积极发挥非政府组织作用，营造良好的舆论氛围

发挥非政府组织的作用，对于提高企业履行社会责任的认知有非常大的影响。在监督、舆论导向以及促进立法等方面，社会团体的力量都是不容忽视的。我国社会责任监督体系可以充分利用非正式团体的力量，从而形成全方位、多角度、多渠道的社会责任监督体系。

（四）研究发现3：零售行业的客户服务能力低下，产品质量得分最低

零售行业是直接与消费者、客户、居民的生产生活息息相关的行业。客户服务、产品质量、客户满意度、消费者权益保护等指标是最直接、最客观反映客户价值创造能力的标准。

统计显示，2016年，零售行业上市公司的为客户创造价值指标得分为39.49分，稍微高于2016年全部A股上市公司的为客户创造价值指标平均得分39.08分，其中，有10家企业处于本能级，85.71%的企业都处于弱能级或无能级。产品质量得分仅为10.24分，与所有上市企业的平均得分13.56分相差甚远。消费者权益保护、客户服务、客户满意度得分分别为8.11分、11.76分、9.37分，消费者权益保护方面能力十分欠缺。虽然零售行业出台了很多客户服务相关的政策制度，但是大多数零售行业

上市企业在客户关系管理以及客户满意度等客户价值创造方面都与本行业的要求不匹配，客户服务能力较弱且形势十分严峻，这不利于零售行业上市企业提高客户的忠诚度，很大程度上会增加客户的投诉，造成客户的流失。

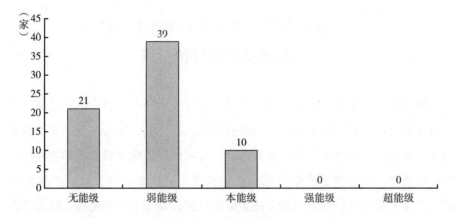

图 28　零售行业上市公司为客户创造价值能力等级分布

零售行业消费链条中的终端一环，直接触及广大消费者，因此，好的客户服务势必是零售行业企业所追求的终极目标，为此建议如下。

1. 拓展多样化服务

从消费目的看，消费者购物不再满足于温饱，而是越来越追求个人发展、身心健康、感情升华；从消费内容看，消费支出从基础生活类商品逐渐向耐用商品、绿色健康商品、智能商品、高端商品转变。零售行业企业必须坚持以消费者为中心，努力提高差异化、便利化、体验化水平，构建全渠道、跨领域、平台化发展的零售业新模式，推动零售业转型创新。

2. 加强平台建设

在互联网环境下，以消费升级为主线的消费理念、消费诉求、消费方式发生了深刻变化。消费分层、小众化、个性化特点日益突出，传统零售商业模式在一定程度上制约了零售业的持续健康发展。从消费方式

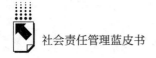

看，越来越多的人习惯于网上购物和信用消费。从消费场景看，购物地点从实体店转移到任何手机能上网的场所。消费需求的变化推动零售企业以消费者为中心加大转型力度，积极调整经营模式和业态布局，实现传统零售再造。

八　公用事业行业上市公司社会责任能力成熟度评价分析

城市公用事业是城市生产经营、居民日常生活所不可缺少的，是城市生存与发展的基础和基本条件。公用事业的发达和完善，能提高整个城市的劳动生产效率、工作效率，节约社会劳动，为居民创造优美的生活环境和良好的生活条件。它反映了城市面貌和文化水准。公用事业作为社会发展的基础，直接关系到经济的发展和人民生活水平的提高。由于受资源、规模经济效益以及政府对社会发展规划要求的制约，公用事业在经营上不太可能形成充分的竞争，而是具有一定的垄断性。2016年，习近平总书记强调供给侧结构性改革，是提高社会生产力水平，落实好以人民为中心的发展思想的根本动力，煤电油气等公用事业在供给侧结构性改革的进程中也正在发生潜移默化且不容忽视的变革。同时市场经济改革不断深入，公用事业行业也面临着企业服务效率低且缺乏改革和创新意识、各个领域间缺乏有效互动等问题。为此，公用事业行业应加强社会责任管理，提升公共服务水平和可持续发展能力。

（一）基本特征分布

2016年公用事业行业上市公司有效样本共有115家。这些上市公司总资产的平均值为300.9亿元，其中最高的是3094.18亿元，最低的是0.97亿元；净资产的平均值为110.87亿元；资产负债率的平均值为54%；营业收入的平均值为79.41亿元；市值的平均值为190.58亿元，其中最高的是3390.2亿元，最低的是26.75亿元。

表16   2016年公用事业行业上市公司基本特征分布

指标	均值	中值	众数	标准差	偏度
总资产	300.9	88.33	0.97	615.08	3.46
净资产	110.87	40.99	0.46	199.76	3.55
资产负债率	0.54	0.53	0.07	0.16	-0.53
营业收入	79.41	25.18	0.41	163.05	4.4
净利润	8.42	2.45	26.63	22.97	6.42
市值	190.58	92.44	26.75	353.9	6.98
市盈率	52.3	31.61	-629.15	257.47	7.75
基本每股收益	0.33	0.3	0.22	0.32	2.02
指标	偏度的标准误	峰度	峰度的标准误	极小值	极大值
总资产	0.226	11.42	0.447	0.97	3094.18
净资产	0.226	14.18	0.447	0.46	1286.26
资产负债率	0.226	0.09	0.447	0.07	0.84
营业收入	0.226	23.75	0.447	0.41	1225.68
净利润	0.226	51.35	0.447	-26.23	207.81
市值	0.226	59.72	0.447	26.75	3390.2
市盈率	0.226	76.66	0.447	-629.15	2528.39
基本每股收益	0.226	9.31	0.447	-0.35	2.17

注："总资产""净资产""营业收入""市值"的单位均为亿元，"基本每股收益"的单位为元。

（二）研究发现1：公用事业行业上市公司社会责任能力成熟度整体水平较低

公用事业行业上市公司社会责任能力成熟度整体处于弱能级，平均得分为41.25分，高于2016年全部A股上市公司的平均得分34.25分，也略高于该行业2015年的平均得分41分。就得分分布情况来看，在公用事业行业上市公司中，近95.7%的企业社会责任能力成熟度均没有达到本能级。其中，处于弱能级的公司有105家；处于无能级的有5家；处于本能级的企业仅有5家，占比4.3%；没有任何一家企业达到强能级或超能级（见图29）。

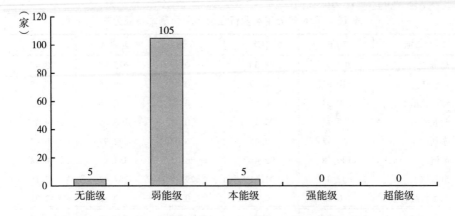

图29 公用事业行业上市公司社会责任能力成熟度等级分布情况

样本中得分最高的企业是上海电力，综合得分为63.7分；得分最低的企业为惠天热电，综合得分为25.84分。前五名和后五名得分分布情况如表17所示。

表17 2016年公用事业行业上市公司社会责任能力
成熟度企业前五名和后五名分布情况

前五名	成熟度得分	后五名	成熟度得分
上海电力	63.70	神雾节能	29.32
深圳燃气	62.75	天壕环境	29.03
国投电力	61.28	永清环保	27.59
乐山电力	61.08	银星能源	27.30
广州发展	60.20	惠天热电	25.84

公用事业关系民生。公用事业行业企业在社会责任能力提升过程中要建立涵盖所有利益相关方、员工以及社会的全面化的社会责任能力价值体系。

一是，在对利益相关方的责任方面，要努力为利益相关方创造更大的价值，为客户提供优质的产品，与合作伙伴实现互利共赢。

二是，在对员工的责任方面，要为所有员工创造成长的平台和空间，让员工能合理分享企业发展的成果。

三是，在对社会的责任方面，要促进社会经济发展，增加就业机会，关爱弱势群体，保护自然环境。

（三）研究发现2：公用事业促进社区发展的理念较强，但还需进一步提高

公用事业行业上市公司在促进社区发展和社区服务领域能力较强，公用事业行业上市公司在为社区创造价值方面的平均得分为 27.76 分，高于 2016 年全部 A 股上市公司的平均得分 16.62 分，说明公用事业行业上市公司在本行业领域中发挥了很大的作用，同时在一定程度上促进了社区的建设。从图 30 的分布情况来看，有 22 家企业得分超过 60 分，处于本能级，有 2 家企业处于强能级，两者合计占比 20.87%。这反映出公用事业上市公司在社区服务方面两极分化很严重，最高分为 63.70 分，最低分为 25.84 分。

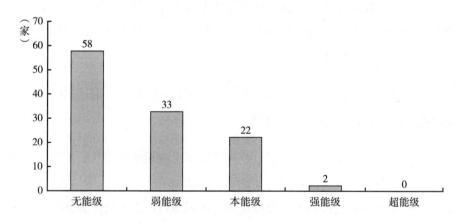

图30　公用事业行业上市公司的社区服务能力等级分布

作为国民经济中不可或缺的公用事业行业，企业作为其中的一分子担负起了完善公共基础设施的重担，建议可以采取以下对策来进一步加强企业对社区的服务能力。

1. 因地制宜提供公用服务

企业要扎实推进重点项目建设，不断完善设施管网体系，根据落地项

目和居民社区建设情况，规划建设公用事业设施管网，保障经济社会发展，实现"项目建设到哪，公用事业服务就到哪"的目标，包括提高水厂、加气站、门站等公用事业关键部位、重要场所的保障水平；继续改造老旧管网、换热站及小区供水、供热管网设施，提高小区专营设施服务水平等。

2. 优化服务体验

以品牌建设为抓手，提升群众服务体验，全面推行"一站式"服务。整合服务资源，建立健全业务办理、信息共享、缴费咨询等硬件设施和工作流程，简化服务流程，优化服务环节，提升服务体验，达到"进一个门、办所有事"的目的。可以开通"市民热线"，以责任来激励人，以制度来约束人，进一步提高工作效能、改进工作作风。

3. 广泛接纳建议

虚心接受社会各界的监督，认真办理人大代表建议、政协提案，建立社会监督员制度，广泛听取社会监督员意见和建议，不断发现和改进服务环节中的不足，提升工作水平。

（四）研究发现3：公用事业行业上市企业为伙伴创造价值的理念不强，所有企业均处于无能级

公用事业行业属于民生行业，在一定程度上为独家经营权，所以不可避免地会出现垄断的情况，在为伙伴创造价值方面存在不足，通过图31可以看出，所有公用事业行业上市公司在为伙伴创造价值方面处于无能级，其中还有7家企业得分为0，说明公用事业行业上市企业不注重与合作伙伴之间的公平竞争，"一家独大"的现象比较突出。

在传统体制和观念中，城市中的市政公用行业具有规模效益明显、投资大而回收期长、自然垄断等特征，因此公用事业企业在获得特许经营权时要注重公平竞争，避免垄断现象。

加强利益关系处理。由于垄断性行业特别是公用事业的特殊性，处理好各种利益关系是搞好改革的关键。它不仅涉及政企之间的关系，还涉及企业

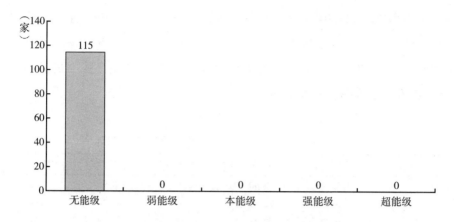

图31 公用事业行业上市公司为伙伴创造价值等级分布

与企业之间的关系，更涉及产业内部与公众的关系。如何保证这些企业的商业利益又不损害公众利益、如何取得行业的经济效益又不损害社会效益，是公用事业行业企业改革的难点。因此，在体制设计、盈利目标安排上，对此要有周全的考虑。同时，要建立公开透明的公众参与机制，以及行之有效的听证会制度，对企业的成本、营销、价格进行有力的监控。

九 电气设备行业上市公司社会责任能力成熟度评价分析

近年来，随着能源多样化的发展，电力、电气设备行业似乎有些波动，产品升级换代速度加快，技术性能明显提高，加工工艺显著改进，不管是国内市场还是国外市场，需求层次多元化的情况都普遍存在。电气工业近几年来产能过剩的问题相当突出，行业面临着结构调整和转型升级的紧迫形势。为此，电气工业要实现结构调整和转型升级，就应以市场为导向促进高端产品发展。

（一）基本特征分布

2016年电气设备行业上市公司有效样本共有187家。这些上市公司总资产的平均值为 111.04 亿元，其中最高的是 1823 亿元，最低的是 0.53 亿元；净资产的平均值为 45.78 亿元；资产负债率的平均值为 42%；营业收入的平均值为 76.32 亿元；市值的平均值为 135.8 亿元，其中最高的是 2693.19 亿元，最低的是 5.2 亿元。

表18　2016 年电气设备行业上市公司基本特征分布

指标	均值	中值	众数	标准差	偏度
总资产	111.04	36.90	0.56	275.9	4.83
净资产	45.78	22.52	3.16	89.3	4.88
资产负债率	0.42	0.41	0.05	0.18	0.08
营业收入	76.32	18.23	0.51	214	5.59
净利润	4.24	1.22	−31	16.55	7.62
市值	135.8	71.61	5.2	278.2	7.39
市盈率	60.08	42.47	−2581	283.12	−3.4
基本每股收益	0.34	0.27	0.12	0.48	1.45
指标	偏度的标准误	峰度	峰度的标准误	极小值	极大值
总资产	0.178	24.27	0.35	0.53	1823
净资产	0.178	24.74	0.35	0.14	690
资产负债率	0.178	−0.62	0.35	0.49	0.93
营业收入	0.178	34.83	0.35	0.51	1812.31
净利润	0.178	65.6	0.35	−31	154.21
市值	0.178	61.57	0.35	5.2	2693.19
市盈率	0.178	44.52	0.35	−2581.6	1203.35
基本每股收益	0.178	4.42	0.35	−0.82	2.56

注："总资产""净资产""营业收入""市值"的单位均为亿元，"基本每股收益"的单位为元。

（二）研究发现1：电气设备行业上市公司社会责任能力成熟度整体水平严重低下，七成以上企业得分不超过30分

电气设备行业上市公司社会责任能力成熟度整体处于弱能级，平均得分为 31.54 分，低于 2016 年全部 A 股上市公司的平均得分 34.25 分。就得分分布情况来看，电气设备行业大部分上市公司企业社会责任能力成熟度均处于

弱能级或无能级。其中，处于无能级的企业有86家，占比45.99%；处于弱能级的企业有100家；有1家企业达到本能级；无强能级或超能级企业。

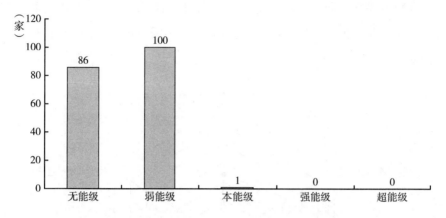

图32　2016年电气设备行业上市公司社会责任能力成熟度等级分布

得分最高的企业是上海电气，综合得分为58.45分；得分最低的企业为龙源技术，综合得分为16.19分。前五名和后五名企业得分情况如表19所示。

表19　2016年电气设备行业上市公司社会责任能力成熟度企业前五名和后五名分布情况

前五名	成熟度得分	后五名	成熟度得分
上海电气	58.45	东北电气	20.72
格力电器	54.29	厦华电子	20.69
四方股份	54.02	春兰股份	20.26
特变电工	51.99	贤丰控股	18.50
金风科技	51.05	龙源技术	16.19

（三）研究发现2：与2015年相比，电气设备行业上市公司社会责任推进管理水平有所提高，但99%的企业得分低于30分

2016年，从社会责任能力成熟度的六个维度来看，电气设备行业上市公司的经济价值创造能力维度得分最高，为67.77分。社会责任推进管理维

度得分很低，平均得分仅为 2.31 分；且在得分分布上，几乎 99% 的企业在该维度上的得分小于 30 分，很多企业的得分甚至为 0。但是相比 2015 年，2016 年电气设备行业上市公司各个指标的得分有所增加，表明该行业上市公司的社会责任推进管理水平总体有所提高，但需要拓展社会责任推进管理的深度。

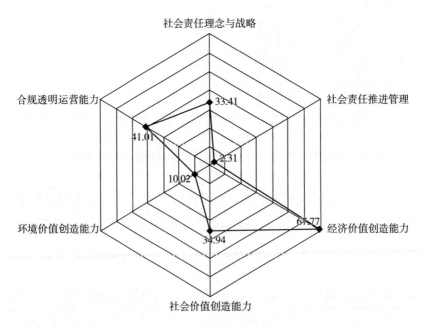

图 33　2016 年电气设备行业上市公司社会责任能力成熟度六大维度得分对比

（四）研究发现3：电气设备行业上市公司安全生产水平较低，3/4的企业得分低于60分

安全生产对电气设备行业至关重要，但 2016 年电气设备行业上市公司安全生产管理和运营水平较低。统计显示，约 79% 的企业在安全生产运营指标上处于无能级，部分企业建立了安全生产管理体系，但是不完善。有 64 家企业该指标的得分为 0，完全没有建立相关的安全生产管理体系。有 5 家企业达到本能级，3 家企业达到强能级。

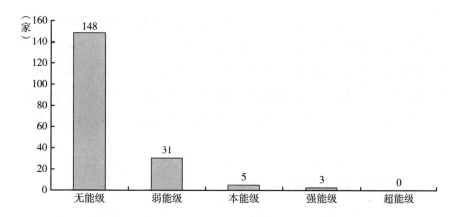

图34　2016年电气设备行业上市公司安全生产运营指标等级分布

（五）研究发现4：电气设备行业上市公司产品质量有待提高，均处于无能级

电气设备行业的产品质量直接关系到产业链下游企业的安全生产和产品质量。2016年，电气设备行业上市公司为客户创造价值指标得分为67.5分，处于本能级。其中，产品质量、客户服务、客户满意度3个三级指标得分较2016年有了明显的提升，均处于弱能级。这表明电气设备行业企业的产品质量水平有了明显的提升，但仍有较多企业还没有建立起产品质量管理体系，产品质量水平有待进一步提高。电气设备行业企业要实现快速发展，在产品质量方面就一定要提高其高安全性和可靠性。

十　电子信息制造行业上市公司社会责任能力成熟度评价分析

近年来，我国工业加快结构调整、转型升级，经济延续稳中向好的势头。其中，电子信息制造行业的生产与投资增速保持领先，外贸进出口趋稳，产业结构调整不断深化。依据统计数据，2017年1~8月，电子信息制造业增加值增长13.5%，高于全国工业平均增速。从主要产品产量增速看，单晶硅、锂离子电池、光伏电池、集成电路、集成电路圆片、液晶面板和液晶面板模组等的景气度较高；计算机整机、彩电、手机等传统整机产品的生产增速相对平缓或同比下滑，显示出电子信息制造行业正处于增长动能切换期。在此发展阶段，电子信息制造行业的产品质量及其对环境造成的影响尤为受到关注，客户价值及环境价值等社会责任成为该行业企业实现可持续发展的重要动力。

（一）基本特征分布

2016 年电子信息制造行业上市公司有效样本共有 300 家。这些上市公司总资产的平均值为 71.09 亿元，其中最高的是 2051.35 亿元，最低的是 1.70 亿元；净资产的平均值为 35.68 亿元；资产负债率的平均值为 36%；营业收入的平均值为 45.65 亿元；市值的平均值为 129.77 亿元，其中最高的是 2788.04 亿元，最低的是 18.56 亿元。

表20　2016 年电子信息制造业上市公司基本特征分布

指标	均值	中值	众数	标准差	偏度
总资产	71.09	31.73	1.70	160.85	8.617
净资产	35.68	20.36	1.29	67.18	8.814
资产负债率	0.36	0.35	0.03	0.19	0.376
营业收入	45.65	15.71	0.05	103.14	5.764
净利润	2.3	1.11	−23.57	6.34	5.828
市值	129.77	78.23	18.56	211.95	8.026
市盈率	79.67	55.24	−6708.44	441.61	−11.739
基本每股收益	0.28	0.23	0.06	0.38	−0.025
指标	偏度的标准误	峰度	峰度的标准误	极小值	极大值
总资产	0.141	92.991	0.281	1.7	2051.35
净资产	0.141	104.394	0.281	1.29	920.16
资产负债率	0.141	−0.469	0.281	0.03	0.92
营业收入	0.141	42.511	0.281	0.05	1051.19
净利润	0.141	61.865	0.281	−23.57	74.22
市值	0.141	88.123	0.281	18.56	2788.04
市盈率	0.141	189.068	0.281	−6708.44	1915.81
基本每股收益	0.141	7.245	0.281	−2.01	2.11

注："总资产""净资产""营业收入""净利润""市值"的单位均为亿元，"基本每股收益"的单位为元。

（二）研究发现1：电子信息制造行业上市公司社会责任能力成熟度建设已经起步，但整体仍然处在较低水平

2016 年，电子信息制造行业上市公司社会责任能力成熟度平均得分为32.59 分，整体略低于 A 股上市公司平均得分 34.25 分。从得分分布来看，53% 的企业处于无能级；45% 的企业处于弱能级；处于本能级的企业仅有 6 家，分别为京东方 A、中兴通讯、深天马 A、中环股份、远望谷及欧菲光。得分最低的为 ＊ST 宏盛，得分仅为 14.56 分。

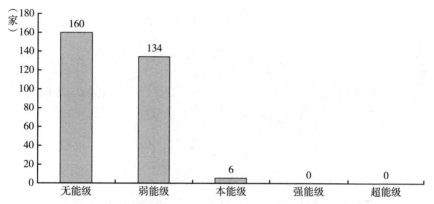

图35　2016 年电子信息制造行业上市公司社会责任能力成熟度等级分布

表21　2016 年电子信息制造行业上市公司社会责任能力成熟度企业前五名和后五名分布情况

前五名	成熟度得分	后五名	成熟度得分
京东方 A	77.01	润欣科技	18.66
中兴通讯	70.81	铜峰电子	17.98
深天马 A	66.28	九有股份	16.96
中环股份	63.73	＊ST 海润	16.26
远望谷	63.53	＊ST 宏盛	14.56

（三）研究发现2：电子信息制造行业上市公司社会责任推进管理水平严重低下，制度建设不足

在社会责任能力成熟度六个维度中，社会责任推进管理维度得分最低，

平均分仅为3.14分。其中，超过50%的企业得分为0，得分最高的是卓翼科技，为64.78分。从下设的三级指标来看，社会责任专项资金预算指标得分最低，为0.23分，社会责任推进制度和社会责任组织机构指标得分较高，分别为1.81分和1.62分。中国电子工业标准化技术协会社会责任工作委员会发布了《中国电子信息行业社会责任指南》，据此，电子信息制造行业的企业和相关组织在社会责任专项组织机构及制度建设方面已有所涉及，但从得分较低的社会责任外部交流、社会责任知识管理、社会责任专项资金预算指标来看，社会责任能力建设落实到执行层面的程度还不高。

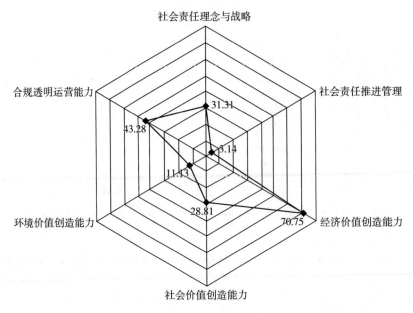

图36　2016年电子信息制造行业上市公司社会责任能力成熟度六大维度得分对比

（四）研究发现3：电子信息制造行业上市公司为客户创造价值水平不足，消费者权益保护及客户服务水平有待提升

电子信息制造行业上市公司为客户创造价值维度得分为37.14分，低于A股上市公司平均得分。从下设的4个三级指标来看，产品质量指标得分为13.39分、客户满意度指标得分为10.33分，与A股上市公司平均水平大致

相同；但客户服务指标得分为 9.92 分，与 A 股上市公司平均水平相差较大；消费者权益保护指标得分最低，仅为 3.49 分。

随着电子信息制造行业技术水平的提升及产业结构的不断优化升级，加强产品技术改进、完善产品质量体系认证、提升产品质量水平披露程度等愈发成为电子信息制造行业企业在竞争中实现可持续发展的动力。这也是满足客户不断多样化、专业化的需求的保障。

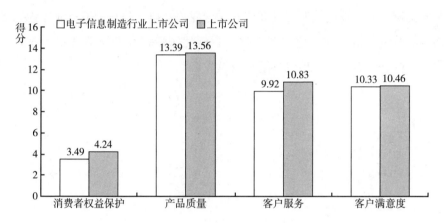

图37　2016 年电子信息制造行业上市公司
为客户创造价值三级指标得分对比

（五）研究发现4：电子信息制造行业上市公司环境管理政策与体系基本建立，且应对气候变化意识有一定提升

电子信息制造行业上市公司三级指标环境管理政策与体系的平均得分为20.17 分，高于 A 股上市公司平均水平 19.45 分。从得分分布来看，有32%的企业得分为 0，其中主要原因为没有披露相关环境保护政策，有少部分为没有建立环境管理政策与体系，64% 的企业都不同程度地建立了环境管理政策与体系。这说明大部分电子信息制造行业上市公司遵守国家环保政策，设立了环境管理政策与体系，但是披露程度不足，体系建立水平还需提高。从"三废"排放、综合能耗管理及水资源管理的得分情况来看，仍处在较低水平，说明环境保护政策的执行程度较差，环境保护政策的细化有利于促使企

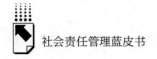

业环境保护价值的实质性提升。

另外，电子信息制造行业上市公司的生态恢复与治理和减少生态环境破坏指标得分分别为0.42分和0.85分，低于A股上市公司平均得分且处于极低水平。电子信息制造行业企业应增强应对气候变化的意识且制定相关具体措施。

李克强总理在国务院常务会议上表示，互联网是"中国制造2025"的重要支撑，要推动制造业与互联网的融合发展。电子信息制造行业作为二者结合的关键，推进数字化、网络化、智能化制造，有助于培育制造业新模式、新业态、新产品，促进环境可持续发展。

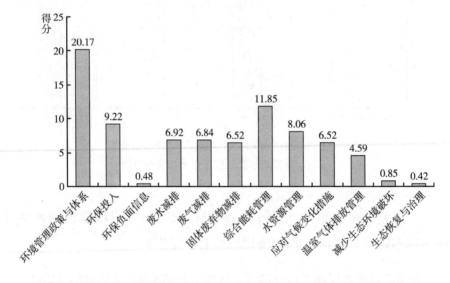

图38　2016年电子信息制造行业上市公司环境价值创造能力三级指标得分

十一　纺织服装行业上市公司社会责任能力成熟度评价分析

近年来，我国纺织行业持续增长，我国已成为世界纺织大国。纺织行业是我国国民经济的传统支柱行业、重要的民生行业和国际竞争优势明显的行业。纺织行业的发展对于促进国民经济发展、繁荣市场、吸纳就业、增加国民收入、加快城镇化进程以及促进社会和谐发展等具有十分重要的意义。根据2016年9月工业和信息化部发布的《纺织工业"十三五"发展规划》，我国纺织品出口总额占世界总量的比重已从2000年的10.42%上升到2015年的38.60%。

在全球市场需求疲软的复杂形势下，我国纺织行业加快转型升级，积极落实供给侧结构性改革，全年实现平稳增长，行业盈利能力稳定，运行质量持续改善。但纺织行业企业成本负担依然较重，存在效率低下、成本高、工艺设备落后等问题，面临较大发展压力。企业一方面迫切需要转型升级，另一方面需要解决资本和人才短缺的问题。随着行业不断落实"三品"战略，纺织服装企业在产品研发、零售模式等方面应满足消费升级需求，把握消费升级机遇，提高供给质量和效率，以实现行业运行稳中向好、稳中提质。

另外，近年来，伴随着中国经济实力的明显增强，"走出去"升级成为国家战略，越来越多的企业将发展目标转向海外，与此同时，国家提倡的"一带一路"建设也在不断扩展"朋友圈"，东南亚、中亚、非洲等很多国家成为新的投资热点，成本因素和贸易因素推动国内纺织企业"走出去"。国家主席习近平表示，"一带一路"是促进共同发展、实现共同繁荣的合作共赢之路，是增进理解信任、加强全方位交流的和平友谊之路。"一带一路"建设提出"五通"，即政策沟通、设施联通、贸易畅通、资金融通和民心相通。由此可见，纺织企业无论是出口还是"走出去"，都有着更大的发展空间。随着"走出去"速度的加快，纺织服装行业企业的社会责任成熟度水平面临着更高的要求。

（一）基本特征分布

2016年纺织服装行业上市公司有效样本共有83家。这些上市公司总资产的平均值为47.61亿元，其中最高的是269.11亿元，最低的是3.10亿元；净资产的平均值为26.66亿元；资产负债率的平均值为37%；营业收入的平均值为34.99亿元；市值的平均值为77.92亿元，其中最高的是425.46亿元，最低的是24.72亿元。

表 22　2016 年纺织服装行业上市公司基本特征分布

指标	均值	中值	众数	标准差	偏度
总资产	47.61	27.23	3.10	51.69	2.397
净资产	26.66	19.99	0.61	25.46	2.255
资产负债率	0.37	0.35	0.05	0.19	0.654
营业收入	34.99	18.91	0.42	56.56	3.809
净利润	1.98	1	-10.60	4.47	3.716
市值	77.92	57.73	24.72	68.52	3.096
市盈率	-13.86	44.08	-11446.23	1336.06	-7.612
基本每股收益	0.28	0.25	0.05	0.38	1.021

指标	偏度的标准误	峰度	峰度的标准误	极小值	极大值
总资产	0.264	6.72	0.523	3.1	269.11
净资产	0.264	6.215	0.523	0.61	141.53
资产负债率	0.264	-0.062	0.523	0.05	0.88
营业收入	0.264	17.403	0.523	0.42	365.72
净利润	0.264	23.287	0.523	-10.6	31.23
市值	0.264	11.665	0.523	24.72	425.46
市盈率	0.264	67.794	0.523	-11446.23	3391.17
基本每股收益	0.264	5.49	0.523	-0.8	2.02

注："总资产""净资产""营业收入""净利润""市值"的单位均为亿元，"基本每股收益"的单位为元。

（二）研究发现1：纺织服装行业上市公司社会责任能力成熟度水平较低，整体水平平均，仍有发展空间

2016 年，纺织服装行业上市公司的社会责任能力成熟度平均得分为 33.10 分，整体处于较低水平。得分最高的企业是华孚色纺，为 57.73 分；得分最低的企业是凯瑞德，为 19.75 分。从分布来看，七成的企业成熟度得分为 20~40 分，表明纺织服装行业中大部分企业已具有一定的社会责任成熟度，但整体水平仍有可提高的空间。

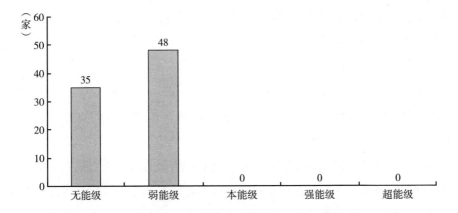

图39　2016 年纺织服装行业上市公司社会责任能力成熟度等级分布情况

表23　2016 年纺织服装行业上市公司社会责任能力
成熟度企业前五名和后五名分布情况

前五名	成熟度得分	后五名	成熟度得分
华孚色纺	57.73	江苏阳光	24.49
鲁泰 A	53.06	上海三毛	23.27
新野纺织	47.41	*ST 金宇	23.19
浔兴股份	45.21	华升股份	22.34
美欣达	45.03	凯瑞德	19.75

（三）研究发现2：纺织服装行业上市公司为社会创造价值的水平较低，对员工关注度有提升，但针对社区的关注度及安全生产运营水平还有待提高

纺织服装行业上市公司的社会价值创造能力维度得分为 33.84 分，略低于上市公司平均水平，从下属 6 个二级指标来看，为伙伴创造价值、为员工创造价值、为客户创造价值的得分较高，分别为 59.68 分、46.12 分、37.04 分。自"血汗工厂"事件曝光后，纺织服装行业企业在中国纺织工业协会的倡导下，不断推动全行业的社会责任建设，尤其关注在这个人力成本较低、劳动力廉价的行业中的劳工权益问题，劳动合同签订率、职业安全健

康体系建设水平都较2015年有一定的提升。但对劳工权益的关注势必会提升劳动成本，纺织服装行业企业应通过提升产品附加值、优化生产模式等措施来平衡社会价值创造及经济价值创造。

纺织服装行业企业积极响应国家"一带一路"建设的号召，谋求海外发展。近几年，随着"一带一路"建设的深入，加之国内劳动力等要素成本的不断增加，东南亚地区及非洲成本、政策优势导向明显，成为国内企业产业转移的主要方向。产业转移的趋势也对纺织服装行业企业的社会责任提出了更高的要求，尤其是在产业转移地区的社区关系维系及安全生产运营水平提升，都是其顺利进行产业转移的重要因素。而从得分来看，安全生产运营指标得分仅为13.33分，为社区创造价值维度的得分仅为21.42分。企业应进一步提升对社区的关注度以及安全生产运营水平。

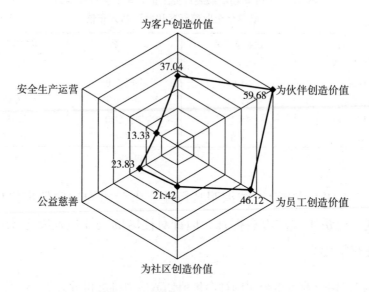

图40　2016年纺织服装行业上市公司社会价值创造能力二级指标得分对比

（四）研究发现3：纺织服装行业上市公司安全生产运营水平较低，仍有部分企业未完善其安全生产及应急管理体系

在纺织服装行业上市公司安全生产运营下属的4个三级指标中，安全应

急管理机制得分较低，仅为 7.51 分；得分最高为安全生产管理体系，但也仅为 14.38 分，仅略高于上市公司平均得分 14.37 分。

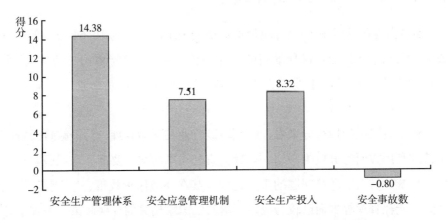

图 41　纺织服装行业上市公司安全生产运营维度三级指标得分

从得分分布来看，在 83 个样本企业中，有 47 家企业的安全生产管理体系指标得分为 0，63 家企业的安全应急管理机制指标得分为 0，55 家企业的安全生产投入指标得分为 0，大多数情况是企业未进行相应的披露，以及部分企业还未建立安全管理体系。

由此，纺织服装行业企业应进一步完善安全管理及应急体系，同时提高相关信息的披露水平。

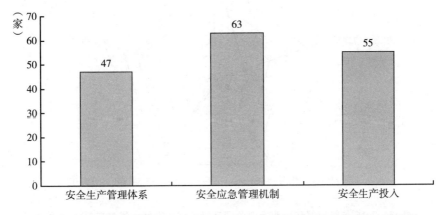

图 42　2016 年纺织服装行业上市公司安全生产运营维度得分为 0 的企业数量

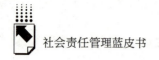

（五）研究发现4：纺织服装行业上市公司的环境价值创造水平较低，其中应对气候变化的措施较少

纺织服装行业上市公司环境价值创造能力维度得分为16.64分，低于A股上市公司平均得分。得分最高的企业是鲁泰A，为56.66分，有17家企业得分为0。63家企业处于无能级（0~30分）；20家企业处于弱能级（30~60家）。

由下设二级指标得分来看，纺织服装行业在环境管理、污染减排及资源可持续利用方面得分较为平均，均较上市公司平均水平要高。纺织服装行业作为传统的易引发环境问题的重点行业，其在环境保护政策、"三废"排放及综合能耗管理等方面已较为成熟，落实了国家相关的环保政策，完善了环境保护体系。但纺织服装行业上市公司在应对气候变化及生态环境保护方面发力不足，从2016年的得分来看，平均得分仅分别为0.78分和8.07分，说明其在促进整体的环境发展方面水平还不足。我国纺织服装行业上市公司在环境保护方面面临着来自社会整体对环境保护要求的提升及行业污染排放

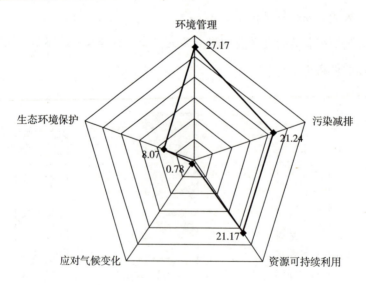

图43 2016年纺织服装行业上市公司环境价值创造能力维度二级指标得分

标准的严格化。这都促进纺织服装行业环境价值创造能力提升。纺织服装行业企业应积极推进技术创新，发展智能制造，注重绿色环保理念，探索环境友好型的可持续发展道路。

十二 化工行业上市公司社会责任能力成熟度评价分析

化工行业渗透各个方面，是国民经济中不可或缺的重要组成部分，是许多国家的基础产业和支柱产业。与其他行业相比，化工行业流程复杂，80%以上的大宗原料和产品属于危化品，安全环保危险系数高，因此，化工行业推进智能制造的重要性和紧迫性比其他行业更为突出。如今，智能制造已成为化工行业供给侧结构性改革的着力点，也是提高行业安全水平的主要技术手段，更是建设化工强国的重要途径。随着数字化、信息化技术的创新与发展，如何利用好信息技术支撑化工园区的发展，已经成为园区未来发展所面临的共同课题。化工园区成为化工产业可持续发展的载体和基地。

"安全、环保、循环"是化工行业发展的永恒主题。化工行业的发展速度和规模对社会经济的各个部门有着直接的影响。世界化工产品的年产值已超过 15000 亿美元。化学工业门类繁多、工艺复杂、产品多样，生产中排放的污染物种类多、数量大、毒性高，因此，化学工业是污染大户。

（一）基本特征分布

2016 年化工行业上市公司有效样本共有 237 家。这些上市公司总资产的平均值为 69.59 亿元，其中最高的是 829.45 亿元，最低的是 2.17 亿元；净资产的平均值为 32.56 亿元；资产负债率的平均值为 39%；营业收入的平均值为 46.20 亿元；市值的平均值为 92.75 亿元，其中最高的是 780 亿元，最低的是 20.37 亿元。

表 24　2016 年化工行业上市公司基本特征分布

指标	均值	中值	众数	标准差	偏度
总资产	69.59	32.76	2.17	108.81	3.66
净资产	32.56	19.19	−0.89	39.77	2.77
资产负债率	0.39	0.36	0.03	0.21	0.696
营业收入	46.2	19.41	0.36	82	4.23
净利润	1.72	0.84	−33.59	5.1	0.81
市值	92.75	59.96	20.37	102.8	4.06
市盈率	45.88	41.50	−1643.55	147.49	−5.43
基本每股收益	0.23	0.19	0.09	0.51	−0.63
指标	偏度的标准误	峰度	峰度的标准误	极小值	极大值
总资产	0.158	16.58	0.315	2.17	829.45
净资产	0.158	8.78	0.315	−0.89	264
资产负债率	0.158	0.20	0.315	0.03	1.11
营业收入	0.158	21.30	0.315	0.36	631.6
净利润	0.158	19.24	0.315	−33.6	36.79
市值	0.158	20.84	0.315	20.37	780
市盈率	0.158	80.33	0.315	−1643.55	985.75
基本每股收益	0.158	7.69	0.315	−2.56	2.48

注："总资产""净资产""营业收入""净利润""市值"的单位均为亿元，"基本每股收益"的单位为元。

（二）研究发现1：化工行业上市公司社会责任能力成熟度水平低下，所有企业得分均低于60分

2016 年，化工行业上市公司的社会责任能力成熟度指数平均得分为 32.11 分，略低于全部上市公司社会责任能力成熟度的平均得分 34.25 分，整体处于弱能级。就得分分布情况来看，社会责任能力成熟度处于无能级的企业有 85 家，占比 35.86%；社会责任能力成熟度处于弱能级的企业有 152 家，占比达到 64.14%；没有任何上市公司的企业社会责任能力成熟度处于本能级、强能级或者超能级。

得分最高的企业为硅宝科技，为 54.36 分。得分最低的企业为 ∗ST 柳

化，为 16.77 分。由此可见，化工行业上市公司社会责任能力成熟度水平还有待提高，较多企业的得分低于 60 分。

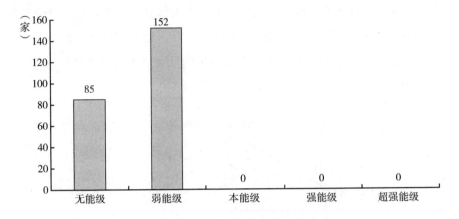

图 44　2016 年化工行业上市公司社会责任能力成熟度等级分布

表 25　2016 年化工行业上市公司社会责任能力成熟度企业前五名和后五名情况分布

前五名		后五名	
公司股票简称	综合得分	公司股票简称	综合得分
硅宝科技	54.36	广州浪奇	21.64
元力股份	51.99	ST 南化	21.13
盐湖股份	51.56	ST 明科	21.00
华峰氨纶	50.71	南风化工	20.72
北化股份	49.91	*ST 柳化	16.77

（三）研究发现2：化工行业上市公司社会责任推进管理能力低下，处于刚起步阶段

在社会责任能力成熟度的六个维度中，化工行业上市公司的经济价值创造能力维度得分最高，为 67.01 分，处于本能级；而社会责任推进管理维度平均得分仅为 1.7 分，处于无能级，低于沪深全部上市公司整体得分 6.07 分。就社会责任推进管理得分分布来看，有 210 家企业的得分为 0，占比超

过88%，处于无能级。另外，从社会责任推进管理维度所涉及的三级指标得分情况来看，在责任治理、能力建设和社会责任管理投入三个指标下共计7个三级指标得分普遍很低，这说明化工行业大部分企业没有形成社会责任推进管理体系来制定和实施企业的责任方针，以及组织实施各类社会责任工作。相对其他行业，化工行业没有发布相关的社会责任指南和标准，这在一定程度上限制了整个行业的社会责任推进管理工作。

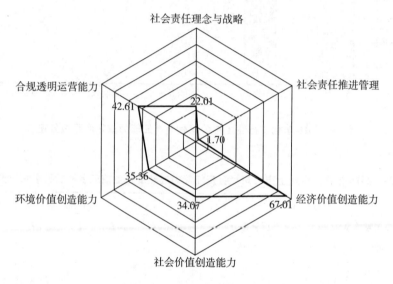

图45　2016年化工行业上市公司社会责任能力成熟度六大维度得分对比

（四）研究发现3：与2015年相比，化工行业上市公司环境管理体系有所完善，污染减排和资源可持续利用效果有所提升

化工行业是传统的"高能耗、高污染"行业，其三级指标环境管理政策与体系的平均得分为35.14分。有超过60%的企业按照国家环保政策，设立了环境管理政策与体系。但从污染减排指标来看，"三废"排放的平均得分为28.71分；从资源可持续利用指标来看，三级指标综合能耗管理的平均得分为7.64分，水资源管理的平均得分为3.49分。与2015年相比，通过这些环保指标可以发现，大部分化工企业建立了环境管理体系，在国家的政策督促下，污染减排和资源可持续利用效果初显成效，但污染减排和资源可持续利用还没有达到行业标准，需企业进一步落实环境保护政策。

表26　化工行业环境价值创造能力维度部分三级指标平均得分

三级指标	环境管理政策与体系	废水减排	废气减排	固体废弃物减排	综合能耗管理	水资源管理
得分	35.14	15	7.74	5.96	7.64	3.49

（五）研究发现4：化工行业上市公司安全生产能力低下，安全生产投入不足

安全是化工行业的重点，也是化工企业社会责任建设的基础。安全生产运营是企业对员工和社会负责任的重要体现，包括安全生产管理体系、安全应急管理机制、安全生产投入和安全事故数等指标。三级指标安全生产管理体系的平均得分为18.01分，安全生产投入的平均得分为8.84分，安全应急管理机制的平均得分为6.81分。这说明大部分企业都没有建立安全生产管理体系；有编制零散仅针对个别重大事件的安全应急管理体制，机制内容比较简略、可操作性一般；在安全生产管理、硬件设施配备、培训演练等方面投入的资金和人员不足。

化工行业需要不断强化"安全发展"理念，把安全生产摆在更加突出的位置来抓实、抓细、抓好。完善安全生产考核机制，将其列入各级政府考核指标体系，综合利用经济、保险、税收等方面的经济政策，采取结构调整、提升门槛、合理布局等手段，督促企业不断提升安全主体责任意识。政府部门应着眼于立法、修法、执法，不能成为"企业的安监员"，要通过加强安全教育培训，增强企业搞好安全生产的内生动力；要着力推动企业自觉全面实施责任关怀，主动履行企业主体责任，提高企业自律意识和社会责任感。

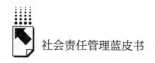

表27 安全生产运营三级指标得分分布

三级指标	安全生产管理体系	安全应急管理机制	安全生产投入	安全事故数
平均得分	18.01	6.81	8.84	-0.07

十三 建筑行业上市公司社会责任
能力成熟度评价分析

建筑行业是一个围绕建筑设计、施工、装修、管理而展开的行业，在国民经济各行业中所占比重仅次于工业和农业，对我国经济的发展有举足轻重的作用。同时，作为劳动密集型行业，建筑行业提供了大量的就业机会。因此，建筑行业的良好运行对我国的经济发展和社会稳定有十分重要的意义。建设工程区别于一般商品，具有特殊性。基础设施是公共物品，社会公众使用这些设施的选择余地很小；住宅对广大民众而言往往是耗用毕生积蓄购置的主要财产。因此，建筑业和人们的日常生活息息相关，广大民众对建筑企业履行社会责任的期望更大、要求更高。同时，建筑业也面临高、大、难、新工程增加，各类业主对设计、建造水平和服务品质的要求不断提高，节能减排外部约束加大，高素质复合型、技能型人才不足，技术工人短缺，国内外建筑市场竞争加剧等严峻挑战。

（一）基本特征分布

2016年建筑行业上市公司有效样本共有153家。这些上市公司总资产的平均值为432.21亿元，其中最高的是13919.53亿元，最低的是1.31亿元；净资产的平均值为108.50亿元；资产负债率的平均值为53%；营业收入的平均值为272.59亿元；市值的平均值为177.08亿元，其中最高的是2823亿元，最低的是27.74亿元。

表 28　2016 年建筑行业上市公司基本特征分布

指标	均值	中值	众数	标准差	偏度
总资产	432.21	56.6	1.3	1620	5.88
净资产	108.5	25.2	0.22	335	5.67
资产负债率	0.53	0.55	0.08	0.2	-0.4
营业收入	272.59	29.63	0.13	1150.31	6.19
净利润	8.83	1.34	5.75	32.47	6.40
市值	177.08	7.17	2.77	368.24	4.95
市盈率	-612.14	39.53	-11.42	9256.03	-12.31
基本每股收益	0.48	0.056	0.35	0.16	1.24

指标	偏度的标准误	峰度	峰度的标准误	极小值	极大值
总资产	0.196	38.87	0.39	1.31	13919.53
净资产	0.196	0.53	0.39	0.22	2910
资产负债率	0.196	-0.53	0.39	0.08	0.93
营业收入	0.196	41.58	0.39	0.13	9805
净利润	0.196	47.57	0.39	-5.76	298.7
市值	0.196	26.81	0.39	27.74	2823
市盈率	0.196	152.16	0.39	-0.011	0.004
基本每股收益	0.19	61.42	0.39	-2600	550

注："总资产""净资产""营业收入""净利润""市值"的单位均为亿元，"基本每股收益"的单位为元。

（二）研究发现1：与2015年相比，建筑行业上市公司社会责任能力成熟度水平有所提高，但大部分企业得分仍低于60分

与 2015 年相比，2016 年建筑行业上市公司的社会责任能力成熟度指数平均得分为 36.97 分，高于该行业 2015 年的平均得分 5.28 分，整体处于弱能级，稍高于沪深全部上市公司社会责任能力成熟度的平均得分 34.25 分。其中，企业社会责任能力成熟度处于无能级的有 17 家，占比 11.11%；企业社会责任能力成熟度处于弱能级的有 135 家，占比达到 88.24%；企业社会责任能力成熟度处于本能级的仅有 1 家；没有任何上市公司的企业社会责任能力成熟度处于强能级或者超能级。

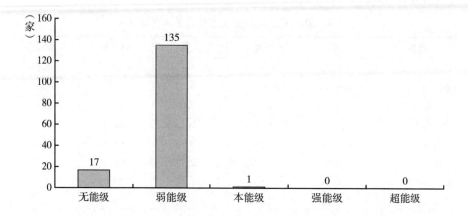

图46 2016年建筑行业上市公司社会责任能力成熟度等级分布

表29 2016年建筑行业成熟度得分前五和后五的企业分布

前五名		后五名	
公司股票简称	综合得分	公司股票简称	综合得分
中国交建	66.42	博信股份	27.51
中国建筑	58.47	宝利国际	27.29
中国中冶	58.17	中国海诚	27.21
中国中铁	57.47	创兴资源	24.84
葛洲坝	56.67	华塑控股	21.94

（三）研究发现2：建筑行业上市公司社会责任推进管理水平有待提高，94.20%的企业没有建立社会责任管理推进机制

从社会责任能力成熟度的六个维度来看，建筑行业的经济价值创造能力维度得分最高，为70分，处于本能级，说明建筑行业上市公司的经济价值创造能力突出；社会责任推进管理维度平均得分最低，仅为7.23分，处于无能级，稍高于全部上市公司平均得分6.5分。从得分分布来看，有142家企业的社会责任推进管理维度得分低于30分，占比92.81%。有11家企业处于弱能级，说明建筑行业社会责任推进管理能力有待加强。

从建筑行业上市公司社会责任推进管理涉及的 7 个三级指标来看，部分建筑行业企业建立了社会责任组织机构，但是相关工作推进比较缓慢，在社会责任推进管理方面几乎没有预算和专职人员，投入非常少。社会责任外部交流和社会责任推进制度的平均得分也很低，充分说明建筑行业上市公司在社会责任方面的工作推进很缓慢。

表30   社会责任推进管理能力三级指标得分分布

三级指标	社会责任组织机构	社会责任推进制度	社会责任专项培训	社会责任外部交流	社会责任知识管理	社会责任专项资金预算	社会责任专职人员数量
平均得分	15.13	1.39	0.45	0.58	0.32	0.19	0.19

（四）研究发现3：建筑行业上市公司安全生产能力水平较低，安全生产管理体系不够完善

建筑施工安全是建筑行业的基石。2016 年建筑行业安全生产运营指标的平均分为 24.28 分，低于沪深上市企业安全生产的平均得分 31 分，说明建筑行业安全生产能力水平还有待提升。建筑行业建立了较为简略的安全生产管理体系，有编制零散仅针对个别重大事件的安全应急管理制度，机制内容比较简略、可操性一般，三级指标安全应急管理机制得分略低于沪深上市公司平均得分；三级指标安全生产投入得分稍微比沪深上市公司平均得分高，说明建筑行业应严格落实安全生产责任制，加大安全生产投入，严防重特大安全事故发生；大力开展文明工地创建活动，提高安全施工水平；建立健全应急管理体系，不断提高应急管理水平和应对突发事件能力，只有这样，才能做到减少安全事故的发生、提升安全生产水平。

表31   安全生产运营三级指标平均得分对比

三级指标	安全生产管理体系	安全应急管理机制	安全生产投入	安全事故数
建筑行业平均分	15.32	6.87	9.72	0.38

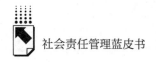

（五）研究发现4：建筑行业上市公司对员工重视程度不够，需加强职业培训

建筑行业为员工创造价值维度所涉及的三级指标员工培训人均投入、职业安全健康体系、员工关爱平均得分分别为 6.45 分、2.19 分、2.17 分，说明建筑行业企业对员工的重视还不够。建筑行业属于劳动密集型行业，在促进就业上具有先天的优势，拥有庞大的劳务队伍，但也存在工人讨薪、违约等问题。农民工是我国建筑行业工人的主体，大部分农民工为初中及初中以下文化程度，没有参加非农技能培训。他们的职业技能水平和文化素质远不能适应建筑产业现代化的需要。建筑行业企业应大力加强职业培训，切实维护职工合法权益，开展多种形式的职工职业培训，增强职工对企业的归属感和责任感，形成职工个人成长和企业发展相互促进的局面。应依法与职工签订并履行劳动合同，保证职工合理的薪酬和福利待遇，绝不拖欠农民工工资。应关心职工生活，切实解决职工群众的困难和诉求，努力建设和谐的劳动关系。应为职工提供安全、健康、卫生的工作条件和生活环境，保障职工职业健康，预防和减少职业病和其他疾病对职工的危害。

十四　金属、非金属与采矿行业上市公司
社会责任能力成熟度评价分析

金属、非金属与采矿行业是民生发展的基础行业，主要涵盖各种金属和非金属矿的采选、燃料的工业部门，如煤炭、铁矿、石油、天然气、化学矿等，也包括木材采伐与自来水的生产与供应等，是能源供给的重要部门。"十三五"时期，我国仍将处于重要战略机遇期。机遇前所未有，挑战也前所未有，机遇大于挑战。因此，"十三五"规划将是中国金属、非金属与采矿行业应对国内外发展环境重大变化的五年规划，是深入实践科学发展观、全面落实新的发展要求的五年规划，也是实现该行

业快速发展的五年规划。在国家"十三五"规划、"中国制造 2025"等引领下，金属、非金属与采矿行业蓬勃发展之路迅速展开。

（一）基本特征分布

2016 年金属、非金属与采矿行业上市公司有效样本共有 163 家。这些上市公司总资产的平均值为 184.33 亿元，其中最高的是 2679.83 亿元，最低的是 1.65 亿元；净资产的平均值为 70.77 亿元；资产负债率的平均值为 47%；营业收入的平均值为 145.81 亿元；市值的平均值为 150.42 亿元，其中最高的是 1511.82 亿元，最低的是 20.71 亿元。

表 32　金属、非金属与采矿行业上市公司基本特征分布

指标	均值	中值	众数	标准差	偏度
总资产	184.33	49.56	1.65	358.12	4.09
净资产	70.77	29.51	−1.07	139.23	5.48
资产负债率	0.47	0.44	0.04	0.24	0.24
营业收入	145.81	34.9	0.11	315.68	4.59
净利润	1.62	0.99	−59.88	10.35	1.9
市值	150.42	87.13	20.71	184.24	3.89
市盈率	76.9	50.77	−2213.78	387.66	4.91
基本每股收益	0.16	0.11	0.04	0.43	2.66
指标	偏度的标准误	峰度	峰度的标准误	极小值	极大值
总资产	0.190	20.44	0.378	1.65	2679.83
净资产	0.190	40.77	0.378	−1.07	1314.21
资产负债率	0.190	−0.7	0.378	0.04	1.01
营业收入	0.190	25.45	0.378	0.1	2354.9
净利润	0.190	41.91	0.378	59.88	89.66
市值	0.190	21.23	0.378	20.71	1511.82
市盈率	0.190	67.65	0.378	−2213.78	3906.72
基本每股收益	0.190	22.74	0.378	−1.36	3.45

注："总资产""净资产""营业收入""市值"的单位均为亿元，"基本每股收益"的单位为元。

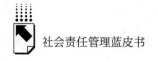

（二）研究发现1：金属、非金属与采矿行业上市公司社会责任能力成熟度水平低下，绝大部分企业得分低于60分

2016 年，金属、非金属与采矿行业上市公司社会责任能力成熟度平均得分为 38.26 分，整体处于弱能级，略高于 2016 年全部 A 股上市公司的社会责任能力成熟度平均得分 34.25 分，也高于该行业 2015 年的平均得分 35.64 分。从得分分布来看，有 40 家企业的社会责任能力成熟度处于无能级，占比 24.54%；有 118 家企业的社会责任能力成熟度处于弱能级，占比达到 72.39%；有 5 家企业的社会责任能力成熟度处于本能级，占比 3.07%，可以看出，金属、非金属与采矿行业上市公司社会责任能力成熟度水平较低，97%的企业得分低于 60 分。

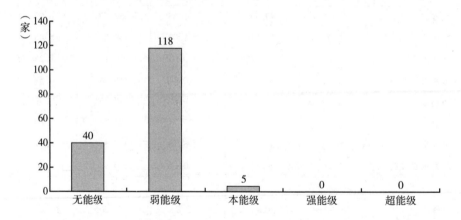

图47　金属、非金属与采矿行业上市公司社会责任能力成熟度等级分布

样本中得分最高的企业是太钢不锈，综合得分为 69.55 分；得分最低的企业为宁波富邦，综合得分为 22.43 分。前五名和后五名得分分布情况如表 33 所示。

企业社会责任能力成熟度是对企业社会责任能力发展水平的度量，集中体现为企业在实现社会责任目标或构想方面所具有的知识、技能和意愿。对于金属、非金属与采矿行业在社会责任能力提升方面建议如下。

表33　金属、非金属与采矿行业上市公司社会责任能力成熟度得分前五和后五的企业分布

前五名	成熟度得分	后五名	成熟度得分
太钢不锈	69.55	丰华股份	26.76
中国铝业	67.34	鹏欣资源	26.61
宝钢股份	65.33	银邦股份	25.83
云南铜业	63.80	园城黄金	25.76
鞍钢股份	63.60	宁波富邦	22.43

发布社会责任报告，建立起完善的社会责任管理体系和工作机制，将社会责任管理融入企业发展战略、业务流程和运营管理全过程，坚持以价值创造为核心，以科技创新推进品种结构优化升级，实施精品战略，形成高效、节能、长寿型绿色产品集群，全力助力中国制造；采用先进工艺技术，实施节能减排循环经济项目，形成较为完整的固态、液态、气态三大废弃物循环经济产业链。

（三）研究发现2：金属、非金属与采矿行业上市公司社会责任推进管理能力较弱，组织体系和工作机制建设不足

从社会责任能力成熟度的六个维度来看，金属、非金属与采矿行业的经济价值创造能力维度得分最高，为65.56分，处于本能级，高于该行业2015年的平均得分63.87分；社会责任推进管理维度平均得分为10.01分，处于无能级，远高于该行业2015年的平均得分4.2分。近几年，随着电子、信息、生物、航天、新能源、新材料等高新技术产业的快速发展，金属、非金属与采矿行业取得了长足进展。随着国家供给侧结构性改革的推进，高技术含量、高附加值产业快速发展，生态文明体制改革加快推进，金属、非金属与采矿行业在发展过程中，也逐渐开始寻求经济、社会和环境的可持续发展，呈现出重视履行社会责任的发展态势。

从得分分布来看，有8家企业的社会责任推进管理维度得分为0。社会责任推进管理体系是用来制定和实施企业的责任方针，以及组织实施各类社会责任工作，主要包括责任治理、能力建设和社会责任管理投入三个方面。由

表 34 可以看出，金属、非金属与采矿行业上市公司社会责任推进管理维度下属 7 个三级指标平均得分均处于无能级。这说明金属、非金属与采矿行业上市公司社会责任推进管理能力还需进一步提升，大部分企业没有成立专门的社会责任领导机构，提升员工责任意识、理论知识等的一系列能力建设工作还未开展或很不到位。

表 34　金属、非金属与采矿行业上市公司社会责任推进管理得分

三级指标	社会责任组织机构	社会责任推进制度	社会责任专项培训	社会责任外部交流	社会责任知识管理	社会责任专项资金预算	社会责任专职人员数量
得分	2.74	5.1	5.82	4.69	2.05	4.58	4.65

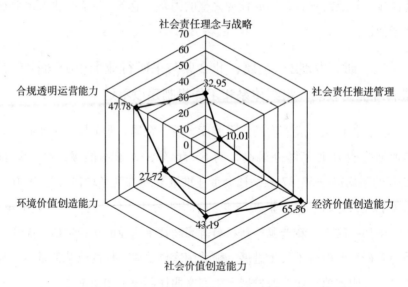

图 48　金属、非金属与采矿行业上市公司社会责任能力成熟度得分分布

金属、非金属与采矿行业的社会责任推进管理指标下，社会责任组织机构以及社会责任知识管理指标的得分偏低，建议该行业企业加强组织体系的建立，系统开展社会责任工作，并配置专职人员开展社会责任管理工作；同时加强与利益相关方的沟通交流，通过发布社会责任报告、可持续

发展报告、专题报告等，加强企业在社会责任知识管理方面的推进工作。

在开展社会责任推进工作中，通过采取推进社会责任的专线培训、专项交流、增加专项预算等措施，提高企业的社会责任履责水平，力争实现"全员参与、全过程覆盖、全方位融合"。

（四）研究发现3：金属、非金属与采矿行业上市公司环境保护能力不足，合理开采资源意识不强

金属、非金属与采矿行业上市公司面临的资源浪费严重、环境污染加剧等一系列问题，严重影响了企业的形象，降低了企业的市场竞争能力，制约和阻碍了企业的可持续发展。废水减排、废气减排、固体废弃物减排三级指标的平均得分分别为10.55分、9.78分、9.5分，说明金属、非金属与采矿行业企业在自身运营过程中不注重污染物的减排，可能对生态环境、生物多样性造成严重影响。通过图49可以看出，99%的金属、非金属与采矿行业上市公司的环境价值创造能力处于弱能级及以下，只有2家企业高于60分达到本能级，行业的整体环境保护意识不强。

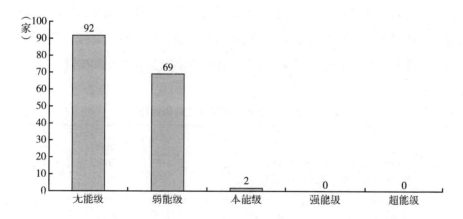

图49　金属、非金属与采矿行业上市公司环境价值创造能力等级分布

金属、非金属与采矿行业企业承担的社会责任，就是树立资源忧患意识，保护、节约和合理开采资源，实现社会的可持续发展，注重生态环境保

护。矿产资源是人类生存、发展和社会进步不可缺少的资源。由于行业资源的不可再生性，各企业应倍加珍惜现有资源，在资源的采、选、冶及消费过程中，采取各种有效措施，尽可能地减少对资源的依赖、消耗和破坏。要用资源消耗减半、经济效益翻番的要求指导行业的发展，摒弃大量开采、生产、消费、废弃的生产生活旧习，加强对资源的消耗管理，努力转变经济增长方式。

（五）研究发现4：金属、非金属与采矿行业上市公司员工价值创造能力低下，员工满意度低

金属、非金属与采矿行业上市公司公平雇佣政策、职业安全健康体系、员工体检率、员工关爱这4个三级指标的平均得分分别为3.71分、2.14分、3.61分、2.75分，跟其他三级指标比，得分较低，说明工作环境比较恶劣的金属、非金属与采矿行业中的大部分企业都不重视员工的职业安全，忽略了员工的个人安全。这与金属、非金属与采矿行业上市公司的发展现状是吻合的，一是行业内准入门槛低且员工普遍文化水平低，因此人力成本较低、劳动力廉价，使得公司忽视了劳工问题；二是工作环境差、加班时间被延长、雇用童工、避签劳动合同等问题时有发生，因此对于金属、非金属与采矿行业上市公司来说，实现体面劳动还需要不断加以重视和改进。

表35　为员工创造价值维度三级指标得分

三级指标	劳动合同签订率	员工工资与福利	五险一金覆盖率	公平雇佣政策	职业安全健康体系	员工体检率	员工培训人均投入	职业发展通道	员工关爱	员工满意度
平均得分	5.93	5.40	7.17	3.71	2.14	3.61	5.13	4.13	2.75	4.48

提高员工的工作满意度是激发员工的工作热情、提高企业的生产经营绩效的有效途径之一，也是人力资源管理的一项重要内容，针对金属、非金属

与采矿行业这方面存在的问题，应通过满足员工的基本要求、创造和谐的工作氛围、关爱员工、构建一致的目标、进行员工的职业生涯规划等措施来提高员工的工作满意度。

企业要善于鼓舞员工的士气，适时地给员工以夸奖和赞扬。在员工做出成绩时，要及时表扬。企业在对生产工作上取得成绩的员工，要给予奖励。金属、非金属与采矿行业是高危行业，企业要时刻关心员工的疾苦，认真做好调查研究和摸底工作，及时掌握员工的思想和生活情况，千方百计地为他们排忧解难。企业还可以在制度上做出一些规定，如带薪休假、医疗养老保险、失业保障等，为员工消除后顾之忧。人是最富于情感的，若企业给予员工关怀，员工便会以十足的干劲回报企业。

十五　汽车行业上市公司社会责任能力成熟度评价分析

中国汽车行业经过 40 多年的发展，已经成为国民经济的重要行业。随着经济发展水平的不断提高和轿车开始进入家庭，中国汽车市场已经成为世界上增长最为迅速的，对全球汽车产业产生着巨大影响。汽车行业在国民经济发展中发挥着重要作用：优化交通结构的行业，汽车所具有的普遍性和灵活性是其他现代交通工具无法比拟的；汽车既是高价值的产品，又是批量大的产品，因而它能够创造巨大的产值；汽车行业对相关行业的影响，不仅表现在生产过程中，也表现在使用过程中，它波及原材料工业、设备制造业、配套产品业、公路建设业、能源工业、销售业、服务业和交通运输业等，而且波及范围广；汽车行业提供的就业机会不仅数量较大，而且技术含量也较高；汽车是高新技术的结晶，汽车行业所涉及的新技术范围之广、数量之多，是其他行业难以相比的；汽车行业对推进社会进步发挥了显著的作用，它促进了城市的发展，缩小了城乡差距，提高了人们的生活品质。

但与此同时，汽车数量的增加对环境的影响也越来越大，我国政府把发展新能源汽车作为解决能源及环境问题、实现可持续发展的重大举措，各汽车生产企业也将发展新能源汽车作为抢占未来汽车产业制高点的重要战略方向。在政府与企业的共同努力下，我国新能源汽车行业近几年呈现良好的发展势头。通过自主创新、产业转型升级、加强投资合作、深化改革，促进汽车产业发展方式的转变，实现由汽车制造向汽车创造的转变、由汽车大国向汽车强国的转变。

（一）基本特征分布

2016 年汽车行业上市公司有效样本共有 105 家。这些上市公司总资产的平均值为 180.7 亿元，其中最高的是 5906.28 亿元，最低的是 0.54 亿元；净资产的平均值为 78.42 亿元；资产负债率的平均值为 44%；营业总收入的平均值为 171.73 亿元；市值的平均值为 184.3 亿元，其中最高的是 35961.69 亿元，最低的是 24.17 亿元。

表 36　2016 年汽车行业上市公司基本特征分布

指标	均值	中值	众数	标准差	偏度
总资产	180.7	47.81	0.54	611.9	8.21
净资产	78.42	25.80	-28.94	244	7.95
资产负债率	0.44	0.02	0.44	0.11	0.20
营业收入	171.73	29.05	0.41	76.94	9.15
净利润	9.40	3.44	1.57	35.26	7.16
市值	184.30	77.53	24.17	407.60	6.34
市盈率	123.82	36.89	-52.71	343.15	5.22
基本每股收益	0.48	0.56	0.35	0.16	1.24

指标	偏度的标准误	峰度	峰度的标准误	极小值	极大值
总资产	0.23	75.36	0.47	0.54	5906.28
净资产	0.23	71.8	0.47	0.28	2351
资产负债率	0.23	0.52	0.47	0.11	1.15
营业收入	0.23	89.16	0.47	0.42	7675
净利润	0.23	59.49	0.47	-95.40	320.1
市值	0.23	48.58	0.47	24.17	35961.69
市盈率	0.23	29.92	0.47	-52.71	2531.46
基本每股收益	0.23	3.41	0.47	-1.18	2.9

注："总资产""净资产""营业收入""净利润""市值"的单位均为亿元，"基本每股收益"的单位为元。

（二）研究发现1：汽车行业上市公司社会责任能力成熟度水平较低，大部分企业得分均低于60分

2016年，汽车行业上市公司的社会责任能力成熟度平均得分为32.93分，整体处于无能级，低于沪深全部上市公司社会责任能力成熟度的平均得分34.25分。其中，得分最高的企业是上汽集团，为66.58分；得分最低的企业是恒立实业，为20.29分。从得分分布来看，得分在30~60分的企业有51家，占比达到49%；49家企业的得分在30分以下，处于无能级，占比47%；仅有5家企业处于本能级。由此可见，汽车行业上市公司社会责任能力成熟度水平较低，大部分企业得分低于60分。

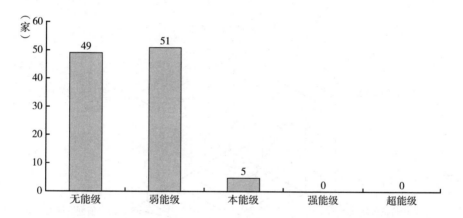

图50　2016年汽车行业上市公司社会责任能力成熟度等级分布

表37　汽车行业上市公司成熟度得分前五和后五的企业分布

前五名		后五名	
公司股票简称	综合得分	公司股票简称	综合得分
上汽集团	66.58	上海凤凰	21.48
广汽集团	64.36	西仪股份	21.41
东风汽车	64.17	深中华A	20.96
福田汽车	61.09	特尔佳	20.34
比亚迪	61.05	恒立实业	20.29

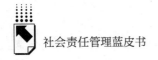

（三）研究发现2：与2015年相比，汽车行业上市公司社会责任推进管理水平有所提高，但仍需加强

从社会责任能力成熟度的六个维度来看，汽车行业上市公司的经济价值创造能力维度得分最高，为 70 分；社会责任推进管理维度得分最低，仅为 3.73 分，两者差异较大。与 2015 年相比，2016 年汽车行业上市公司经济价值创造能力仍然表现出较高水平，社会责任推进管理能力也略有提升。这说明大部分汽车上市公司已经开展社会责任推进管理相关工作，但与沪深全部上市公司整体水平相比还有一定的差距，需进一步拓展推进的深度。

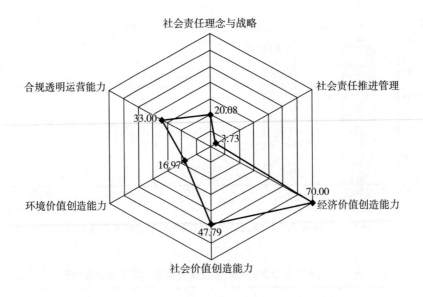

图 51　2016 年汽车行业上市公司社会责任能力成熟度六大维度得分对比

能力建设涉及企业增强和丰富员工责任意识和理论知识、实践经验的一系列工作，包括社会责任专项培训、社会责任外部交流和社会责任知识管理三个方面。大部分汽车行业上市公司的这 3 个三级指标的得分为 0，说明这些公司基本没有进行社会责任知识管理，对社会责任专项

培训和外部交流的重视程度不足。此外，在 105 家汽车行业上市公司中，大部分企业都没有专门制定关于社会责任的管理办法、规范及手册等。这说明汽车行业上市公司社会责任能力和制度建设不足，需进一步加强。

（四）研究发现3：汽车行业上市公司较为重视产品质量和客户服务，客户满意度还有待提高

汽车行业上市公司为客户创造价值所涉及的 4 个三级指标中，产品质量和客户服务两项指标的平均得分较高，分别为 20.09 分和 7.11 分，消费者权益保护和客户满意度两项指标的平均得分偏低，分别为 1.49 分和 3.87 分。这说明汽车行业大部分上市公司建立了质量管理体系，产品合格率基本满足相关标准要求；有相关的客户服务制度，但制度内容较为宽泛；建有客户投诉处理机制，但是不够畅通，投诉回应率和解决率很低；有关于消费者隐私保护的简单承诺，但没有制度保障；偶尔开展客户满意度调查，调查过程比较简单，满意度结果一般，调查结果对促进服务改进的作用较小。汽车行业上市公司还需要进一步完善消费者权益保护和投诉机制，不断提升客户的满意度。

汽车与人们的生活息息相关，所以质量安全一直是汽车行业的热点话题，从便捷出行到安全出行再到健康生活，公众对汽车产品的要求越来越高。另外，因质量问题而引发的投诉事件频发，汽车行业成为质量投诉的重灾区。因此，汽车企业应健全管理体系，加强质量管控，为消费者提供安全可靠的产品。与此同时，企业应主动对缺陷产品实施负责任召回，保护消费者权益。

（五）研究发现4：汽车行业上市公司安全生产运营水平仍需进一步提升，需加大安全生产投入

安全生产运营是企业对员工和社会负责任的重要体现，涉及安全生产管理体系、安全应急管理机制、安全生产投入、安全事故数等。汽车行业

上市公司的安全生产运营指标所涉及的 4 个三级指标中，安全生产管理体系和安全应急管理机制两项指标的平均得分分别为 30.07 分和 20.12 分，安全生产投入和安全事故数两项指标的平均得分分别为 20.12 分和 20.12 分。这说明大部分企业建立了安全生产管理体系，内容较为完善；有编制零散仅针对个别重大事件的安全应急管理机制，内容比较简略、可操性一般；在安全生产管理、硬件设施配备、培训演练等方面的资金和人员投入都比较少。

十六　食品行业上市公司社会责任能力成熟度评价分析

民以食为天，食以安为先。食品是人们维持生存的最基本物质。食品安全问题，关系国计民生，关乎公众健康。食品的特殊性质决定了食品企业履行社会责任的重要性。食品行业是保障民生的基础行业，承担着为我国 13 亿多人口提供安全放心、营养健康食品的重任。随着经济的发展和人民生活水平的提高，我国居民的饮食习惯和饮食结构也发生了巨大的变化，人们不再仅满足于温饱需要，而是开始重视食品的营养、质量以及加工工艺、外观包装等。对于食品行业而言，市场是巨大的，然而竞争也是激烈的。因此，食品行业企业在发展的同时要坚持法治思维，大力推进食品生产监管制度创新，坚持以问题导向为引领，继续加强重点监管和综合治理，科学防范食品安全风险，不断提升食品安全治理能力。

（一）基本特征分布

2016 年食品行业上市公司有效样本共有 180 家。这些上市公司总资产的平均值为 84.21 亿元，其中最高的是 1129.35 亿元，最低的是 0.24 亿元；净资产的平均值为 47.35 亿元；资产负债率的平均值为 40%；营业收入的平均值为 80.02 亿元；市值的平均值为 179.42 亿元，其中最高的是 5677 亿元，最低的是 22.78 亿元。

表38　食品行业上市公司基本特征分布

指标	均值	中值	众数	标准差	偏度
总资产	84.21	37.93	2.38	137.32	4.31
净资产	47.35	21.88	0.3	83.63	5.12
资产负债率	0.40	0.39	0.03	0.19	0.32
营业收入	80.02	23.01	0.07	152.72	4.04
净利润	5.66	1.16	7.81	17.57	6.49
市值	179.42	77.59	22.78	479.23	9.08
市盈率	80.45	40.56	-1544.06	300.14	0.95
基本每股收益	0.47	0.25	0.03	1.15	8.19

指标	偏度的标准误	峰度	峰度的标准误	极小值	极大值
总资产	0.181	24.19	0.360	0.24	1129.35
净资产	0.181	34.17	0.360	0.30	758.99
资产负债率	0.181	-0.22	0.360	0.03	0.99
营业收入	0.181	21.69	0.360	0.07	1246.19
净利润	0.181	49.81	0.360	-7.81	167.18
市值	0.181	98.73	0.360	22.78	5677
市盈率	0.181	18.0	0.360	-1544.06	1837.57
基本每股收益	0.181	87.69	0.360	-1.01	13.31

注："总资产""净资产""营业收入""市值"的单位均为亿元，"基本每股收益"的单位为元。

（二）研究发现1：食品行业上市公司社会责任能力成熟度水平严重低下，99%的企业得分低于60分

2016 年，食品行业上市公司的社会责任能力成熟度平均得分为 30.51 分，整体处于无能级，低于 2016 年全部 A 股上市公司的社会责任能力成熟度平均得分 34.25 分，但是高于该行业 2015 年的平均得分 27.12 分。其中，只有 1 家上市公司的社会责任能力成熟度处于本能级；有 75 家企业的社会责任能力成熟度处于弱能级；有 104 家企业的社会责任能力成熟度处于无能级。

从得分来看，超过 99% 的企业得分低于 60 分。得分最高的企业是新希

望，为60.67分；得分最低的企业为星河生物，为11.31分，可以看出，食品行业上市公司的社会责任能力成熟度得分情况两极分化很严重。食品企业社会责任履行能力较弱，企业责任意识薄弱，不仅导致食品安全事故频发，影响社会和谐稳定，危害人民群众的健康安全，而且在一定程度上影响着企业自身的健康发展。

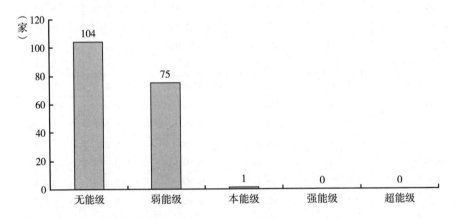

图52 食品行业上市公司社会责任能力成熟度等级分布

食品行业上市公司社会责任能力成熟度得分前五名和后五名分布情况如表38所示。

表39 食品行业上市公司成熟度得分前五和后五的企业分布

前五名	成熟度得分	后五名	成熟度得分
新希望	60.67	佳沃股份	18.73
青岛啤酒	54.83	＊ST昌鱼	17.36
伊利股份	53.87	开创国际	16.91
圣农发展	52.79	香梨股份	15.19
保龄宝	52.28	星河生物	11.31

可以看出，食品行业上市公司社会责任能力成熟度得分两极分化严重。食品行业直接关系人民群众的身体健康和生命安全，关系到社会和谐。中国食品企业在发展进程中，总体上是比较重视社会责任能力建设的，但由于种

种原因，部分企业社会责任建设仍然滞后于企业发展与社会发展的要求。食品行业企业应该通过以下措施来提高社会责任能力成熟度。

企业应该从战略规划上把社会责任贯穿于整体经营过程中，坚持诚信经营，重视商业道德，以现代企业社会责任理论培育员工基本价值观与道德情操，加强对员工的商业伦理教育与培训。

树立企业质量安全文化理念，实行全面质量管理，让员工自觉树立食品质量安全意识、道德与服务意识和社会责任意识，最终实现企业和社会双赢发展。

构建社会责任评价体系，评价内容全面覆盖遵纪守法、安全生产、质量管理、食品安全达标、质量检测、服务水平、环境污染检测、资源合理利用、科技创新、市场诚信、信誉形象、社会责任感、员工与消费者权益、公益事业、社会效益、企业影响力等方面，确保在运用评价体系时既有宏观指引，又有切实可遵循的量化细则。

（三）研究发现2：食品行业上市公司社会责任推进管理严重滞后，超过99％的企业得分低于60分

在社会责任能力成熟度的六个维度中，食品行业上市公司的经济价值创造能力维度得分最高，为66.94分，处于本能级，略高于该行业2015年的平均得分65.47分；社会责任推进管理维度平均得分为3.61分，处于无能级，高于该行业2015年的平均得分0.52分。从得分分布来看，176家企业处于无能级，占比97.78％，其中有89家企业得分为0，占比49.44％。这说明大部分食品行业企业均没有建立社会责任推进管理体系，责任治理、能力建设和社会责任管理投入三个指标得分与其他行业相比还有很大的差距。

食品行业社会责任推进管理指标平均得分远低于所有上市企业，因此食品行业应该从对社会责任的理解、管理融入、绩效管理、保障机制等方面强化社会责任的推进管理。

1. 社会责任理解

根据"三重底线"原则全方位地认识社会责任，结合行业的特性和企

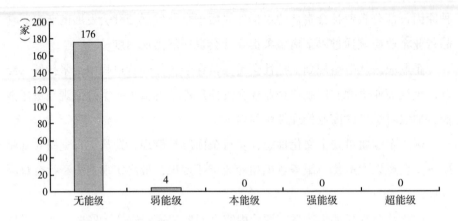

图53 食品行业上市公司社会责任推进管理指标等级分布

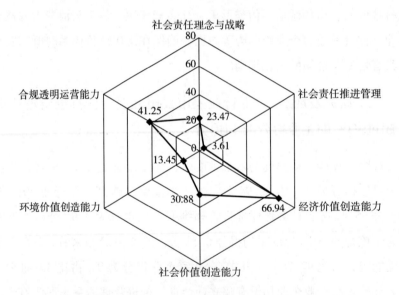

图54 食品行业上市公司社会责任能力成熟度得分分布

业的特性，通过履行经济责任、社会责任、环境责任，努力实现与利益相关方的共同可持续发展。

2. 社会责任管理融入

联合国前秘书长安南指出，"企业承担社会责任不是要求企业做与正常经营不相关的事情，而是要求企业以不同的方式进行正常经营"。企业要履行社会责任，就要将社会责任融入企业的使命中，形成独特的社会责任理念，并将社会责任理念融入生产运营中，以促进企业与经济、环境、社会的可持续发展。

3. 社会责任绩效管理

通过对企业社会责任工作的评估，对企业前期的社会责任工作进行全面评价，了解社会责任工作目标的实现情况，分析其中存在的问题，及时采取措施纠正工作中的偏差，确保社会责任工作目标的实现，促进企业可持续发展。

4. 利益相关方沟通

企业社会责任沟通是企业通过对利益相关方的期望做出预测，阐明企业社会责任政策，运用组织沟通工具来提供真实透明，以及与商业运作、社会和环境事业相整合的公司或品牌信息，同时与利益相关方产生互动的过程。

5. 保障机制

食品行业企业应当通过建立组织保障、资源保障、制度保障、沟通保障等保障机制来加强社会责任的体系建设。

（四）研究发现3：食品行业上市公司安全生产运营意识薄弱，过分注重短期利益

食品安全是食品行业的重点，也是食品行业企业社会责任建设的基础。食品安全既包括生产的安全，也包括经营的安全；既包括结果的安全，也包括过程的安全；既包括现实的安全，也包括未来的安全。食品行业上市企业的安全生产运营指标平均得分 25.84 分，处于无能级。安全生产运营指标包括安全生产管理体系、安全应急管理机制、安全生产投入和安全事故数等三级指标，得分分别为 16.52 分、5.62 分、3.90 分和 -0.19 分。这说明大部分企业建立了安全生产管理体系，文件内容较为完善；有编制零散仅针对个别重大事件的安全应急管理机制，内容比较简略、可操作性一般，而且安全生产投入费用不充足，安全事故频发。

安全观念薄弱的现象在食品行业屡见不鲜，企业在安全管理、培训、技

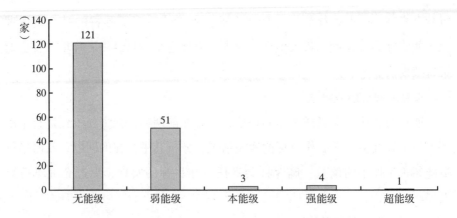

图55　食品行业上市公司安全生产运营指标等级分布

能等方面都存在不足。因此，食品行业需要不断强化"安全发展"理念，把安全生产摆在更加突出的位置，抓实、抓细、抓好；要着力推动企业自觉全面实施责任关怀，主动履行企业主体责任，增强企业自律意识和社会责任感；强化企业安全管理机构的设置及其人员配备，应当配备注册安全工程师、专职或者兼职安全生产管理人员，或者委托安全生产中介机构提供安全生产服务，并充分发挥企业安全管理机构的作用；食品生产企业应当对新录用、季节性复工、调整工作岗位和离岗半年以上重新上岗的从业人员进行相应的安全生产教育培训，未经安全生产教育培训的从业人员不得上岗作业；食品生产企业应当定期组织开展危险源辨识，并将其工作场所存在和作业过程中可能产生的危险因素、防范措施和事故应急措施等如实书面告知从业人员，不得隐瞒或者欺骗。

（五）研究发现4：食品行业上市公司产品质量整体水平偏低，客户满意度普遍不高

民以食为天，食以安为先。食品企业的安全意识是民生最为关注的问题。食品行业上市公司的三级指标产品质量平均得分为12.67分，远低于2015年该行业的平均得分37.09分；三级指标客户满意度平均得分为11.21分，高于该行业2015年的平均得分4.66分，这说明大部分食品行

业上市公司的产品质量管理体系较为完善，产品合格率高，部分产品通过国际和国内认证，且注重客户满意度的提升。但是综观整个食品行业上市公司的得分，处于弱能级，说明大部分食品行业上市公司的食品安全问题仍然存在，消费者投诉处理机制不完善，客户投诉渠道不够顺畅，还有很大的提升空间。

影响食品企业社会责任能力建设的因素，概括起来大致有以下几点：法律规范不全，监管执法未能到位；传统经营观念局限明显，现代企业责任意识不够；市场成熟度不够，经济行为没有真正以消费者权益为中心；食品供应与消费环节信息不对称；部分企业逐利至上，经营道德缺失；中小企业过多，靠本能立足，实力弱小，达不到相关标准要求；企业经营者素质不高，缺乏企业家精神等。食品企业社会责任的缺失，不仅导致食品安全事故频发，危害人民群众的健康安全，影响社会和谐稳定，而且在一定程度上影响了企业自身的健康发展。

食品行业企业首先要不断强化企业商业道德与社会责任意识培育。注重企业社会责任感自主意识的培育，推动企业强化社会责任意识，将社会责任作为企业文化建设的重要内容、作为企业核心价值观塑造的关键，强化品牌价值内涵。其次应该从战略规划上把社会责任贯穿于整体经营之中，坚持诚信经营，重视商业道德与社会良知，以现代企业社会责任理论培育员工道德情操，加强对员工的商业伦理教育。最后树立企业质量安全文化理念，实行全面质量管理，让员工自觉增强食品质量安全意识、道德与服务意识和社会责任意识，最终实现企业和社会双赢发展。

十七　医疗保健行业上市公司社会责任能力成熟度评价分析

医疗保健行业与人们的日常生活息息相关，医疗保健是为人民防病治病、康复保健、提高民族素质的特殊产业，在保证国民经济健康、持续发展中起到了积极的、不可替代的"保驾护航"作用。医疗保健产品质量与安全是重人的民生和公共安全问题，不仅关系人民群众的身体健康和生命安全，也关系着社会和谐与经济发展。我国医疗保健行业近几年有了突飞猛进的发展，但仍旧存在诸多问题，如低水平重复现象严重、管理法规不完善、假冒伪劣产品泛滥等，医疗保健行业面临着很大的机遇和挑战。

（一）基本特征分布

2016 年医疗保健行业上市公司有效样本共有 201 家。这些上市公司总资产的平均值为 54.37 亿元，其中最高的是 548.23 亿元，最低的是 2.23 亿元；净资产的平均值为 35.21 亿元；资产负债率的平均值为 35.24%；营业收入的平均值为 27.73 亿元；市值的平均值为 143.6 亿元，其中最高的是 1385.34 亿元，最低的是 21.32 亿元。

表40　2016 年医疗保健行业上市公司基本特征分布

指标	均值	中值	众数	标准差	偏度
总资产	54.37	32.50	2.23	66.70	3.808
净资产	35.21	24.0	0.66	35.1	−0.133
资产负债率	0.35	0.26	0.04	0.47	0.103
营业收入	27.73	15.19	0.68	37.32	3.056
净利润	3.47	1.79	−4.59	5.10	3.193
市值	143.6	84.29	21.32	174.3	4.066
市盈率	55.49	46.12	−3077.4	292.86	−6.219
基本每股收益	76.15	9.95	0.1	472.293	5.712

指标	偏度的标准误	峰度	峰度的标准误	极小值	极大值
总资产	0.17	20.31	0.34	2.23	548.23
净资产	0.17	0.07	0.34	1.82	294
资产负债率	0.17	0.99	0.34	0.18	0.46
营业收入	0.17	11.09	0.34	0.68	231.5
净利润	0.17	12.72	0.34	−0.45	3.34
市值	0.17	20.88	0.34	21.32	1385.34
市盈率	0.17	70.24	0.34	−3077.47	1305.42
基本每股收益	0.17	8.03	0.34	−0.96	3.08

注："总资产""净资产""营业收入""净利润""市值"的单位均为亿元，"基本每股收益"的单位为元。

（二）研究发现1：医疗保健行业上市公司社会责任能力成熟度水平低下，所有企业得分均低于60分

2016 年，医疗保健行业上市公司社会责任能力成熟度平均得分为 31.02 分，整体处于弱能级，低于沪深上市公司社会责任能力成熟度平均得分 34.25 分。其中，社会责任能力成熟度处于无能级的企业有 109 家，占比为 54.23%；社会责任能力成熟度处于弱能级的企业有 92 家，占比为 45.77%；没有任何一家上市公司的企业社会责任能力成熟度处于本能级、强能级或者超能级。得分前三名的企业为海正药业、现代制药、白云山，平均得分分别为 58.52 分、57.35 分、56.18 分；得分最后三名的企业为博济医药、山东药玻、常山药业，平均得分依次为 21.47 分、21.24 分、11.46 分。由此可见，医疗保健行业上市公司社会责任能力成熟度水平较低。

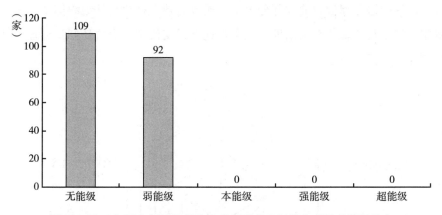

图56　2016 年医疗保健行业上市公司社会责任能力成熟度等级分布

表41　医疗保健行业上市公司成熟度得分前五和后五的企业分布

前五名		后五名	
公司股票简称	综合得分	公司股票简称	综合得分
海正药业	58.52	九安医疗	22.17
现代制药	57.35	国农科技	21.77
白云山	56.18	博济医药	21.47
云南白药	53.64	山东药玻	21.24
康美药业	50.26	常山药业	11.46

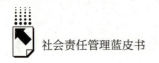

（二）研究发现2：医疗保健行业上市公司经济价值创造能力突出，社会责任推进管理水平有待提高

从社会责任能力成熟度的六个维度来看，医疗保健行业上市公司的经济价值创造能力维度得分最高，为67.09分，处于本能级，说明医疗保健行业上市公司创造的经营绩效以及税收、就业、技术溢出等社会效应较高。而医疗保健行业上市公司社会责任推进管理维度平均得分为3.37分，处于无能级，稍低于沪深全部上市公司平均得分。从得分分布来看，有139家企业的社会责任推进管理维度得分为0，占比69.15%；没有一家企业的社会责任推进管理维度得分超过60分；6家企业处于弱能级；56家企业的得分低于30分，处于无能级。从社会责任推进管理指标下的7个三级指标来看，社会责任外部交流平均得分为0.55分；社会责任专项培训平均得分为0.58分。这说明医疗保健行业大部分上市公司没有建立社会责任组织体系和工作机制，缺乏社会责任专项培训、社会责任外部交流和社会责任知识管理，社会责任管理投入不足。

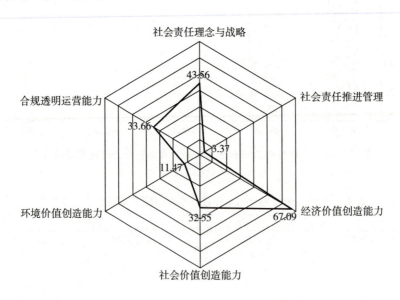

图57　2016年医疗保健行业上市公司社会责任能力成熟度六大维度得分对比

（四）研究发现3：医疗保健行业上市公司较为重视产品质量与安全，消费者权益保护有待加强

医疗保健行业上市公司三级指标产品质量的平均得分为 58.85 分，说明大部分企业建有质量管理体系，产品合规率较高，部分产品通过国际和国内认证。例如，华润双鹤是药品质量体系建设较为完善的企业。作为国内首家通过 GMP 认证的制药企业，该公司建立了科学严谨的质量保证体系。公司几乎所有的生产线都已经达到我国新版 GMP 标准，其中生产管理中心之一的万辉双鹤更是通过欧盟 GMP 认证。食药监部门职能进一步明确，监管、处罚力度增强；《中华人民共和国药品管理法》强制性规定医药企业应生产销售安全、有效、质量可控的合格药品；药品质量问题的出现引发消费者对企业药品质量的强烈不满等。这些因素促使医疗保健行业上市公司不断完善药品质量管理体系，以确保人民群众用药安全。然而三级指标消费者权益保护的平均得分为 25 分。这说明医疗保健行业上市公司有个别制度涉及消费者权益保护，但内容较为宽泛；有关于消费者隐私保护的简单承诺，但没有制度保障，仍会发生消费者信息泄露事件。应健全医疗卫生法律法规和规范标准，完善政府监管、第三方参与、医疗卫生机构自我管理、社会监督的多元化监管体系。利用信息化手段对医疗机构门诊、住院诊疗行为和费用实行全程监管、监督和智能审核。引导和规范医疗机构建立内审制度，加强自查自纠，增强医务人员法制意识，提高依法执业能力。

十八　运输行业上市公司社会责任能力成熟度评价分析

运输行业作为我国经济发展中重要的基础设施行业，促进了自然及社会资源的高效利用、市场经济的发展、各地区的文化交流及国际交流与合作。自 2013 年习近平主席提出共建"丝绸之路经济带"和"21 世纪海上丝绸之路"的重大倡议以来，"一带一路"在各个方面都取得了喜人的成果，而其中交通运输作为"五通"中"设施联通"的一部分，在其中起到了重要的

促进作用。

但不可忽视的是运输行业作为传统的高污染行业，虽然技术创新促进了运输技术的转型，但其随着规模扩张而带来的污染排放问题不容乐观。

（一）基本特征分布

2016 年运输行业上市公司有效样本共有 99 家。这些上市公司总资产的平均值为 279.99 亿元，净资产的平均值为 117.80 亿元，资产负债率的平均值为 45%，营业收入的平均值为 156.30 亿元，市值的平均值为 229.25 亿元。

表 42　2016 年运输行业上市公司基本特征分布

指标	均值	中值	众数	标准差	偏度
总资产	279.99	89.14	5.28	453.89	2.761
净资产	117.80	51.26	2.66	168.17	2.819
资产负债率	0.45	0.45	0.09	0.19	0.263
营业收入	156.30	33.9	0.52	315.87	2.964
净利润	8.33	3.9	-99.06	18.29	-0.571
市值	229.25	121.91	22.24	328.46	3.521
市盈率	72.34	31.66	-18.96	203.28	6.712
基本每股收益	0.39	0.33	0.33	0.39	0.709

指标	偏度的标准误	峰度	峰度的标准误	极小值	极大值
总资产	0.243	7.524	0.481	5.28	2241.28
净资产	0.243	8.472	0.481	2.66	915.74
资产负债率	0.243	-0.545	0.481	0.09	0.92
营业收入	0.243	8.496	0.481	0.52	1616
净利润	0.243	14.679	0.481	-99.06	71.68
市值	0.243	14.958	0.481	22.24	2175.09
市盈率	0.243	49.204	0.481	-18.96	1721.50
基本每股收益	0.243	2.322	0.481	-0.97	1.58

注："总资产""净资产""营业收入""净利润""市值"的单位均为亿元，"基本每股收益"的单位为元。

（二）研究发现1：运输行业上市公司社会责任能力成熟度整体水平较高，但仅1家企业得分高于60分

2016年，运输行业上市公司的社会责任能力成熟度平均得分为38.97分，水平较低，但高于沪深全部上市公司社会责任能力成熟度平均得分。从得分分布来看，社会责任能力成熟度为无能级的公司有2家；弱能级的公司有96家；只有1家公司得分达到本能级。得分排在前五的企业为中储股份、东方航空、建发股份、南方航空和中国国航，平均得分分别为62.80分、57.72分、55.61分、55.34分和55.12分。得分最后五名的企业为万林股份、重庆路桥、中国中期、锦江投资和大秦铁路，平均得分分别为30.30分、30.20分、30.16分、29.42分和28.79分。

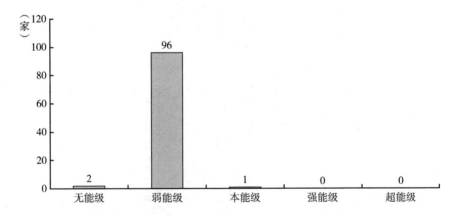

图58　2016年运输行业上市公司社会责任能力成熟度等级分布

表43　2016年运输行业上市公司社会责任能力成熟度企业分布

前五名	成熟度得分	后五名	成熟度得分
中储股份	62.80	万林股份	30.30
东方航空	57.72	重庆路桥	30.20
建发股份	55.61	中国中期	30.16
南方航空	55.34	锦江投资	29.42
中国国航	55.12	大秦铁路	28.79

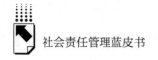

（三）研究发现2：运输行业上市公司社会责任推进管理不足，环境价值处于较高水平

从社会责任能力成熟度的六个维度来看，运输行业的经济价值创造能力维度得分最高，为70.65分；社会责任推进管理维度平均得分为9.45分，高于A股上市公司平均得分；环境价值创造能力维度平均得分为30.10分，高于A股上市公司平均得分。可以看出，运输行业社会责任推进管理维度及环境价值创造能力维度在社会责任能力成熟度六大维度中得分低，并且与其他维度得分差距显著。从得分分布来看，上市公司的社会责任推进管理维度得分整体较为均衡，都处于较低水平；环境价值创造能力维度上市公司的得分差异较大，最高分为山东路桥，得分为62.99分，而最低分仅为23分。

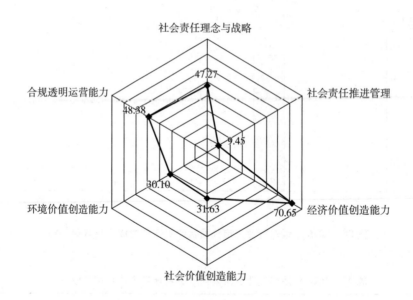

图59 2016年运输行业上市公司社会责任能力成熟度六大维度得分对比

运输行业上市公司社会责任推进管理能力不足，且从得分分布来看，大部分企业社会责任管理意识薄弱，应强化社会责任管理工作。从社会责任推进管理维度下的二级指标来看，责任治理与社会责任管理投入的得分均远高

于 A 股上市公司平均水平，但能力建设得分较低，与 A 股上市公司大致处于相同水平。由此可知，运输行业大部分企业仅设立了社会责任组织机构与专项制度，有一定的专项资金预算，配置了专职人员，但较少开展专项培训、外部交流等活动。运输行业企业应进一步加强社会责任专项能力建设，以实现社会责任管理水平的实质性提升。

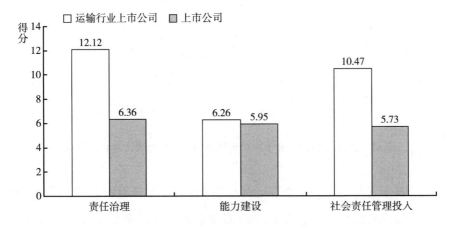

图 60　2016 年运输行业上市公司社会责任推进管理二级指标得分对比

（四）研究发现3：运输行业上市公司环境价值创造能力较高，应进一步加大"三废"排放管理力度，同时提升生态环境保护意识

运输行业上市公司环境价值创造能力维度得分为 30.10 分，高于 A 股上市公司平均水平20.13 分。最高分为山东路桥，得分为 62.99 分。

由环境价值创造能力维度下的二级指标来看，得分最低的为生态环境保护指标，为 1.92 分，远低于上市公司平均得分 9.17 分；得分最高为环境管理指标，为52.92 分，远高于上市公司平均得分 34.93 分。

依据交通运输部数据，在 2016 年监测的 125 家公路水路运输企业中，城市公交企业每万人次单耗 1.6 吨标准煤，比上年增长 5.9%，百车公里单耗48.5 千克标准煤，同比下降 0.9%；公路班线客运企业每千人公里单耗14.5 千克标准煤，同比增长 9.6%，百车公里单耗 29.7 千克标准煤，同比

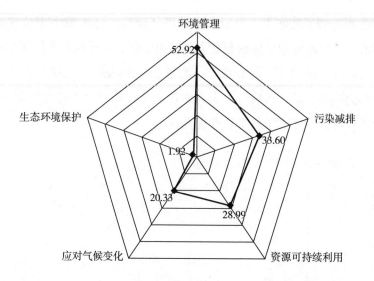

图61 2016年运输行业上市公司环境价值创造能力二级指标得分

下降1.5%；公路专业货运企业每百吨公里单耗1.8千克标准煤，同比下降4.0%；远洋和沿海货运企业每千吨海里单耗5.0千克标准煤，同比下降4.9%；港口企业每万吨单耗2.5吨标准煤，同比下降3.0%。我国运输行业取得了显著的成就，但与此同时，其造成的噪声污染、水污染、空气污染以及能源浪费都极大地影响了环境友好型社会的建设。

在环境价值创造能力所涉及的三级指标中，运输行业上市公司废水减排、废气减排、固体废弃物减排三级指标平均得分分别为11.31分、11.35分、10.94分，均高于A股上市公司平均得分，由此可见，大部分运输行业企业作为"三废"排放较高、对环境污染较大的企业，对"三废"排放有较强的控制意识以及提高管理水平。由减少生态环境破坏和生态恢复与治理两个指标的平均得分分别为1.11分和0.81分来看，大部分运输企业没有采取相应保护措施或没有披露相应数据。

一方面，政策对于环境的关注将会有利于提升运输行业企业对环境保护的重视，如国务院发布的《水污染防治行动计划》在运输行业中落实为《港口和船舶污染物接收转运及处置设施建设方案编制指南》，进一步规范了水运行业的污染排放标准。另一方面，市场及社会的需求及舆论压力也将促进运输行业企业对环境问题的进一步关注。

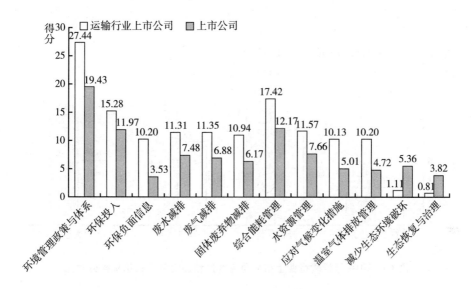

图62　2016年运输行业上市公司环境价值创造能力三级指标得分对比

（五）研究发现4：运输行业上市公司为客户创造价值不足，服务质量及客户满意水平有待提升

依据交通运输部数据，2016年，全社会完成营业性客运量190.02亿人，比上年下降2.2%，旅客周转量31239.87亿人公里，同比增长3.9%，货运量431.34亿吨，同比增长5.2%，货物周转量182432.29亿吨公里，同比增长5.0%。运输行业覆盖海运、陆运、空运，作为客户数量极大、覆盖范围广的服务行业，为客户创造价值的能力是表现其社会责任成熟度的重要指标。由数据可知，运输行业二级指标为客户创造价值的平均得分仅为25.92分，远低于上市公司平均得分39.08分。由其下设的三级指标得分可见，运输行业上市公司的产品质量与客户满意度指标与上市公司整体差距较大，分差分别为5.14分与4.40分。

运输行业企业应提升整体服务水平，创新优化服务模式，不断满足消费者新的需求点，实现为客户创造值与自身盈利水平提升的共赢发展。同时应加大消费者满意度调查力度以及披露水平，及时获得客户反馈，以便优化产品及服务。

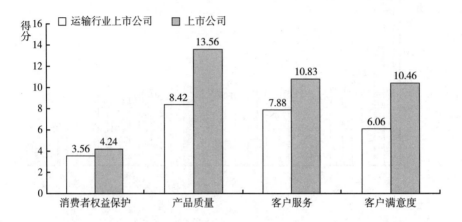

图63　2016年运输行业上市公司为客户创造价值三级指标得分对比

（六）研究发现5：运输行业上市公司安全生产运营水平较高，安全应急管理体系仍有优化空间

运输行业包含的海、陆、空多种类型运输均涉及大量人员、物资的安全，其安全生产运营水平切实关系到运输行业的员工、消费者等群体的安全。运输行业上市公司安全生产运营所涉及的三级指标安全生产管理体系和安全生产投入的得分分别为15.39分和12.55分，安全生产事故数指标的得分为－0.12分，高于A股上市公司整体平均得分。由此可以看出，运输行业上市公司的安全生产管理体系与安全生产投入指标得分在上市公司整体中属于较高水平，但安全事故发生的频率高于上市公司整体水平。其中，安全应急管理机制指标得分低于安全生产管理体系，可以看出，大部分企业都建立了针对日常生产的安全管理机制，但针对个别重大事件的安全应急管理机制不完善，有部分编制但较为零散、可操作性不强，对企业的安全风险控制能力没有起到实质性的提升作用。安全事故数指标在一定程度上反映了安全生产管

理的效用，由目前运输行业的安全事故数情况来看，企业应不断优化安全管理体系、完善应急管理机制，以提升企业安全生产运营的水平。

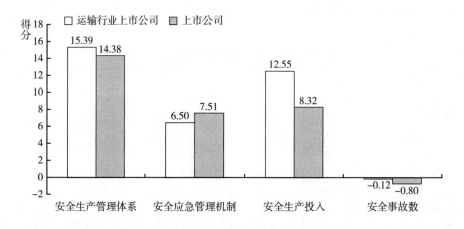

图 64　2016 年运输行业上市公司安全生产运营三级指标得分对比

十九　工业行业上市公司社会责任能力成熟度评价分析

我国实现可持续发展的重点在工业，难点也在工业。由于工业能耗占全社会能耗的 70% 以上，工业排放污染是我国污染的主要来源。《中国制造2025》提出，到 2025 年重点行业单位工业增加值能耗、物耗及污染物排放达到世界先进水平。《中国制造 2025》还确定了 4 个定量指标，即规模以上单位工业增加值能耗 2020 年和 2025 年分别较"十二五"末降低 18% 和34%，单位工业增加值二氧化碳排放量分别下降 22% 和 40%，单位工业增加值用水量分别降低 23% 和 41%，工业固体废物综合利用率分别提高到73% 和 79%。

（一）基本特征分布

2016 年工业行业上市公司有效样本共有 78 家。这些上市公司总资产的平均值为 87.23 亿元，其中最高的是 547.73 亿元，最低的是 2.09 亿元；净资产的平均值为 37.43 亿元；资产负债率的平均值为 47%；营业收入的平均值为 75.59 亿元；市值的平均值为 110.42 亿元，其中最高的是 535.7 亿元，最低的是 24.12 亿元。

表44　2016年工业行业上市公司基本特征分布

指标	均值	中值	众数	标准差	偏度
总资产	87.23	48.15	2.09	110.34	2.53
净资产	37.43	26.26	0.84	39.27	22.6
资产负债率	0.47	0.46	0.06	0.22	0.1
营业收入	75.59	19.93	−3.08	170.18	4.29
净利润	1.87	0.98	−2.14	2.44	1.43
市值	110.42	78.89	24.12	95.23	2.61
市盈率	70.52	69.34	−1540.53	288.54	−1.41
基本每股收益	0.26	0.17	0.13	0.36	1.72

指标	偏度的标准误	峰度	峰度的标准误	极小值	极大值
总资产	0.272	6.73	0.538	2.09	547.73
净资产	0.272	5.7	0.538	0.84	188.81
资产负债率	0.272	−1.22	0.538	0.06	0.91
营业收入	0.272	20.61	0.538	−3.08	1070.33
净利润	0.272	1.87	0.538	−2.14	10.43
市值	0.272	8.45	0.538	24.12	535.7
市盈率	0.272	16.81	0.538	−1540.53	1324.95
基本每股收益	0.272	6.88	0.538	−0.64	2.0

注："总资产""净资产""营业收入""市值"的单位均为亿元，"基本每股收益"的单位为元。

（二）研究发现1：工业行业上市公司社会责任能力成熟度水平严重低下，99%的企业得分低于60分

2016 年，工业行业上市公司的社会责任能力成熟度平均得分为 31.13 分，整体处于无能级，低于 2016 年全部 A 股上市公司的社会责任能力成熟度平均得分 34.25 分。从得分分布来看，只有 1 家企业得分为 60.43 分，处于本能级，为中广核技；其余企业的得分都低于 60 分，在 30~60 分处于弱

能级的企业有 29 家，占比达到 37. 18%，得分在 0～30 分处于无能级的企业有 48 家，占比 61. 54%，并且处于无能级的企业中有 17 家得分为 0。由此可见，工业行业上市公司社会责任能力成熟度水平较低，履责意识亟待提高。

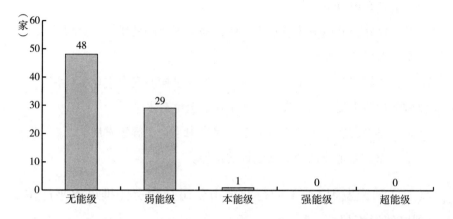

图65 2016年工业行业上市公司社会责任能力成熟度等级分布

样本中得分最高的企业是中广核技，综合得分为 60. 43 分；得分最低的企业为 ST 成城，综合得分为 19. 90 分。前五名和后五名得分分布情况如表 45 所示。

表45 2016年工业行业上市公司成熟度得分前五和后五的企业分布

前五名	成熟度得分	后五名	成熟度得分
中广核技	60. 43	江泉实业	21. 62
航发控制	57. 41	中直股份	21. 54
中国宝安	54. 12	*ST 坊展	21. 36
中国卫星	51. 73	华铁科技	20. 57
中航飞机	48. 84	ST 成城	19. 90

推进工业行业企业社会责任建设，要牢牢把握"可持续发展"这个核心原则，把实现行业和企业持续健康发展、促进社会和谐稳定作为根本出发点和落脚点，紧紧抓住当前我国工业发展中的突出矛盾和问题，进一步完善政府、行业、企业、社会"四位一体、多元共促"的协同推进机制，充分

发挥各方合力的作用，构建企业社会责任建设的长效机制。企业是实现工业转型升级的主体，促进工业转型升级是企业的历史责任，也是新时期工业企业履行社会责任的重要体现。工业企业应当高度重视企业社会责任建设工作，建议重点开展以下工作。

一是，抓好企业诚信体系建设工作，强化工业产品质量安全保障。

二是，抓好节能减排和淘汰落后产能工作，促进工业绿色低碳发展。

三是，抓好安全生产工作，广泛开展形式多样的安全文化创建活动，促进企业增强社会责任意识，提高工业企业安全生产水平。

四是，完善发展环境和服务体系，促进中小企业健康发展。

五是，加强对企业社会责任建设的指导。

（三）研究发现2：工业行业上市公司社会责任推进水平严重低下，制度建设不足

从社会责任能力成熟度六个维度来看，工业行业上市公司的社会责任推进管理维度得分最低，仅为9.62分，高于2016年全部A股上市公司的平均得分6.07分。其中，有17家企业得分均为0，占比为21.79%。可以看出，工业行业上市公司的社会责任能力推进管理水平严重偏低，虽然有些企业制定了社会责任战略和规划，但是执行力和可操作性不强，工业行业的社会责任能力建设能力亟待提高。

工业行业在社会责任推进管理方面应该完善组织架构体系，明确相关职责，为后期的社会责任工作奠定良好的基础；提高企业及其员工实行履责目标所具有的知识、技能水平，采取具体举措提高企业和员工在社会责任管理、培训、学习和沟通方面的能力；从利益相关方参与机制的建立、完善与实施入手开展关系管理，通过实现自身与利益相关方之间的畅通对话，保障利益相关方的知情权、参与权等，有效提升利益相关方满意度；同时可以通过社会责任品牌建设来强化企业的辨识度；强化企业内部相关基础管理工作是有效防控企业社会责任风险的首要条件，企业要明确识别经营过程中的风险，加强风险管理，降低风险对公司的正常经营带来的影响。

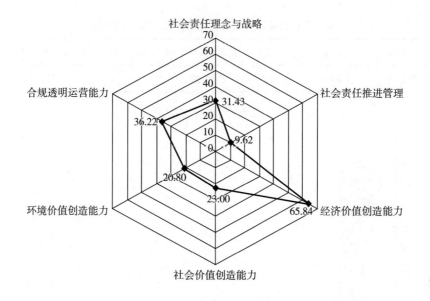

图66 工业行业上市公司社会责任能力成熟度得分分布

（四）研究发现3：工业行业上市公司环境保护水平严重低下，生态保护能力不足

工业行业上市公司环境价值创造能力维度得分为 20.8 分，略高于 2016 年全部 A 股上市公司的平均得分 20.12 分。有 68 家企业得分低于 30 分，占比 87.18%，有 9 家企业的得分在 30~60 分，占比仅为 11.54%，只有 1 家企业的得分在 60 分以上，为中广核技，为 60.43 分。

环境价值创造能力维度下的二级指标包括环境管理、污染减排、资源可持续利用、应对气候变化、生态环境保护，这些二级指标的平均得分具体如表 45 所示。工业行业大部分企业建立了环境管理政策与体系，政策方面有承诺遵守国家环保政策，采取了系列措施落实国家环保政策，如环境管理政策、环境经济政策等。但是污染减排和资源可持续利用指标的得分均远低于沪深上市公司的平均得分，说明企业对政策的执行力度不足，环保意识薄弱，管理体系没有得到有效落实。

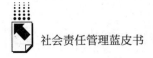
表46 工业行业环境价值创造能力三级指标得分情况

三级指标	环境管理	污染减排	资源可持续利用	应对气候变化	生态环境保护
得分	36.04	16.62	19.07	17.49	7.72

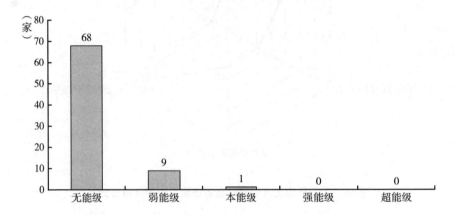

图67 工业行业上市公司环境价值创造能力指标得分分布

2016年，我国工业行业上市公司在环境保护方面面临着以下压力：首先是高于世界发达国家和地区的行业排放标准；其次是来自社会各界，尤其是国内外环境组织的舆论压力；最后是不断趋严的行业准入、用地、融资等限制条件。这使得工业行业上市公司纷纷设立环境管理政策与体系来指导环保工作的开展，以促进工业行业环境价值创造能力的提升。

（五）研究发现4：工业行业上市公司急需加强安全生产运营，降低安全事故发生率

安全运营和安全管理对工业行业至关重要。工业化进程的推进在为人们提供丰富物质的同时，也逐渐成为威胁人们人身安全的"撒手锏"，生产事故的频发使得安全生产这一话题越来越受到关注。统计显示，工业行业上市公司2016年安全生产运营维度平均得分为26.01分，低于2016年全部A股上市公司的平均得分31分，处于弱能级。其中有4家企业的安全生产管理体系指

标得分在60分以上，达到本能级，占比5.13%；有29家企业得分在30~60分，处于弱能级；有45家企业得分在30分以下，处于无能级，其中16家企业得分为0，没有建立安全生产管理体系。这表明，虽然有部分企业的安全生产管理体系较为完善，但工业行业上市公司安全生产运营水平整体较低。安全生产作为行业重点关注议题，亟须引起重视。

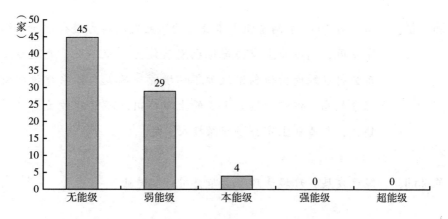

图68　工业行业上市公司安全生产运营得分分布

工业行业应该通过建立安全生产责任制，制定安全管理制度和操作规程，排查治理隐患和监控重大危险源，建立预防机制，规范生产行为，使各生产环节符合有关安全生产法律法规和标准规范的要求，人、机、物、环处于良好的生产状态，并持续改进，不断加强企业安全生产规范化建设。

开展安全生产标准化工作，遵循"安全第一、预防为主、综合治理"的方针，以隐患排查治理为基础，提高安全生产水平，减少事故发生数，保障人身安全健康，保证生产经营活动的顺利进行。安全生产标准化工作采用"策划、实施、检查、改进"动态循环的模式，依据本标准的要求，结合自身特点，建立并保持安全生产标准化系统；通过自我检查、自我纠正和自我完善，建立安全绩效持续改进的安全生产长效机制。

建立安全生产投入保障制度，完善和改进安全生产条件，按规定提取安全费用，专项用于安全生产，并建立安全费用台账。

B.6
制造业上市公司绿色发展
能力成熟度评价

摘　要： 本文对1641家制造业上市公司的绿色发展能力进行评价，研
　　　　 究发现，制造业上市公司绿色发展能力严重不足，制造业上
　　　　 市公司在绿色价值创造维度下环境管理政策与体系建设指标
　　　　 得分最高，但仍有接近1/2的上市公司环境管理政策与体系
　　　　 缺失，制造业上市公司环保投入不足。

关键词： 绿色发展　环境管理　上市公司　制造业

中国特色社会主义进入新时代，面对"贯彻新发展理念，建设现代化
经济体系"的历史性任务，要把发展经济的着力点放在实体经济上，以供
给侧结构性改革为主线，加快建设制造强国。抓住新工业革命发展新机
遇，深入开展产业合作，培育新业态，保持经济增长活力，已成为世界各
国共识。在十九大报告中，"绿色"一词共出现15次，绿色低碳、绿色生
产和消费、绿色技术创新体系等绿色发展理念被多次提及，着重凸显。十
九大报告指出，美丽中国成为我国下一个二十年生态文明建设的目标。制
造业上市公司要全面贯彻落实党的十九大精神，坚持以"创新、协调、绿
色、开放、共享"五大发展理念为引领，立足制造强国和网络强国建设全
局，加快推进制造业供给侧结构性改革，推进实施"中国制造2025"
战略。

制造业直接体现了一个国家的生产力水平，是国民经济的主体，是立国
之本、兴国之器、强国之基。在"中国制造2025"的战略部署下，新一轮

科技升级与产业变革正促使工业领域发生日新月异的变化。实施"中国制造 2025"，就要坚持创新驱动、智能转型、强化基础、绿色发展。目前中国制造业面临着严重的资源浪费问题，要不断增强制造业基础能力、促进制造业与信息技术深度融合、全面推行绿色制造等。

目前钢铁、化工等行业要全面推行生态化、绿色化流程制造工艺，集成产品生产、能源转换、废弃物再利用等多种功能，全面推广精密化、轻量化、绿色化等先进制造技术。工信部等部委先后于 2016 年 4 月印发了《绿色制造 2016 专项行动实施方案》，2016 年 6 月印发了《绿色制造工程实施指南（2016～2020）》，2017 年印发了《关于加快推进环保装备制造业发展的指导意见》。到 2020 年，要在每个重点领域支持一批具有示范引领作用的规范企业，培育十家百亿元规模的龙头企业，打造千家"专精特新"中小企业，形成若干个带动效应强、特色鲜明的产业集群，环保装备制造业产值将达到 10000 亿元。要积极发展绿色信贷、绿色债券、融资租赁等金融产品，加大对环保装备制造业的支持力度。鼓励社会资本按市场化原则设立产业基金，投资环保装备制造业。

目前，为贯彻落实《中国制造 2025》，按照《工业和信息化部办公厅关于开展绿色制造体系建设的通知》（工信厅节函〔2016〕586 号）、《关于请推荐第一批绿色制造体系建设示范名单的通知》的要求和工作程序，确定了 2017 年第一批绿色制造示范名单，其中，绿色工厂 201 家、绿色设计产品 193 种、绿色园区 24 家、绿色供应链管理示范企业 15 家。在不断加强对列入绿色制造示范名单有关单位及第三方评价机构的指导、监督、检查和管理的同时，充分发挥先进绿色典型的以点带面的示范作用，带动相关领域加快绿色制造体系建设。

一　样本数据选择和数据来源

为了更好地反映我国制造业上市公司履行环境责任的现状及其绿色发展的表现，研究制造业上市公司履行环境责任的意愿、行动和能力，本研究选择将"制造业上市公司"作为研究对象，从环境管理、污染减排、资源可持续利用、应对气候变化、生态环境保护5个维度共12个指标考察制造业上市公司的绿色发展能力。样本的选择按照证监会分类标准，从"Wind 资讯"数据库中选出全部制造业上市公司，共 1641 家，占到全部沪深上市公司样本总量的 58.5%。该样本实现了全覆盖，能够全面反映能源、材料、资本货物、技术硬件与设备、汽车与汽车零部件、医疗保健、日常消费等领域制造业上市公司的绿色发展能力成熟度表现。

本研究的信息来源主要有三个渠道，分别为"国泰安数据服务中心"中国上市公司研究系列数据库，"Wind 资讯"中国上市公司数据库，企业年度报告、社会责任报告和官方网站以及权威组织平台。

二 样本特征

2016 年，本研究涉及制造业上市公司共 1641 家，总资产的平均值为 89.36 亿元，资产负债率的平均值为 39%，营业收入的平均值为 60.01 亿元，市值的平均值为 125.64 亿元，净利润的平均值为 3.0 亿元。

表1 制造业上市公司样本基本特征分布

指标	均值	中值	众数	标准差	偏度
总资产	89.36	33.54	0.53	252.23	11.842
净资产	41.76	20.6	−0.29	100.05	11.878
资产负债率	0.39	0.37	0.02	0.20	0.523
营业收入	60.01	16.97	0.07	241.89	21.11
净利润	3.0	1.03	−57.34	12.90	13.09
市值	125.64	70.32	41.85	249.41	11.515
市盈率	163.09	48.82	56.69	3405.29	39.415
基本每股收益	0.30	0.21	0.05	0.55	8.26

指标	偏度的标准误	峰度	峰度的标准误	极小值	极大值
总资产	0.06	209.301	0.121	0.53	5906.98
净资产	0.06	211.689	0.121	−2.89	2350.96

指标	偏度的标准误	峰度	峰度的标准误	极小值	极大值
资产负债率	0.06	−0.138	0.121	0.02	1.16
营业收入	0.06	613.30	0.121	0.07	7675.42
净利润	0.06	261.101	0.121	−57.34	320.09
市值	0.06	195.512	0.121	18.56	5677.01
市盈率	0.06	1582.623	0.121	−11446.23	136719.63
基本每股收益	0.06	189.534	0.121	−2.8	13.31

注："总资产""净资产""营业收入""净利润""市值"的单位均为亿元；"基本每股收益"的单位为元。

三　研究发现

（一）研究发现1：制造业上市公司绿色发展能力严重不足，81%的企业得分低于30分

2016年，中国制造业上市公司绿色发展能力平均得分19.89分，整体处于无能级，略低于全部沪深上市公司的平均得分20.13分，略高于该行业2015年的平均得分18.65分。在1641家上市公司中，1335家企业的绿色发展能力成熟度平均得分低于30分，处于无能级，占比81.35%。98.29%的公司绿色发展能力成熟度没有达到60分；仅有1.58%的公司（26家）绿色发展能力成熟度平均得分高于60分，处于本能级；进入强能级或超能级的企业各为1家。

样本中最高得分为京东方A，为77.01分，排名前五名的企业如表2所示；最低得分为常山药业，为11.46分。这一方面是由于这些公司的环境指标和信息披露水平不足；另一方面反映了目前制造行业的环境表现欠佳。制造行业资源能源消耗大，长期以来的粗放式发展模式，导致生态环境影响突出。一些传统制造业上市公司有意进行环

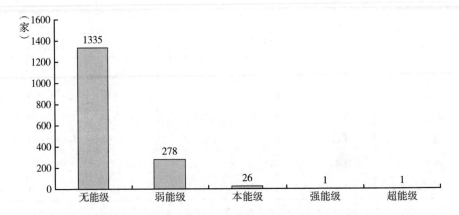

图1　2016年制造业上市公司绿色发展能力成熟度等级分布

保减排改造，但是创造的环境效益无法有效转化为相应的经济效益，因此往往会止步于环保"达标"而不求"更好"。迫切需要加快制造业转型升级，改变高投入、高消耗、高排放的传统发展模式，积极推进绿色制造。

表2　制造业上市公司的绿色发展能力成熟度前五名和后五名分布情况

前五名		后五名	
公司股票简称	综合得分	公司股票简称	综合得分
京东方A	77.01	＊ST海润	16.26
太钢不锈	69.55	龙源技术	16.19
上海石化	68.39	＊ST中富	15.65
中国铝业	67.34	石化机械	13.37
上汽集团	66.59	常山药业	11.46

从绿色发展能力成熟度的各指标得分来看，五大维度12个三级指标得分情况如下：最高的是环境管理维度，为38.03分，属于弱能级，最低的是应对气候变化维度，为8.47分；三级指标中得分最低的是生态恢复与治理，仅为3.60分，表明制造行业上市公司不仅绿色发展能力较弱，而且发展不平衡。

表3　2016年制造业上市公司绿色发展能力指标得分情况

一级指标	二级指标	二级指标平均得分	三级指标	三级指标平均得分
环境价值创造能力	环境管理	38.03	环境管理政策与体系	21.04
			环保投入	12.02
			环保负面信息(负向指标)	4.96
	污染减排	20.91	废水减排	7.95
			废气减排	6.96
			固体废弃物减排	6.00
	资源可持续利用	16.00	综合能耗管理	10.26
			水资源管理	5.74
	应对气候变化	8.47	应对气候变化措施	4.44
			温室气体排放管理	4.03
	生态环境保护	8.76	减少生态环境破坏	5.15
			生态恢复与治理	3.60

（二）研究发现2：制造业上市公司中民营企业绿色价值创造能力亟待提升，很多企业还是零基础

制造行业1641家上市公司中，民营企业有1052家，占比64.11%，数量庞大，但绿色价值创造能力成熟度平均得分只有15.73分，在各类企业中得分最低，略低于该类企业2015年的平均得分16.49分。其中，民营企业中绿色发展能力成熟度得分超过60分（本能级）的仅有17家，占到民营企业的1.61%，其余企业均没有达到60分，大部分企业得分都低于30分（包括160家企业得分为0）。这表明，制造业上市公司民营企业绿色发展能力亟待提升，很多企业还是零基础。

表4　制造行业上市公司绿色价值创造能力与企业性质分布

单位：家

指标	中央国有企业	地方国有企业	民营企业	外资企业	公众企业	集体企业	其他企业
企业数量	175	259	1052	58	68	14	15
得分	23.08	23.79	15.73	17.29	15.85	17.01	18.98

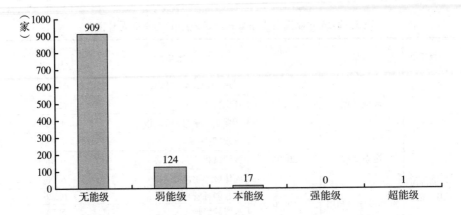

图2　2016年制造业上市公司民营企业绿色价值创造能力成熟度等级分布

表5　制造业上市公司中民营企业绿色发展能力排名前五名和后五名企业

前五名		后五名	
公司股票简称	综合得分	公司股票简称	综合得分
三维通信	91.23	东北电气	0.625
武汉凡谷	78.608	浩物股份	0.625
佐力药业	68.74	长生生物	0.625
恒宝股份	76.482	英威腾	1.25
欧菲光	72.233	中恒电气	1.25

（三）研究发现3：制造业上市公司在绿色价值创造中环境管理政策与体系建设得分最高，但仍有接近1/2的企业环境管理政策与体系缺失

2016年，制造业上市公司在"环境管理政策与体系"指标上的平均得分为21.04分，处于无能级，远低于该行业2015年的平均得分43.61分，但在12项指标中得分属最高。

然而，从得分分布来看，935家在"环境管理政策与体系"指标上的得分处于无能级，占比56.98%。处于弱能级的企业有706家，占比43.02%。这表明，制造业上市公司的环境管理政策与体系建设整体水平仍然较低，有

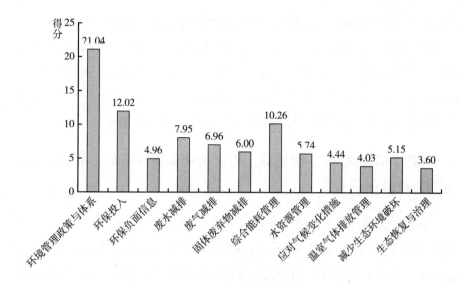

图3 制造业上市公司绿色价值创造能力各项指标得分

半数以上的企业缺乏较完善的环境管理政策与体系，甚至有约1/2的企业没有建立相关的环境管理政策，环境管理政策与体系得分为0。

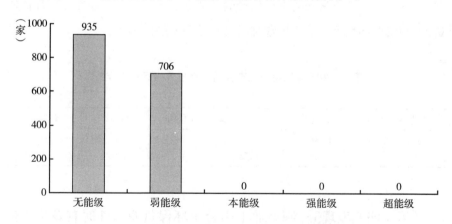

图4 制造业上市公司环境管理政策与体系指标得分

党的十九大报告提出，"加快建设制造强国，加快发展先进制造业"。落实这一要求，必须深入贯彻发展新理念，坚持质量第一、效益优先，以供给侧结构性改革为主线，大力实施"中国制造2025"，着力加快建设实体经济、科技创新、现代金融、人力资源协同发展的产业体系。但是目前制造业企业的环境管理水平整体较差，企业自身不够重视，导致其环保履责意识薄弱。因此，针对当前全面发展绿色制造的形势，制造业企业要建立健全绿色制造标准体系，按照产品全生命周期绿色管理要求，强化生产制造全过程控制和生产者责任延伸，引导各行业、大中小企业全面推行绿色制造。

（四）研究发现4：制造业上市公司环保投入不足，所有企业得分均低于60分

2016年，制造业上市公司环保投入平均得分为12.02分，整体处于无能级，远低于该行业2015年的平均得分20.05分。就得分分布来看，处于无能级的企业有1250家，占制造业上市公司的近76.17%。处于弱能级的企业有391家，平均得分为35.42分。所有企业得分均低于60分，没有一家企业达到本能级。这表明制造业上市公司对环境保护的重视程度普遍不够，一方面过分关注经济效益，而忽视了在发展经济的过程中因不恰当的利用能源资源而对环境带来的不可估量的破坏性影响；另一方面在绿色环保领域投入的资源不足等，最终导致难以满足绿色发展的需求。

表6　2016年制造业上市公司环保投入指标等级分布

单位：个

成熟度等级	无能级	弱能级	本能级	强能级	超能级
指标数量	1250	391	0	0	0
平均得分	4.7	35.42	0	0	0

（五）研究发现5：制造业上市公司环保负面事件时有发生，但相关负面信息披露严重缺乏

2016年，制造业上市公司中有一些企业出现了环保负面事件，这些事件主要表现为以下几类：废渣、废气、废水等排放物排放超标；排放物排放不当或者违背相关法律法规；由设备操作不当、突发情况引起的污染等。这

些事件基本都受到了相关环保部门的处罚，并在企业的年度报告或者社会责任报告中进行了负面信息披露，其中一些企业明确采取了相应整改措施。

表7　部分制造业上市公司环保负面事件披露

企业	环保负面事件	信息披露渠道
山东海化	报告期内纯碱厂排渣场护坡发生溃泄	2016年年报第14页
新安股份	中华环保联合会于2015年1月向东营市中级人民法院提起公益诉讼并已受理。山东省东营市中级人民法院2016年12月15日做出民事判决(〔2015〕东环保民初字1号)。判决公司及公司下属建德化工二厂、建德市宏安货运有限公司、李强、李兆福立即停止非法外运处置磷酸盐混合液的行为，并支付环境污染治理费用2274万元用于环境修复治理工作。对于一审判决结果公司已上诉，二审尚未开庭审理	2016年社会责任报告第11页
中国重汽	因环境污染被罚款150多万元	
建新股份	在2013年媒体报道了的河北建新化工股份有限公司沧县分公司所涉及的沧县小朱庄地下水污染事件发生后，当地政府及公司都给予了高度重视，因污染系当地曾存在的多家小型化工企业生产所造成的，属于历史遗留污染事件，责任方无法认定，在政府主导下，作为当地唯一在存的企业，本着负责任的态度，公司第一时间配合当地环保主管部门进行了相关的调查取证工作，并采取了一系列措施	

（六）研究发现6：制造业上市公司应对气候变化水平低下，得分仅为8.47分

过去十年，中国在经济增长的同时减少了41亿吨的二氧化碳排放。在"十二五"期间碳强度下降了21.8%的基础上，中国又提出"十三五"期间单位GDP二氧化碳排放下降18%的约束性目标。十九大报告提出，中国积极引导应对气候变化国际合作，成为全球生态文明建设的重要参与者、贡献者、引领者。

然而，2016年，制造业上市公司应对气候变化方面的能力在绿色发展

能力的五大维度中最弱，得分最低，平均得分仅为 8.47 分，与该行业 2015 年的平均得分持平。

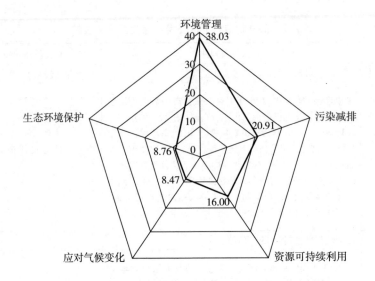

图 5 制造业上市公司绿色价值创造能力五大维度得分分布

从具体指标来看，温室气体排放管理指标的平均得分为 4.03 分。得分分布情况如下：处于无能级的企业有 1577 家，处于弱能级的企业有 64 家，没有一家企业得分高于 60 分，说明制造业上市公司疏于温室气体排放管理，很少采取措施，或者是措施不完备。

应对气候变化措施指标的平均得分为 4.44 分，表明目前制造业整体在应对气候变化上采取的措施很少。从得分分布来看，有 1577 家企业得分低于 30 分，处于无能级；有 64 家企业得分在 30~60 分，处于弱能级；没有一家企业得分超过 60 分。这表明绝大部分制造业上市公司对应对气候变化问题重视程度不够，较少采取措施应对气候变化问题，而且信息披露水平亟待提升。很多企业在应对气候变化上缺乏积极性，没有内生动力和外部约束。

B.7

"一带一路"主题上市公司社会责任能力成熟度评价分析

摘　要：　本文主要是对"一带一路"主题上市公司的样本进行了研究，系统分析了"一带一路"主题上市公司社会责任能力成熟度水平，研究发现，"一带一路"主题上市公司的成熟度水平高于沪深上市公司整体水平，较为注重顶层设计，但是社会责任推进管理能力、合规透明运营能力以及安全生产运营能力有待提高。

关键词：　"一带一路"　社会责任推进管理　合规透明运营

一　样本选择和信息收集说明

（一）评价研究背景

2013 年，习近平总书记站在人类历史发展的高度，为解决全球治理出现的"无序"和"碎片化"难题，提出了建设"一带一路"的宏大倡议，得到了 100 多个国家和国际组织的热烈响应，2017 年 5 月在北京举办的"一带一路"国际合作高峰论坛受到了国际社会的欢迎。

十九大报告指出，"要以'一带一路'建设为重点，坚持引进来和走出去并重，遵循共商共建共享原则，加强创新能力开放合作，形成陆海内外联动、东西双向互济的开放格局"。"一带一路"建设已经成为中国构建对外开放新格局的基本政策，已经成为习近平新时代中国特色社会主义思想的重

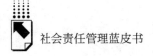
要组成部分，这充分反映出"一带一路"建设对于中国和世界发展相辅相成、相得益彰的双重意义。

企业是区域经济合作的重要力量，是"一带一路"建设的实施主体。"一带一路"倡议的实施，为中国企业"走出去"提供了难得的历史机遇。在中国资本市场，"一带一路"主题成为 A 股投资新热点，相关的概念股，如基础设施、交通运输、金融投资等板块的上市公司，受到了资本的追逐热捧；上海证券交易所与中证指数有限公司于 2015 年陆续发布上证"一带一路"主题指数、中证申万"一带一路"主题投资指数等指数产品，使投资者可以借助相关基金更加高效、便捷地参与"一带一路"建设；但是与此同时，也对企业的跨国经营提出了更高的要求。比如，企业要熟悉"一带一路"相关区域复杂的政治经济、投资环境、法律政策、社区关系等，配备稀缺的海外项目专业运营人才和公共关系人才，搭建"走出去"的配套政策和机制等。2017 年，是"一带一路"建设取得突破性进展的一年。商务部综合司巡视员宋立洪介绍，首届"一带一路"国际合作高峰论坛在北京的成功举办，为各方凝聚发展动力、推进务实合作、实现互利共赢提供了重要的平台。

（二）样本选择方法

从目前已经发布的"一带一路"主题指数来看，包括上证"一带一路"主题指数、中证申万"一带一路"主题投资指数和"Wind'一带一路'成分指数"成分股。基于样本数量更多、行业分布更具代表性的角度考虑，本研究选择了"Wind'一带一路'成分指数"成分股作为样本对象。

该指数包括 86 家上市公司，反映了石油化工、机械设备、建筑工程、交通运输等行业中业务范围覆盖"一带一路"相关区域的上市公司股票的整体表现。其社会责任能力成熟度在一定程度上能够反映我国业务领域在"一带一路"相关区域的上市公司的整体社会责任能力成熟度水平，以为将来更好地指导"一带一路"主题上市公司开展负责任运营提供依据。

（三）信息来源渠道

本研究的信息来源主要有三个渠道，分别为"国泰安数据服务中心"中国上市公司研究系列数据库，"Wind 资讯"中国上市公司数据库，企业年度报告、企业社会责任报告和企业官方网站以及权威组织平台。

"国泰安数据服务中心"中国上市公司研究系列数据库收录了我国上市公司近年来的所有可能涉及的基本数据信息。所以，在"国泰安数据服务中心"中国上市公司研究系列数据库方面，我们主要收集企业的基本信息，比如企业规模、企业所处行业、企业安全性信息、企业营利性信息、企业成长性信息以及企业公司治理信息等。"Wind 资讯"涵盖了中国上市公司研究方面的大量数据，因此本研究从该数据库中获取了 2016 年"一带一路"成分指数成分股上市公司的名单，并从"国泰安数据服务中心"收集对应的企业信息，最终构成完整的"一带一路"主题上市公司样本信息数据。

企业年度报告、企业社会责任报告和企业官方网站是企业自主披露社会责任信息的重要平台和载体，其中企业年度报告主要披露企业财务方面的信息，企业社会责任报告披露企业在社会责任领域的管理实践信息，企业官方网站则及时披露了大量的企业新闻和产品服务信息。所以，通过企业年度报告、企业社会责任报告和企业官方网站收集到的信息几乎可以覆盖企业所有的财务信息和非财务信息。

二 样本特征介绍

"Wind'一带一路'成分指数"包括 86 家上市公司。2016 年，"一带一路"主题上市公司总资产的平均值为 1331 亿元，营业收入的平均值为 720 亿元，市值的平均值为 993 亿元。从市值分布来看，37% 的公司（32家）市值低于 100 亿元，51% 的公司（44 家）市值为 100 亿~1000 亿元，有 10% 的公司（9 家）市值为 1000 亿~5000 亿元，仅有 1 家公司的市值超过 10000 亿元。

表 1 "一带一路"指数上市公司基本特征分布

指标	均值	中值	众数	标准差	偏度
总资产	1331	172.45	9.78	3591	4.394
净资产	489	72.61	6.73	1746	6.36
资产负债率	0.55	0.56	0.14	0.18	-0.3
营业收入	720	167	0.28	1902.2	6.158
净利润	73.44	14.46	-1.61	267.22	7.41
市值	993	428	1.25	1963	5.32
市盈率	32.58	26.75	-2514.46	183.84	-7.36
基本每股收益	0.7	0.52	0.14	1.01	6.864

指标	偏度的标准误	峰度	峰度的标准误	极小值	极大值
总资产	0.26	21.78	0.514	97.82	23970
净资产	0.26	43.72	0.514	6.73	13730
资产负债率	0.26	-0.536	0.514	0.14	0.86
营业收入	0.26	47.66	0.514	0.28	1930
净利润	0.26	61.69	0.514	-1.16	2782
市值	0.26	33.20	0514	125	17895
市盈率	0.26	137.11	0.514	-0.00	0.00
基本每股收益	0.26	80.34	0.514	-1.89	13.31

注："总资产""净资产""营业收入""净利润""市值"的单位均为亿元,"基本每股收益"的单位为元。

三 研究发现

(一)研究发现1:"一带一路"主题上市公司社会责任能力成熟度水平较2015年有所提升,但仍有待提高,超过90%的上市公司得分低于60分

2015年,中国"一带一路"主题上市公司社会责任能力成熟度平均得分为39.90分。与2015年相比,2016年中国"一带一路"主题上市公司社会责任能力成熟度水平有所提升,平均得分为41.54分,整体处于弱能级,比全部沪深上市公司平均得分(34.25分)高出7.29分。在86家公司中,

超过90%的公司（80家）社会责任能力成熟度水平低于60分，处于弱能级或无能级；仅6.98%的公司（6家）社会责任能力成熟度水平高于60分，处于本能级；没有一家公司进入强能级或超能级。样本公司中，社会责任能力成熟度得分最高的是中国石化，为74.72分；得分最低的是青海华鼎，为23.27分。

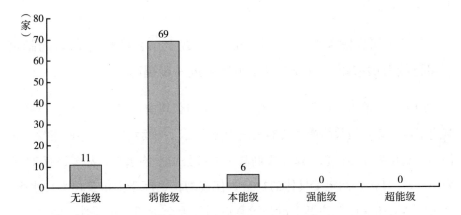

图1　2016年"一带一路"主题上市公司社会责任能力成熟度等级分布

表2　"一带一路"主题上市公司的社会责任能力成熟度得分前五名和后五名分布

前五名		后五名	
公司股票简称	综合得分	公司股票简称	综合得分
中国石化	74.72	中国船舶	25.56
中兴通讯	70.81	曲江文旅	25.05
中国交建	66.42	振华重工	24.98
中国石油	66.19	西安旅游	23.49
中国中车	63.88	青海华鼎	23.27

　　"一带一路"主题上市公司社会责任能力成熟度水平有待提升，意味着中国企业在"一带一路"建设过程中在负责任的投资、负责任的国际运营方面面临着很大的挑战。近年来，我国与"一带一路"沿线国家的投资合作稳步推进，尤其是基础设施工程项目快速落地。2017年前11个月，我国企业与"一带一路"沿线的61个国家新签对外承包工程合同额1135.2亿美

元，占同期总额的 54.1%，同比增长 13.1%；完成营业额 653.9 亿美元，占同期总额的 48.7%，同比增长 6.1%。然而，快速增长的对外投资和加速的国际化，并没有带来相应的高水平的社会责任能力。"一带一路"主题上市公司的社会责任能力成熟度有待进一步提高，这表明中国企业在参与"一带一路"的建设中，提高企业社会责任履责能力、加强企业社会责任管理、打造企业可持续竞争力将是重点之一。

（二）研究发现2："一带一路"主题上市公司超过80%的制定了可持续发展战略，但成熟度水平仍需进一步提高

2016 年，在 86 家"一带一路"主题上市公司中，有 72 家公司（84%）制定了可持续发展战略或在战略表述中融入了可持续发展、"三重底线"责任和利益相关方等理念，这一比例高于上市公司平均水平，甚至还有 24 家公司（27.91%）制定了具体的社会责任规划，也高于上市公司平均水平。这表明"一带一路"主题上市公司意识到了社会责任的重要性，同时也说明中资上市公司在"一带一路"建设中更为重视社会责任的顶层设计和信息披露，但是企业社会责任成熟度的提升不只是停留在可持续发展战略的层面，在推进层面可以进一步加大力度，这有利于促进内部管理水平的提升和外部沟通机制的完善。

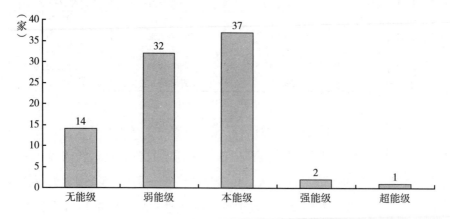

图 2　2016 年"一带一路"主题上市公司社会责任战略规划等级分布

（三）研究发现3："一带一路"主题上市公司社会责任推进管理能力成熟度水平高于沪深上市公司平均水平，但仍需进一步提升

2016年，86家"一带一路"主题上市公司社会责任推进管理能力，与沪深两市上市公司整体水平相比，已经有很大程度的进步。但是社会责任推进管理指标得分较低，与其他五个维度的差距十分明显，说明社会责任推进管理能力还有提升的空间。

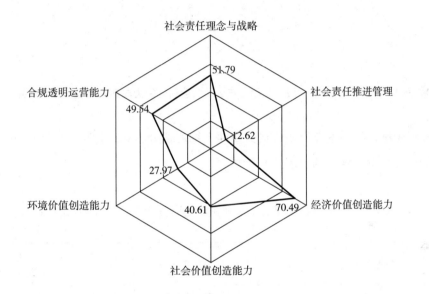

图3　2016年"一带一路"主题上市公司社会责任能力成熟度等级分布

在"一带一路"主题上市公司社会责任推进管理的二级指标方面，责任治理、能力建设、社会责任管理投入的得分分别为15.95分、9.83分和11.54分，处于"一带一路"上市公司社会责任能力成熟度所有二级指标得分的后三位。

在社会责任推进管理的三级指标方面，大部分上市公司都建立了社会责任组织机构，与2015年相比，得分为0的公司数量同比下降57%，但是有超过60%的上市公司在社会责任推进制度、社会责任专项培训、社会责

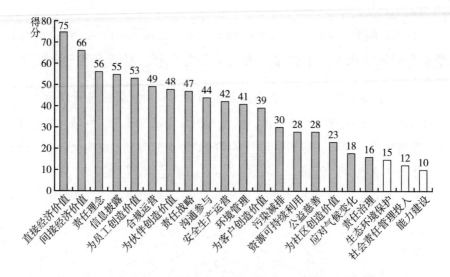

图4　2016年"一带一路"主题上市公司社会责任能力成熟度二级指标平均得分

知识管理、社会责任专职人员数量四个维度得分为0，说明大部分上市公司推进社会责任管理的深度还有待拓展。

表3　"一带一路"主题上市公司在社会责任推进管理三级指标上的表现

单位：家，%

一级指标	二级指标	三级指标	平均得分	得分为0的公司数量（占比）
社会责任推进管理	责任治理	社会责任组织机构	10.77	24（27）
		社会责任推进制度	5.17	52（60）
	能力建设	社会责任专项培训	2.44	61（70）
		社会责任外部交流	5.01	40（46）
		社会责任知识管理	2.37	68（79）
	社会责任管理投入	社会责任专项资金预算	7.35	40（46）
		社会责任专职人员数量	4.18	61（70）

综上，社会责任推进管理是"一带一路"上市公司提升社会责任能力的主要环节。在中国上市公司社会责任能力成熟度的六大维度中，社会责任知识管理指标得分最低，是社会责任成熟度能力建设中的短板。同时，

"一带一路"主题上市公司社会责任能力成熟度的整体得分为 41.54 分，而社会责任推进管理这个维度得分只有 12.62 分，很大程度上拉低了整体水平；并且，社会责任推进管理对其他五个维度的能力建设，也具有一定的影响。因此，"一带一路"主题上市公司仍需进一步加强社会责任推进管理。

加强社会责任推进管理，需要全面施策，从推进制度、专项培训、外部交流、知识管理、专项资金和专职人员等方面，多维度推进相关工作，促进管理水平提升。对"一带一路"主题上市公司而言，既要从集团角度统筹考虑，推进实施，又要在"一带一路"相关区域，加强社会责任推进管理，得到利益相关方的理解和认同，加强海外运营与各利益相关方关系管理，提升社会责任能力成熟度水平。

（四）研究发现4："一带一路"主题上市公司社会责任合规透明运营能力成熟度水平较高，高出全部沪深上市公司平均水平超过14%

"一带一路"建设行稳致远，企业廉洁合规经营是重要保障。和全部沪深两市上市公司相比，"一带一路"主题上市公司社会责任合规透明运营能力高于全部沪深上市公司平均水平，主要原因是：东道国在引进投资的过程中，在准入政策和资格审查方面，非常强调合规透明的审查，即公司对社会负责任的经营行为必须具备"合规性"和"透明度"，符合国际标准指南和行为规范，符合东道国法律政策和行政规定，公开自身决策和活动对经济、环境、社会的影响，及时准确地与利益相关方沟通交流。

2016 年，86 家"一带一路"主题上市公司合规透明运营能力较强，得分为49.54 分，高于全部沪深上市公司平均水平（43.20 分）。这很大程度上是由于这些公司在合规透明运营方面的表现较好，有 4 家公司处于强能级，说明上市公司在合规透明运营方面也在不断加强。

在合规透明运营能力的二级指标方面，合规运营、信息披露、沟通参与3 个二级指标，"一带一路"主题上市公司得分分别为 49 分、55 分、44 分，分别列"一带一路"主题上市公司社会责任能力成熟度指标中所有二级指标得分的第6、第4、第9位。

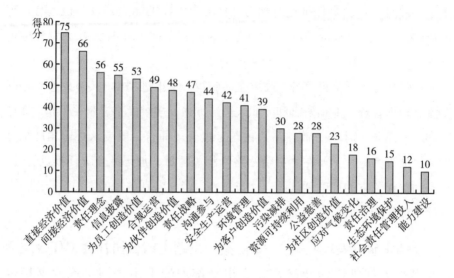

图5 2016年"一带一路"主题上市公司社会责任能力成熟度二级指标平均得分

综上,"一带一路"主题上市公司相对全部沪深上市公司而言,更加重视跨国经营中的合规透明,坚持奉行守法合规、诚信透明经营,出现了4家强能级公司,且大部分主题上市公司在发布财务报告的合规性、股东关系管理的有效性、信息披露机制的完备性和信息披露渠道的多元化方面表现较好,所以其社会责任能力成熟度的整体水平更高。

但是,"一带一路"主题上市公司在合规培训、官网社会责任信息发布数量和组织举办的重大公开活动方面存在不足,这也说明在合规透明运营维度上存在短板。

中国政府高度重视合规管理体系建设,要求企业在国际化经营中牢固树立规则意识,遵守所在国法律法规。央企要在现有基础上,继续做合规管理的开拓者。"一带一路"主题上市公司在海外形象塑造和文化软实力建设方面的重视程度不够和投入不足,仍然局限于输出产品、资本和技术,在话语体系、价值理念的传播方面存在明显不足,没有积极主动地进行官网社会责任信息披露，没有及时有效地运用运营所在地的非政府组织和新闻媒体等第三方力量，缺乏公开的重大社会责任主题活动，较少与当地政府、客户、供应商、社区居民、环保组织和媒体等利益相关方进行交流，从而使中资上市公司的海外发展无法占据道德高点，而只是"不善言辞"的商人形象。未来"一带一路"主题上市公司若要提高合规运营能力，需在合规运营、信息披露和沟通参与的各个环节进行全面改进，提升自身能力。积极借鉴国际经验，建立符合中国企业实际和适应国际规则的合规管理体系，让合规文化深入人心。

（五）研究发现5："一带一路"主题上市公司环境价值创造能力成熟度水平有待提升，超过90％的上市公司得分低于60分

生态环保合作是绿色"一带一路"建设的根本，要求中国企业高度重视绿色"一带一路"建设。习近平主席多次强调，要践行绿色发展理念，着力深化环保合作，加大生态环境保护力度，携手打造绿色丝绸之路。《愿景与行动》指出，在投资贸易中突出生态文明理念，加强在生态环境、生物多样性和应对气候变化方面的合作。推进生态环保合作是践行生态文明和绿色发展理念、提升"一带一路"建设绿色化水平、推动实现可持续发展和共同繁荣的根本要求。

2016年，86家"一带一路"主题上市公司环境价值创造能力较弱，平均得分为27.97分，在社会责任能力成熟度六大维度中只是高于社会责任推进管理维度（12.62分），也仅仅略高于全部沪深上市公司平均水平（20.12分）。其中，多达81家公司（94.2％）得分不足60分，处于无能级或弱能级，其中有6家公司得分为0；只有5家公司（5.8％）得分高于60分。

在环境价值创造能力的二级指标方面，"一带一路"主题上市公司环境管理、污染减排、资源可持续利用、应对气候变化、生态环境保护5个二级指标的得分分别为40分、30分、28分、18分和15分，分列中国上市公司社会责任能力成熟度所有二级指标得分的倒数第13、第6、第7、第4、第5位，除了环境管理处于弱能级外，其余二级指标全部处于无能级。

171

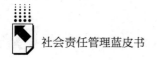

表4 "一带一路"主题上市公司在环境价值创造能力三级指标上的表现

单位：家，%

一级指标	二级指标	三级指标	平均得分	得分为0的公司数量（占比）
环境价值创造能力	环境管理	环境管理政策与体系	24.97	6（7）
		环保投入	12.77	32（37）
		环保负面信息	2.99	61（70）
	污染减排	废水减排	10.08	25（29）
		废气减排	11.21	30（34）
		固体废弃物减排	9.38	23（26）
	资源可持续利用	综合能耗管理	19.24	24（27）
		水资源管理	9.22	24（27）
	应对气候变化	应对气候变化措施	8.52	28（32）
		温室气体排放管理	9.92	29（33）
	生态环境保护	减少生态环境破坏	7.90	53（61）
		生态恢复与治理	7.22	61（70）

在环境价值创造能力的三级指标方面，所有指标得分均低于30分，处于无能级。综上，"一带一路"主题上市公司环境价值创造能力较弱，绝大多数公司在环境管理、污染减排、资源可持续利用、应对气候变化、生态环境保护方面表现不佳，缺乏健全的管理体系与持续的绩效评估。"一带一路"沿线国家主要集中在采矿、建筑、基础设施建设、交通运输等领域，环境敏感度高，国际社会关注度高，项目的生态环境风险容易引发项目建设运营的经济和社会风险。因此，中资上市公司在"一带一路"区域运营时，需要针对东道国和国际社会关注的应对气候变化、水资源利用、生物多样性保护、生态环境保护等重点环境议题，在环境保护的理念政策、制度机制、管理举措、绩效评估和信息披露方面，提升重视程度，加强资源配置，提升环境价值创造能力。开展生态环保合作有利于促进沿线国家生态环境保护能力建设，推动沿线国家跨越传统发展路径，处理好经济发展和环境保护的关系，最大限度减少生态环境影响，实现区域经济绿色转型。

（六）研究发现6："一带一路"主题上市公司安全生产运营能力整体较低

"一带一路"主题上市公司的安全生产运营是推动"一带一路"建设的保障，2016年，86家"一带一路"主题上市公司安全生产运营较弱，得分为42分，虽然高于全部沪深上市公司平均水平，但大部分上市公司得分较低，且在社会责任能力成熟度所有二级指标中列第10名。这一方面可能是由于这些公司在安全生产运营方面的信息披露较为充分，另一方面在很大程度上反映了这些公司在安全生产运营方面的整体表现欠佳。

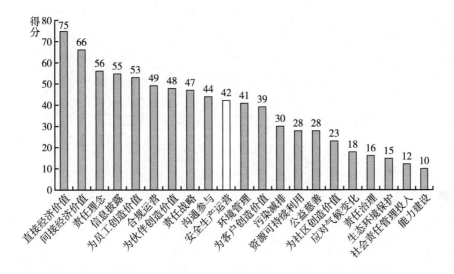

图6　2016年"一带一路"主题上市公司社会责任能力成熟度二级指标平均得分

综上，"一带一路"主题上市公司对安全管理的重视程度和投入力度明显不足。究其原因：一是"走出去"时间不长，面临的也多是风险大、利润低的艰难地区，特别在海外投资运营方面还缺乏经验；二是对东道国的营商环境，如政治、经济、文化、宗教等因素缺乏全面的调查，对安全风险的评估不够充分；三是自身安全生产运营能力不足。这些均与跨国经营对安全生产等责任议题有着更高的监管要求和更多的社会关注是相违背的，这也是

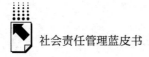

中资上市公司在"一带一路"相关区域开展业务运营时必须要加以重视的领域。虽然该主题上市公司集中在基础设施建设、交通运输、资源开发等安全敏感度更高的领域，但环境安全是一种非传统的新型安全，只有了解和掌握社会责任的国际语言和通行做法，建立健全安全管理体系，加大安全管理投入，强化安全风险意识和能力，才能在"一带一路"区域更为复杂的营商环境中顺利推动企业的发展，在挑战中求得企业发展的机遇。

指数比较报告

B.8

不同股票价格指数的社会责任能力建设比较

摘　要：　本文研究了沪深300、上证180、深证100、中证100、创业
　　　　　板综、中小板综共六个指数上市公司的社会责任能力成熟度。
　　　　　在六个指数中，中证100上市公司的社会责任能力成熟度平
　　　　　均分最高，创业板综上市公司得分最低。不同股票价值指数
　　　　　上市公司的社会责任能力建设水平存在差异，与其成分股样
　　　　　本特征关系密切。

关键词：　沪深300　上证180　深证100　中证100　中小板综　创业板综

随着我国资本市场的发展，沪深两市形成了丰富的股票价值指数，为投资者预测股票市场动向、检验投资效果提供了参考，也为政府、媒体、企业家、社会公众等不同群体观测社会经济发展方向提供了参考指标。

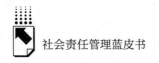
一 不同股票价格指数上市公司
社会责任能力成熟度总体比较

（一）样本选择

截至目前，我国大陆地区资本市场的股票价格指数以中证指数有限公司和沪深两个证券交易所进行编制发布的指数为代表。中证指数有限公司发布的指数主要包括沪深300指数和中证规模指数（如中证100、中证200、中证500），沪深两个证券交易所发布的指数类型主要有样本类指数（如上证50、深证100）和综合类指数（如上证综合指数、深证综合指数）。除此之外，市场上还可以看到由其他机构编制的股票价值指数，比如央视50指数、腾安100指数等。

从样本选择的多样性、代表性以及评价分析的可行性出发，本研究从众多指数中选取了沪深300、上证180、深证100、中证100、创业板综、中小板综共6个指数进行比较分析。

（二）结果比较

通过对不同指数上市公司社会责任能力成熟度进行评价分析，得出的结果如表1所示。在六个指数中，中证100上市公司的社会能力成熟度平均得分最高，深证100和沪深300上市公司得分次之，创业板综上市公司得分最低。

表1 不同指数上市公司社会责任能力成熟度得分

指数名称	社会责任理念与战略	社会责任推进管理	经济价值创造能力	社会价值创造能力	环境价值创造能力	合规透明运营能力	综合得分
沪深300	43.01	16.15	75.42	45.41	29.80	53.46	43.84
上证180	42.40	18.39	76.36	45.58	28.44	50.41	43.63
深证100	41.08	13.01	74.23	46.95	33.20	58.75	44.64
中证100	46.86	25.70	78.77	51.62	33.91	56.72	49.10
创业板综	28.30	2.48	68.16	27.44	11.26	39.09	29.37
中小板综	33.54	3.68	68.22	35.79	22.38	44.74	34.53

二 沪深300上市公司社会责任能力成熟度评价分析

（一）基本特征分布

本研究选择样本的时间截至 2016 年 12 月 31 日，有效样本数为 296 家。

沪深 300 是沪深证券交易所联合发布的反映 A 股市场整体走势的指数，样本覆盖了沪深市场六成左右的市值，具有良好的市场代表性。同时，指数样本覆盖了银行、钢铁、石油、电力、煤炭、水泥、家电、机械、纺织、食品、酿酒、化纤、有色金属、交通运输、电子器件、商业百货、生物制药、酒店旅游、房地产等主要行业的龙头企业。因此，沪深 300 上市公司的社会责任能力成熟度表现在一定程度上能够反映我国上市公司整体的社会责任能力成熟度水平。

表 2　2016 年沪深 300 上市公司基本特征分布

指标	均值	中值	众数	标准差	偏度
总资产	5919	438.72	14.91	25859	6.94
净资产	726	185	9.93	21.65	6.143
资产负债率	0.55	0.6	0.046	0.22	−0.264
营业收入	720.72	167.31	0.28	1902	6.158
净利润	73.44	155.32	−161	267.22	7.409
市值	993.35	114.09	125.56	1963	5.32
市盈率	32.58	26.75	−2581.63	283.12	−7.36
基本每股收益	0.7	0.52	0.14	1.01	6.86
指标	偏度的标准误	峰度	峰度的标准误	极小值	极大值
总资产	0.142	52.13	0.282	14.91	241372
净资产	0.142	41.63	0.282	9.93	198116
资产负债率	0.142	−0.805	0.282	0.046	0.94
营业收入	0.142	47.66	0.282	0.285	19309
净利润	0.142	61.69	0.282	−161	2782
市值	0.142	33.32	0.282	125.56	17895
市盈率	0.142	137.113	0.282	0.00	1435.05
基本每股收益	0.142	80.34	0.282	−1.89	13.31

注："总资产""净资产""营业收入""市值"的单位均为亿元，"基本每股收益"的单位为元。

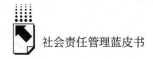

（二）研究发现1：与2015年相比，沪深300上市公司社会责任能力成熟度水平有所提高，但仍需进一步提升

2016年沪深300上市公司社会责任能力成熟度平均得分43.84分，整体仍处于弱能级。其中，有31家公司得分低于30分，有232家公司得分处于30~60分，有33家公司得分高于60分，没有一家公司的得分超过80分。得分最高的三家公司分别是京东方A、中国石化、中国神华，得分最低的两家公司分别是信威集团、金证股份。

与2015年相比，沪深300上市公司的社会责任能力成熟度得分保持稳定。一方面，这得益于外部履责环境的激励。2016年，社会责任系列国家标准发布，联合国"2030可持续发展议程"获得通过，宏观环境的变化对增强企业的责任意识产生了积极的推动作用。另一方面，从趋势来看，随着上市公司规模的增长，企业的文化、理念趋于成熟，治理机制不断完善，企业创造综合价值的能力相应提高。

（三）研究发现2：社会责任推进管理体系建设仍然滞后，仅17.6%的公司建立了社会责任推进制度

尽管与上市公司平均水平相比，沪深300上市公司的社会责任能力成熟度得分较高，但是其社会责任推进管理体系仍不完善，社会责任规划、社会责任能力建设、社会责任工作专项投入等都有待加强。

在社会责任能力成熟度六大维度中，社会责任推进管理维度得分最低，仅16.15分，79%的公司（233家）在该维度的得分低于30分。有56家上市公司在该维度得分处于弱能级，仅有6家上市公司在该维度得分高于60分，处于本能级，没有任何一家上市公司处于强能级或超能级。社会责任推进管理能力的不足主要体现在社会责任组织机构不完备、社会责任能力建设欠缺、社会责任工作专项投入不足。统计显示，沪深300上市公司中，仅8%的上市公司在社会责任推进制度方面得分超过30分，超过60%的上市公司没有开展专项的社会责任培训。

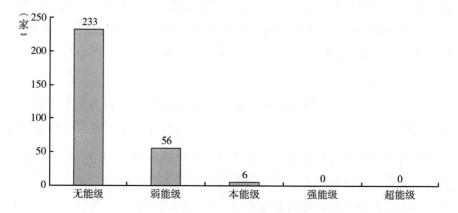

图1　沪深300上市公司社会责任推进管理维度得分分布

（四）研究发现3：环境价值创造能力偏弱，90%以上的公司得分低于60分

数据显示，2016 年沪深 300 上市公司环境价值创造能力平均得分为 29.8 分，处于无能级，九成以上的公司（274 家）在该维度得分低于 60 分。很显然，与较高的经济价值创造能力相比，沪深 300 上市公司对环境的管理能力明显偏弱。环境价值创造能力可以从两个方面来看，一是消减自身运营对环境造成的负面影响，如"三废"减排、能耗管理等；二是主动参与解决公共环境问题，如应对气候变化、生态环境保护等。

统计发现，沪深 300 上市公司的环境管理指标平均得分为 40.76 分，污染减排指标平均得分为 33.44 分，资源循环利用指标平均得分为 36.41 分，应对气候变化指标平均得分为 16.88 分，生态环境保护指标平均得分为 15.14 分。

（五）研究发现4：社会价值创造能力大幅提升，合规透明运营能力有所提高

与 2015 年相比，2016 年沪深 300 上市公司社会责任能力成熟度的六大

维度得分都有不同程度的提升。社会价值创造能力的大幅提升主要是因为沪深 300 上市公司在伙伴关系管理和员工关怀方面有了长足的进步。2016 年，沪深 300 上市公司为伙伴创造价值和为员工创造价值两个指标得分分别为 51.29 分和 57.27 分。

在社会责任能力成熟度六大维度中，合规透明运营能力维度的得分仅次于经济价值创造能力维度。因为政策监管和投资人的诉求，上市公司普遍重视合规管理和信息披露。该维度得分提升幅度较小的原因在于，很多上市公司在原有对财务信息披露和投资者沟通参与机制的基础上，没有在非财务信息披露和社会化沟通方面进行更深入的尝试。比如，信息披露机制指标得分为 13.31 分，发布财务报告指标得分为 17.77 分，但官网社会责任信息发布数量和组织举办的重大公开活动的得分仅分别为 6.46 分和 22.57 分。

（六）研究发现5：社区关系管理能力不足，缺乏系统、长远的社区发展政策

社区是企业的重要利益相关方，处理社区关系、促进社区发展是企业社会价值创造能力的重要体现。统计发现，与处理客户、供应商、员工等利益相关者的关系相比，沪深 300 上市公司普遍在处理社区关系中表现出能力不足。

在体现上市公司社会价值创造能力的二级指标中，为员工创造价值指标得分最高，为伙伴创造价值得分次之，其后是为客户创造价值、公益慈善、安全生产运营，得分最低的是为社区创造价值。这说明，企业在进行利益相关方管理时，虽然抓住了核心利益相关方（员工、伙伴、客户），但是没有在其他方面进行拓展，疏于对社区的关注和对公益、安全生产的强化管理。

缺乏系统、长远的社区发展政策。社区价值创造能力较弱主要表现在大多数上市公司缺乏系统、长远的社区发展政策，开展社区活动的随意性较强，没有形成专门的社区关系管理制度。

三　上证180指数上市公司社会责任
能力成熟度评价分析

（一）基本特征分布

本研究的样本时间截至 2016 年 12 月 31 日，总计 178 家上市公司。上证 180 由上海证券交易所于 2002 年发布，是上证指数系列中的核心指数，综合反映了上海证券交易市场的概貌和运行情况。2016 年，上证 180 上市公司平均总资产为 9266 亿元，营业收入平均值为 1062 亿元，平均市值为 1277 亿元。

表3　上证180上市公司基本特征分布

指标	均值	中值	众数	标准差	偏度
总资产	9266	639.11	23.65	32971	5.32
净资产	1062	234.5	17.07	2742	4.71
资产负债率	0.6	0.6	0.1	0.21	-0.38
营业收入	1062	223	1.93	2545	5.045
净利润	108.3	183.9	-99.06	339.93	5.754
市值	1277	486.4	81.59	2466	4.167
市盈率	21.71	22.59	-2514.46	203.70	-10.936
基本每股收益	0.72	0.54	0.14	1.142	7.82

指标	偏度的标准误	峰度	峰度的标准误	极小值	极大值
总资产	0.182	30.13	0.363	23.65	24137
净资产	0.182	23.96	0.363	17.07	19811
资产负债率	0.182	-0.74	0.363	0.101	0.94
营业收入	0.182	31.44	0.363	1.93	20993
净利润	0.182	36.48	0.363	99.06	27825
市值	0.182	19.59	0.363	81.59	17895
市盈率	0.182	139.83	0.363	-2514.46	560.13
基本每股收益	0.182	84.35	0.363	-1.89	13.31

注："总资产""净资产""营业收入""市值"的单位均为亿元，"基本每股收益"的单位为元。

（二）研究发现1：上证180上市公司社会责任能力成熟度水平较低，只有10%的企业得分高于60分

2016年上证180上市公司社会责任能力成熟度平均得分43.64分，高于沪深两市上市公司平均水平，但整体仍然偏低。在178家样本公司中，得分高于60分的公司共20家，占比仅有11%。得分最高的三家公司分别是中国石化、中国神华、中国联通，得分最低的三家公司分别是金证股份、信威集团、恒生电子。

表4　2016年上证180上市公司社会责任能力成熟度等级分布

单位：家

成熟度等级	无能级	弱能级	本能级	强能级	超能级
企业数量	18	140	20	0	0

表5　2016年上证180上市公司社会责任能力成熟度得分前五名和后五名

前五名		后五名	
公司股票简称	成熟度得分	公司股票简称	成熟度得分
中国石化	74.72	同方股份	22.41
中国神华	74.40	保千里	21.63
中国联通	71.28	恒生电子	19.78
农业银行	68.58	信威集团	19.43
上海石化	68.39	金证股份	18.61

上证180上市公司的社会责任能力成熟度得分（43.64分）高于沪深两市上市公司社会责任能力成熟度平均水平（34.25分），原因在于：第一，上证180指数涵盖的上市公司普遍规模大、流动性好、行业代表性强，即能力越大，责任就越大。第二，国有企业在上证180上市公司中占比超过60%，其中一半以上又是中央企业，这些企业的社会责任实践起步较早，相比于其他类型的企业处于领先地位。第三，从地域分布来看，上证180上市公司集中分布在北京、上海、广东，这三个地区的企业社会责任理念萌芽较早。

尽管如此，上证 180 上市公司的社会责任能力成熟度平均水平仍然偏低，未能达到本能级。从成熟度包含的六个维度来看，社会责任推进管理仍然是上证 180 上市公司所有维度中表现最差的，平均得分仅 18.39 分，远低于其他维度的得分。

（三）研究发现2：社会责任推进管理是提升上市公司成熟度的主要途径，近半数公司尚未建立推进管理体系

统计显示，上证 180 上市公司社会责任推进管理维度平均得分 18.39 分，严重偏低。从得分分布来看，相比 2015 年，有 17 家公司得分超过 60 分，说明 2016 年企业在推进社会责任管理方面有较大的进步，但是其余公司得分均在 60 分以下，其中又有近半数公司（52 家）得分为 0。这表明上证 180 上市公司普遍没有建立社会责任推进管理体系，对开展社会责任工作缺乏系统的规划和组织保障，多数公司的社会责任工作仍然以发布社会责任报告为主要形式。

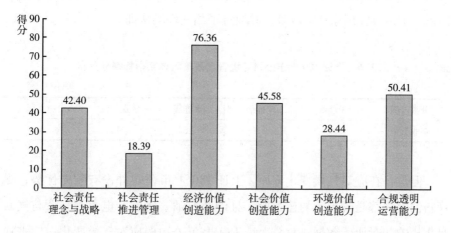

图2　2016 年上证 180 上市公司社会责任能力成熟度六大维度得分

社会责任推进管理体系是企业落实社会责任理念、开展社会责任工作的保障。但多数企业并没有认识到这一点。从理念来看，很多企业仍然认为：企业正常经营各项业务，为股东创造价值、为消费者提供产品和服务就是在

履行社会责任。所以，无须设置专门的社会责任制度和职能部门。从实际操作来看，大多数企业没有专业的人才队伍来推进相应的工作。另外，开展社会责任管理体系建设，需要企业从制度、资源等各方面给予支持，基于成本考虑，在经济状况不好的情况下，多数企业会优先选择缩减社会责任工作的预算。

（四）研究发现3：环境管理政策与体系相对健全，应对气候变化的举措不足

环境管理政策与体系包括了企业开展环境管理所需的政策文件、组织机构、惯例、程序等，也包括了企业的环境方针、目标和指标等内容。按照成熟度的赋分规则，25 分界定了一家企业是否设立了环境管理政策与体系，并且采取了系列措施落实国家环保政策。统计显示，在 2016 年上证 180 上市公司中，55.6% 的公司（99 家）"环境管理政策与体系"指标得分超过30 分。这表明，上证 180 上市公司普遍建立了相对完善的环境管理政策与体系，承诺遵守国家环保政策，并通过了相关环境认证。

表6　上证180上市公司环境管理政策与体系指标得分分布

单位：家

分数区间	无能级	弱能级	本能级	强能级	超能级
企业数量	79	67	16	11	5

但是，在应对气候变化方面，上证 180 上市公司并没有领先优势，尽管它们大多都是规模大的蓝筹股，且涉及石油、钢铁、电力等多个与气候变化相关的行业。数据显示，上证 180 上市公司的应对气候变化指标平均得分 16.44 分，在环境价值创造能力所有二级指标中得分最低，其主要原因是：企业缺乏对气候变化问题的深刻认识，并没有意识到气候问题与企业生产运营息息相关。参与解决重大公共环境问题的主观能动性不足。应对气候变化举措涉及改善生产工艺，开展清洁生产，有效管理温室气体排

放，包括排放监测、数据收集核算等，企业在这一方面的能力建设普遍不足。

四 深证100上市公司社会责任能力成熟度评价

（一）基本特征分布

本研究的样本为截至 2016 年 12 月 31 日入选深证 100 且上市时间在 2016 年之前的公司，总计 90 家。深证 100 由深圳证券交易所下属的深圳证券信息公司编制和维护，是以深圳市场全部正常交易的股票（包括中小企业板）为选样范围，选取 100 只 A 股为样本编制而成。深证 100 成分股代表了深证 A 股市场的核心优质资产，是描述深市多层次市场的核心指数。

表7　2016 年深证 100 上市公司基本特征分布

指标	均值	中值	众数	标准差	偏度
总资产	1066.61	240.10	14.91	3332.84	7.420
净资产	241.05	119.89	8.27	315.04	3.313
资产负债率	0.51	0.52	0.05	0.21	-0.167
营业收入	288.59	104.04	1.99	437.34	2.554
净利润	26.95	11.41	-23.57	42.96	2.792
市值	618.89	404.74	79.87	582.56	2.124
市盈率	53.55	32.97	-435.83	163.28	6.646
基本每股收益	0.74	0.49	0.15	0.79	1.640

指标	偏度的标准误	峰度	峰度的标准误	极小值	极大值
总资产	0.254	61.511	0.503	14.91	29534.34
净资产	0.254	14.252	0.503	8.27	2021.71
资产负债率	0.254	-0.808	0.503	0.05	0.94
营业收入	0.254	7.556	0.503	1.99	2444.55
净利润	0.254	8.671	0.503	-23.57	225.99
市值	0.254	4.575	0.503	79.87	2788.04
市盈率	0.254	59.560	0.503	-435.83	1435.05
基本每股收益	0.254	2.762	0.503	-0.57	3.87

注："总资产""净资产""营业收入""市值"的单位均为亿元，"基本每股收益"的单位为元。

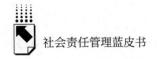

（二）研究发现1：深证100上市公司社会责任能力成熟度亟待提高，只有11%的企业得分超过60分

2016年，深证100上市公司社会责任能力成熟度平均得分44.64分，高于2015年的平均得分41.48分，整体处于弱能级。从得分分布来看，在90家样本中，有7家公司得分低于30分，有73家公司得分处于30~60分，有10家公司得分超过60分，没有一家公司达到强能级或超能级。

表8 2016年深证100上市公司社会责任能力成熟度等级分布

单位：家

成熟度等级	无能级	弱能级	本能级	强能级	超能级
公司数量	7	73	10	0	0

深证100上市公司代表了深证股票交易市场的优质资产，无论从总资产和净资产还是营业收入和市值等指标来看，深证100上市公司的平均值都高于整个深圳A股市场的平均水平，也高于沪深两市上市公司的平均水平，但是其社会责任能力成熟度整体水平仍然较低，其中的原因可能是：第一，从企业性质来看，深证100上市公司中民营企业数量最多（40家），占比44.44%。民营企业的社会责任能力建设水平相对较低。第二，相比中证100、上证180等，深证100所涵盖的上市公司以信息技术、金融服务等轻资产型企业为主，这些行业企业大多规模小、上市时间短，其社会责任建设

表9 2016年深证100上市公司社会责任能力成熟度前五名和后五名企业

前五名		后五名	
公司股票简称	成熟度得分	公司股票简称	成熟度得分
京东方A	77.01	网宿科技	27.34
中兴通讯	70.81	暴风集团	26.81
万科A	66.55	掌趣科技	26.69
平安银行	64.85	昆仑万维	26.28
中环股份	63.73	银之杰	22.47

处在起步阶段。第三，深圳证券交易所对上市公司履行社会责任的推动力度不够。交易所自 2006 年发布上市公司社会责任指引后，再无新的政策出台。

（三）研究发现2：深证100上市公司社会责任推进管理严重不足，社会责任专项培训及专职人员数量亟待提高

与沪深两市上市公司平均水平相比，深证 100 上市公司在社会责任理念与战略、社会责任推进管理、经济价值创造能力、环境价值创造能力及合规透明运营能力方面的综合表现均高于沪深两市上市公司平均水平。

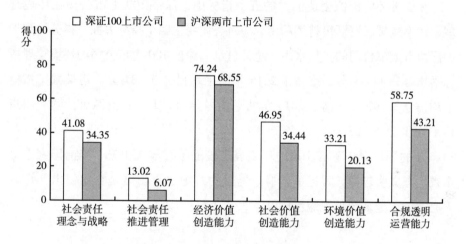

图3　2016 年深证 100 上市公司社会责任能力成熟度六大维度得分

但是，从深证 100 上市公司各维度表现来看，社会责任推进管理能力仍是短板。统计显示，2016 年深证 100 上市公司社会责任推进管理维度平均得分 13.02 分，高于 2015 年的平均得分 9.38 分，但是六个维度中得分唯一低于 20 分的，与其他五个维度的差距很明显。上市公司普遍表现出"经济价值创造能力突出、社会责任推进管理不足"的特点，可见，创造经济价值是企业首要考虑的方面，社会责任仍停留在理念认识层面，缺乏切实有效的制度建设和管理推进，其中的原因在于：第一，上市公司普遍

优先考虑股东回报，当社会责任管理作为一项成本投入并在短期内无法获得收益时，企业可能缺乏推进实施的动力。第二，企业针对如何系统开展社会责任工作、建立必要的保障体系，缺少研究和专业的管理人才队伍。第三，社会责任理论研究和管理实践仍然没有成为学界和商界的主流，企业对社会责任的认知仍然比较浅薄。第四，资本市场对社会责任建设表现优秀的企业缺少激励。

（四）研究发现3：深证100上市公司的环境表现优于沪深两市上市公司的平均水平，但是仍需不断提升

在衡量环境价值创造能力的五个指标中，深证100上市公司在环境管理、污染减排、资源可持续利用、应对气候变化四个指标方面，得分均高于沪深两市上市公司的平均水平。统计显示，深证100上市公司的环境管理指标平均得分44.91分，略高于2015年的平均得分39.31分；污染减排指标平均得分36.90分，高于2015年的平均得分25.01分；资源可持续利用指标平均得分43.33分，远高于2015年的平均得分28.10分。整体来看，2016年的深证100上市公司的环境表现较上年有较大提升，当前国家十分重视生态文明建设，习近平总书记提出的"绿水青山就是金山银山"深入人心，企业越来越重视绿色环保。

表10　2016年部分股票价格指数的环境表现

环境指标	环境管理	污染减排	资源可持续利用	应对气候变化	生态环境保护
深证100	44.91	36.90	43.33	20.27	12.52
沪深两市	34.93	20.54	19.83	9.73	9.17

深证100上市公司部分环境指标得分高于其他股票价格指数的原因可能与样本所属行业有关。从上市公司所属的行业来看，深证100上市公司所属行业以金融、信息技术、媒体、公用事业等居多，常见的"三废"问题在这些行业并不突出，行业的减排压力不大。

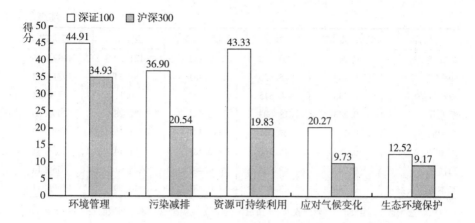

图 4   2016 年深证 100 上市公司环境价值创造能力五大维度得分

五 中证100上市公司社会责任能力成熟度评价

（一）基本特征分布

本研究的样本为截至 2016 年 12 月 31 日，入选中证 100 指数且上市时间在 2016 年之前的所有公司，总计 99 家。中证 100 由中证指数有限公司于 2006 年 5 月 29 日正式发布，指数样本是从沪深 300 成分股中选取的规模最大的 100 只股票，旨在综合反映沪深证券市场中最具影响力的公司的整体状况。

表 11   2016 年中证 100 上市公司基本特征分布

指标	均值	中值	众数	标准差	偏度
总资产	14556	2032.91	121.29	38125.5	4.319
净资产	1698.19	663.08	81.54	3183.76	3.820
资产负债率	0.66	0.71	0.10	0.22	-0.630
营业收入	1727.51	589.64	22.28	3201.53	3.936
净利润	171.49	62.77	-16.11	382.14	4.837
市值	1.02	0.69	0.55	1.50	5.833
市盈率	33.89	19.67	-45.30	64.07	6.336
基本每股收益	2143.63	1214.74	410.59	2808.84	3.411

续表

指标	偏度的标准误	峰度	峰度的标准误	极小值	极大值
总资产	0.243	20.263	0.481	121.29	241372.65
净资产	0.243	15.823	0.481	81.54	19811.63
资产负债率	0.243	-0.515	0.481	0.1	0.94
营业收入	0.243	18.603	0.481	22.28	2993.06
净利润	0.243	27.011	0.481	-161.15	2782.49
市值	0.243	45.966	0.481	-1.14	13.31
市盈率	0.243	48.298	0.481	-45.31	560.14
基本每股收益	0.243	13.339	0.481	410.59	17895.411

注："总资产""净资产""营业收入""市值"的单位均为亿元，"基本每股收益"的单位为元。

（二）研究发现1：中证100上市公司社会责任能力成熟度水平虽然高于沪深两市上市公司平均水平，但整体还处于弱能级

2016年，中证100上市公司社会责任能力成熟度平均得分49.10分，与2015年的平均得分持平，整体处于弱能级。从得分分布来看，在99家样本中，有22家公司得分超过60分，有74家公司得分处于30～60分，有3家公司得分低于30分，没有任何一家公司进入强能级或超能级。在99家公司中，得分最高的是京东方A，为77.01分；得分最低的是信威集团，为19.44分。

表12　2016年中证100上市公司社会责任能力成熟度等级分布

单位：家

成熟度等级	无能级	弱能级	本能级	强能级	超能级
公司数量	3	74	22	0	0

中证100代表了沪深两市最具影响力的公司的运营情况，其社会责任能力成熟度也在一定程度上代表了不同指数的最高水平。从这一点来说，中证100上市公司的社会责任能力成熟度水平仍然偏低，其中的原因在于社会责任推进管理体系建设和环境价值创造能力仍是短板，需要进一步加强。统计显示，在社会责任能力成熟度六大维度中，中证100上市公司的经济价值

创造能力维度得分78.78分，环境价值创造能力维度得分33.92分，社会责任推进管理维度得分25.70分，得分相对都较高。

表13　2016年中证100上市公司社会责任能力成熟度前五名和后五名企业

前五名		后五名	
公司股票简称	成熟度得分	公司股票简称	成熟度得分
京东方A	77.01	国投安信	31.44
中国石化	74.73	中航资本	30.56
中国神华	74.41	大秦铁路	28.79
中国联通	71.28	东方财富	27.48
中兴通讯	70.81	信威集团	19.44

（三）研究发现2：中证100上市公司社会责任推进管理水平高于沪深两市上市公司平均水平，但得分仍低于所有一级指标的平均得分

与沪深两市上市公司的平均水平相比，中证100上市公司不仅综合得分明显较高，而且社会责任能力成熟度的六个维度得分都较高。其中，中证100上市公司社会责任推进管理得分比沪深两市上市公司平均水平高出19.63分，而且也高于2015年的平均得分。

这证明了中证100指数的"优越性"。从企业规模来看，中证100上市公司大多是能源、金融、电信服务、钢铁等行业的大型企业，无论是总资产和营业收入还是市值表现都优于沪深两市的平均水平，所以履行社会责任的能力相对较高。从企业性质来看，在99家上市公司中，中央国有企业有39家，地方国有企业有22家，国有企业总占比超过60%，而国企的社会责任理念都相对成熟。从样本的行业分布来看，金融行业上市公司在中证100上市公司中的占比超过三成（33家），高于金融行业上市公司在沪深两市上市公司中的占比。相对其他行业，金融行业上市公司的社会责任实践一直比较领先。从上市时间来看，中证100上市公司的上市年限平均超过10年，上市年限相对较长，企业运营管理趋于成熟。

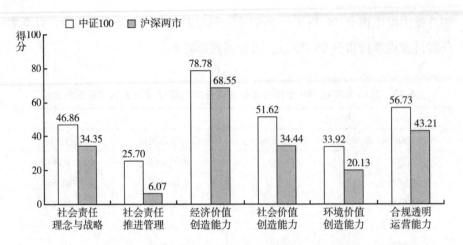

图5 2016 年中证 100 上市公司社会责任能力成熟度
六大维度得分

（四）研究发现3：中证100上市公司的社会责任推进管理仍是短板，普遍缺乏社会责任专项管理投入

尽管中证 100 上市公司的社会责任推进管理维度得分远高出沪深两市上市公司平均水平，为 25.70 分，高于 2015 年的平均得分 20.51 分，但仍然是五个维度中得分唯一处于无能级的。从得分分布来看，仅 6 家企业在该维度得分超过 60 分，其余 93 家低于 60 分的公司中，又以 30 分以下的公司居多（56 家）。

表14 2016 年中证 100 上市公司社会责任推进管理维度得分分布

单位：家

得分等级	无能级	弱能级	本能级	强能级	超能级
企业数量	56	37	6	0	0

社会责任推进管理体系尚未建立或者不完善，是沪深两市上市公司的突出问题所在。对于中证 100 上市公司来说，有的已经设置了社会责任工作领导机构，也有超过 50% 的公司连续多年发布社会责任报告、开展社会责任实践，

但是大部分上市公司对社会责任工作的系统规划不足。统计显示，中证100上市公司的能力建设得分为21.77分，是一级指标中得分最低的，三级指标社会责任专项培训、社会责任外部交流、社会责任知识管理平均得分分别为6.34分、8.67分、6.76分，在所有三级指标中得分偏低。

表15 2016年中证100上市公司社会责任推进管理三级指标得分

单位：家

三级指标	社会责任组织机构	社会责任推进制度	社会责任专项培训	社会责任外部交流	社会责任知识管理	社会责任专项资金预算	社会责任专职人员数量
企业数量	16.81	11.9	6.34	8.67	6.76	15.65	11.87

六 创业板综合指数上市公司社会责任能力成熟度评价分析

（一）基本特征分布

本研究的样本为截至2016年12月31日，在创业板上市且上市时间在2016年之前的所有公司，总计483家。创业板综合指数简称"创业板综"，是以在创业板上市的所有公司为样本进行编制的指数。2016年，创业板上市公司平均总资产为31.97亿元，平均营业收入为16.28亿元，平均市值为87.40亿元。

表16 2016年创业板综上市公司基本特征分布

指标	均值	中值	众数	标准差	偏度
总资产	31.97	20.77	2.38	39.95	4.86
净资产	19.97	13.70	2.01	22.89	6.05
资产负债率	0.31	0.28	0.046	0.22	−0.26
营业收入	16.28	847.32	0.70	39.70	10.50

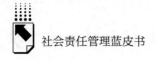

续表

指标	均值	中值	众数	标准差	偏度
净利润	1.71	0.89	-4.39	5.72	17.57
市值	87.40	61.04	18.56	99.16	5.57
市盈率	70.21	59.48	-6708.63	424.28	-9.04
基本每股收益	0.3	0.27	0.1	0.33	1.64

指标	偏度的标准误	峰度	峰度的标准误	极小值	极大值
总资产	0.11	32.81	0.22	2.38	414.38
净资产	0.11	61.63	0.22	2.01	313.79
资产负债率	0.11	-0.3	0.22	0.05	0.94
营业收入	0.11	132.43	0.22	0.07	587
净利润	0.11	353.43	0.22	-4.39	117.90
市值	0.11	46.45	0.22	18.56	1232.50
市盈率	0.11	155.28	0.22	-0.00	3432.50
基本每股收益	0.11	9.2	0.22	-0.99	2.70

注："总资产""净资产""营业收入""市值"的单位均为亿元，"基本每股收益"的单位为元。

（二）研究发现1：创业板综上市公司社会责任能力成熟度处于无能级，超过半数的公司得分低于30分

2016年创业板综上市分公司社会责任能力成熟度平均得分29.37分，低于沪深两市上市公司成熟度平均得分（34.25分），处于无能级。其中61%的公司得分不足30分，得分达到60分以上的仅有1家公司，没有任何一家公司得分达到强能级或超能级。在483家上市公司中，得分最高的是捷成股份，得分最低的是中青宝。

表17　2016年创业板综上市公司社会责任能力成熟度等级分布

单位：家

成熟度等级	无能级	弱能级	本能级	强能级	超能级
企业数量	295	187	1	0	0

表18   2016年创业板综上市公司社会责任能力成熟度得分前五名和后五名

前五名		后五名	
公司股票简称	成熟度得分	公司股票简称	成熟度得分
捷成股份	64.42	易联众	21.66
蓝色光标	56.96	三五互联	21.27
铁汉生态	55.63	金龙机电	20.24
硅宝科技	54.35	天龙光电	18.80
元力股份	51.98	中青宝	17.09

创业板是专门为创业型企业提供融资途径和成长空间的证券交易市场，创业板综上市公司普遍上市时间短、资产规模小，以民营企业和高科技产业企业居多。这些企业虽然有较高的成长性，但是投资风险相对较大，经营管理不成熟，还没有表现出较高的综合价值创造能力。在创业成长阶段，除了追求短期的财务回报外，几乎没有主动创造社会价值的意愿和能力。

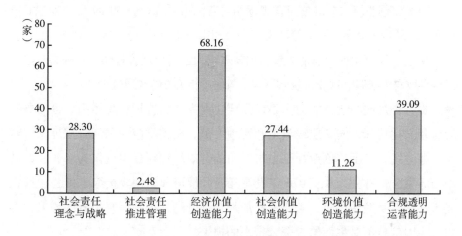

图6   2016年创业板综上市公司社会责任能力成熟度六大维度得分

（三）研究发现2：企业社会责任工作在理念认知层面有所提升，八成公司没有建立社会责任推进管理体系

统计显示，创业板综上市公司的社会责任推进管理维度在社会责任能力

成熟度六大维度中得分最低，只有 2.48 分，严重偏低。从得分分布来看，341 家上市公司在该维度得分为 0，没有任何一家上市公司得分超过 60 分，这表明，创业板综上市公司对社会责任仍然停留在理念认知层面，还没有建立相应的推进体系。

创业板综上市公司的普遍特点是：上市时间短，资产规模小，之所以上市就是为了满足融资需求。数据显示，2016 年创业板综上市公司的平均总资产为 31.97 亿元，平均营业收入为 16.28 亿元，远低于沪深两市上市公司的平均水平。因此，财务增长是创业板综上市公司首要看重的因素，而忽略了对社会、环境应该负有的责任。创业板综上市公司以民营企业居多，相对国企而言，民营企业的社会责任意识和履责能力较弱。

（四）研究发现3：合规透明运营能力水平较低，超过80%的公司得分不足60分

2016 年创业板综上市公司合规透明运营能力平均得分 39.09 分，处于弱能级水平。从得分分布来看，超过 80% 的公司得分不足 60 分，有 8 家公司的得分超过 80 分。合规透明运营能力较弱主要表现为公司合规管理体系不完善、建立了信息披露机制但信息披露效果不佳、与利益相关方的沟通较少。

提升合规透明运营能力，不仅需要建立完善的合规管理体系，也需要开展合规文化培训，向各层级员工和管理人员、相关供应商强调合规理念，时时提醒。统计显示，创业板综上市公司的合规培训指标得分仅为 6.9 分，其中 263 家公司得分为 0，2016 年没有开展合规培训。创业板综上市公司存在先天性的自身发展风险，需要不断加强合规管理，提高信息披露的质量，努力减少因信息不对称而给投资者带来的损失。

七　中小板综合指数上市公司社会责任能力成熟度评价

（一）基本特征分布

本研究的样本为截至 2016 年 12 月 31 日，在中小企业板上市且上市时

间在 2016 年之前的所有公司，总计 770 家。中小企业板综合指数简称"中小板综"，是以在深圳证券交易所中小企业板上市的所有公司为样本进行编制的指数。

2016 年，中小板综上市公司的平均总资产为 76.68 亿元，平均净资产为 33.11 亿元，平均营业收入为 39.86 亿元，平均市值为 122.67 亿元。

表 19　2016 年中小板综上市公司基本特征分布

指标	均值	中值	众数	标准差	偏度
总资产	76.68	37.19	1.12	342.04	22.479
净资产	33.11	22.33	-0.32	48.6	7.917
资产负债率	0.38	0.37	0.02	0.19	0.46
营业收入	39.86	18.63	0.52	90.45	9.55
净利润	2.77	1.24	-13.04	6.49	6.717
市值	122.67	74.12	19.80	184.14	7.644
市盈率	-80.04	47.27	-114202.2	4147.85	-27.180
基本每股收益	0.32	0.24	0.05	0.39	1.926

指标	偏度的标准误	峰度	峰度的标准误	极小值	极大值
总资产	0.088	566.459	0.176	1.12	8850.2
净资产	0.088	84.531	0.176	-0.32	699.22
资产负债率	0.088	0.02	0.176	0.02	1.28
营业收入	0.088	126.635	0.176	0.52	1541.2
净利润	0.088	60.175	0.176	13.04	78.1
市值	0.088	84.277	0.176	19.8	2788.04
市盈率	0.088	748.081	0.176	-114202.2	3391.17
基本每股收益	0.088	11.69	0.176	-0.96	3.87

注："总资产""净资产""营业收入""市值"的单位均为亿元，"基本每股收益"的单位为元。

（二）研究发现1：中小板综上市公司社会责任能力成熟度水平普遍较低，超过99%的企业得分不足60分

2016 年中小板综上市公司社会责任能力成熟度平均得分 34.53 分，略高于沪深两市上市公司的平均水平（34.25 分），高于 2015 年的平均得分

30.94 分。在统计样本中，30.39% 的公司得分低于 30 分，68.83% 的公司得分处于 30～60 分，仅有 6 家企业得分超过 60 分。这表明，中小板综上市公司的社会责任能力建设水平普遍偏低。

表 20　2016 年中小板综上市公司社会责任能力成熟度等级分布

单位：家

成熟度等级	无能级	弱能级	本能级	强能级	超能级
企业数量	234	530	6	0	0

在 770 家上市公司中，得分最高的公司是广博股份，为 64.22 分；得分最低的是贤丰控股，为 18.51 分。

表 21　2016 年中小板综上市公司社会责任能力成熟度得分前五名和后五名

前五名		后五名	
公司股票简称	成熟度得分	公司股票简称	成熟度得分
广博股份	64.22	特尔佳	20.35
中环股份	63.73	凯瑞德	19.75
远望谷	63.53	大润数娱	19.03
苏宁云商	63.45	民盛金科	18.54
比亚迪	61.05	贤丰控股	18.51

中小企业板块是 2004 年 5 月由深圳证券交易所在主板市场内设立的。中小板综上市公司社会责任能力成熟度水平低的原因在于：从发展阶段来看，中小板综上市公司大多处于成长期，更关注财务指标，履行社会责任的意愿较弱。从规模来看，相对于主板市场，中小板综上市公司的规模普遍较少，履行社会责任的能力较弱。从企业性质来看，在中小板上市的公司超过 70% 是民营企业，民营企业的社会责任实践水平相对国有企业整体较低。

（三）研究发现2：中小板综上市公司社会责任推进管理水平较低，低于沪深两市上市公司平均水平

统计显示，2016 年中小板综上市公司社会责任推进管理维度平均得分

3.69 分，略高于 2015 年的平均得分 2.49 分，远低于其他五个维度的得分，也低于沪深两市上市公司的平均水平。其中超过 59.22% 的公司（456 家）在该维度得分为 0，这些公司既没有设置社会责任工作机构，也没有开展社会责任能力建设和社会责任管理专项投入。这表明中小板综上市公司普遍没有建立社会责任推进管理体系。

建立社会责任推进管理体系是企业开展社会责任实践、落实社会责任议题的保障。中小板综上市公司的责任治理维度平均得分 4.46 分，是所有二级指标中得分最高的，这表示中小板综上市公司在企业文化、使命、价值观中反映了部分社会责任理念，但是这些理念并没有从制度建设和运营管理中得到落实。

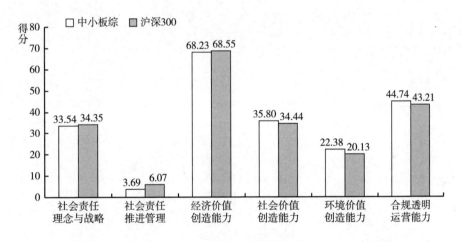

图7 2016 年中小板综上市公司社会责任能力成熟度六大维度得分

（四）研究发现3：中小板综上市公司信息披露机制相对完善，但信息披露的完整性亟待提升

鉴于监管要求和投资者的信息诉求，中小板综上市公司的信息披露机制相对完善，建立了常规信息披露的程序、渠道，但是信息披露的完整性亟待提升，相对于财务信息，有关社会责任信息的披露严重不足。统计显示，信息披露指标得分 45.16 分，远低于 2015 年的平均得分 61.73 分。官网社会

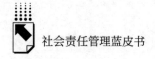

责任信息发布数量、发布社会责任报告指标得分分别为 3.37 分、3.42 分，说明官网的社会责任沟通渠道还不健全、社会责任知识管理水平有待提高；发布财务报告指标的得分为 17.18 分，远低于 2015 年的平均得分 72.73 分，说明中小板综上市公司在信息披露方面的完整性亟待提升。

表 22　2016 年中小板综上市公司信息披露各项指标得分

三级指标	信息披露机制	信息披露渠道	官网社会责任信息发布数量	发布社会责任报告	发布财务报告
得分	11.91	9.28	3.37	3.42	17.18

B.9

社会责任能力成熟度50指数
与不同股票价格指数的市场表现比较

摘　要： 本文选取沪深两市上市公司中社会责任能力成熟度得分前 50
位企业，编制了"CSRCM50"指数，并将这一指数的累计收
益率与深证综指、上证综指、深证 100、中证 100、沪深 300、
上证 180 等的累计收益率进行了比较。比较发现，CSRCM50
指数有较好的投资价值。

关键词： CSRCM50 指数　社会责任能力　成熟度

社会责任能力成熟度 50 指数（以下简称"CSRCM50 指数"）是以全部
沪深两市上市公司中社会责任能力成熟度表现良好的公司股票作为样本股编
制而成的指数，参照沪深 300 指数的编制方法。推出 CSRCM50 指数的目的
是鼓励上市公司积极履行社会责任，同时为投资者提供新的投资标的指数，
促进企业社会责任建设。

一　指数编制方法

（一）指数基日和基点

CSRCM50 指数以 2014 年 12 月 31 日为基日，以该日所有股票样本的调
整市值为基期，基点 1000 点。

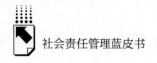
（二）样本空间

CSRCM50 指数是由全部沪深 A 股中社会责任能力成熟度在 60 分以上的评分最高的前 50 只股票组成①。

（三）选样方法

首先，获取样本空间中每日收盘价、总股本、流通股股本信息（2016 年 1 月 1 日至 2016 年 10 月 31 日）；

其次，按每个交易日计算样本空间的调整市值；以流通股为权数，流通股权重采用 9 级分级靠档法进行编制。

其中，调整市值 = 股票收盘价 × 调整股本数

调整股本数 = 总股本数 × 流通股调整比例

表 1　CSRCM50 指数分级靠档表

单位：%

流通股比例	流通股调整比例
（0,15]	上调至最接近的整数值
（15,20]	20
（20,30]	30
（30,40]	40
（40,50]	50
（50,60]	50
（60,70]	70
（70,80]	80
（80,100]	100

最后，最近一年发生明显违背社会责任事件的公司股票原则上不能成为 CSRCM50 指数样本股。

（四）指数计算与修正

同沪深 300 指数。

---

① 样本股票名称详见附录一。

（五）定期调整

每年 11~12 月，全部沪深上市公司社会责任能力成熟度进行重新评选，本研究根据重新评选结果于 12 月初对 CSRCM50 指数进行调整。

每次样本调整比例一般不超过 10%，除非从样本空间中被调出的原样本股票超过 10%。

（六）临时调整

当 CSRCM50 指数样本股在指数运行期间发生违背其社会责任的特殊事件时，将尽快从 CSRCM50 指数中剔除。

当 CSRCM50 指数发生临时调整时，如果有样本被剔除，在下一次定期调整前，将不再增加新的股票来替代被剔除的样本股。

（七）指数管理

为规范指数运作，保障 CSRCM50 指数编制方法的科学性和权威性，本研究设立指数专家委员会。该专家委员会由国内外指数编制、指数化投资、市场研究的专家和知名学者组成。

指数专家委员会负责对 CSRCM50 指数编制方法的评估、建议和审定，保障 CSRCM50 指数编制方法的科学性和权威性。指数专家委员会负责指数样本股资格的审定，保证指数样本满足编制规则的要求。指数专家委员会为其他涉及指数运作和业务发展的事项提供建议。

二　指数收益率计算

指数收益率计算方法同沪深 300 指数。具体计算方法如下。

以 2015 年 1 月 5~15 日为例，计算如表 2 所示。

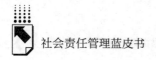

表2　CSRCM50 指数的累计收益率（示意）

交易日	CSRCM50（当日） b	CSRCM50（前一日） a	CSRCM50 收益率 $c = b/a - 1$	CSRCM50 累计收益率 $d = P(1 + c) - 1$
2014 - 12 - 31	1000	—	—	—
2015 - 01 - 05	1058.4312	1000	0.0584	0.0584
2015 - 01 - 06	1064.5884	1058.4312	0.0058	0.0646
2015 - 01 - 07	1066.3776	1064.5884	0.0017	0.0664
2015 - 01 - 08	1035.4782	1066.3776	- 0.0290	0.0355
2015 - 01 - 09	1032.5634	1035.4782	- 0.0028	0.0326
2015 - 01 - 12	1016.057	1032.5634	- 0.0160	0.0161
2015 - 01 - 13	1010.5737	1016.057	- 0.0054	0.0106
2015 - 01 - 14	1013.0717	1010.5737	0.0025	0.0131
2015 - 01 - 15	1059.8855	1013.0717	0.0462	0.0599

　　全部沪深上市公司当年的社会责任报告/可持续发展报告、年度报告是于次年 3 ~ 10 月进行披露，而本研究是在次年进行全部沪深上市公司社会责任能力成熟度评价，并进行 CSRCM50 指数成分股的筛选。故为了更准确有效地反映 CSRCM50 指数的资本市场表现，本研究将 CSRCM50 指数的收益率计算期间界定为次年 1 ~ 12 月。

　　因此，2017 年 CSRCM50 指数的累计收益率选取了 2016 年 1 月 1 日至 12 月 30 日的区间进行计算，并与同期的深证综合指数、深证 100、中证 100、沪深 300、上证 180、上证综合指数六个指数进行比较，结果如表 3 所示。

表3　CSRCM50 指数的累计收益率情况（2016 年 1 ~ 12 月）

日期	CSRCM50 指数	深证综合 指数	深证 100	中证 100	沪深 300	上证 180	上证综合 指数
2016 - 01 - 01	0.0000	0.0000	0.0000	0.0000	0.0000	0.0000	0.0000
2016 - 01 - 04	- 0.0530	- 0.0819	- 0.0795	- 0.0621	- 0.0698	- 0.0669	- 0.0685
2016 - 01 - 05	- 0.0506	- 0.0992	- 0.0813	- 0.0550	- 0.0676	- 0.0634	- 0.0711
2016 - 01 - 06	- 0.0254	- 0.0758	- 0.0635	- 0.0412	- 0.0512	- 0.0477	- 0.0501
2016 - 01 - 07	- 0.0746	- 0.1519	- 0.1376	- 0.0989	- 0.1170	- 0.1111	- 0.1170
2016 - 01 - 08	0.0191	0.1430	- 0.1223	- 0.0802	- 0.0990	- 0.0930	- 0.0997

续表

日期	CSRCM50指数	深证综合指数	深证100	中证100	沪深300	上证180	上证综合指数
2016 - 01 - 11	- 0.0861	- 0.1996	- 0.1717	- 0.1198	- 0.1443	- 0.1380	- 0.1476
2016 - 01 - 12	- 0.0814	- 0.1964	- 0.1619	- 0.1155	- 0.1381	- 0.1335	- 0.1459
2016 - 01 - 13	- 0.0946	- 0.2242	- 0.1800	- 0.1278	- 0.1541	- 0.1498	- 0.1666
2016 - 01 - 14	- 0.0845	- 0.1947	- 0.1534	- 0.1152	- 0.1365	- 0.1355	- 0.1502
2016 - 01 - 15	- 0.1164	- 0.2221	- 0.1826	- 0.1412	- 0.1641	- 0.1629	- 0.1803
2016 - 01 - 18	- 0.1182	- 0.2073	- 0.1744	- 0.1409	- 0.1609	- 0.1611	- 0.1767
2016 - 01 - 19	- 0.0930	- 0.1789	- 0.1489	- 0.1168	- 0.1361	- 0.1361	- 0.1502
2016 - 01 - 20	- 0.1000	- 0.1874	- 0.1620	- 0.1310	- 0.1492	- 0.1494	- 0.1589
2016 - 01 - 21	- 0.1212	- 0.2200	- 0.1916	- 0.1519	- 0.1741	- 0.1734	- 0.1861
2016 - 01 - 22	- 0.1112	- 0.2086	- 0.1813	- 0.1441	- 0.1655	- 0.1646	- 0.1759
2016 - 01 - 25	- 0.1062	- 0.2006	- 0.1757	- 0.1420	- 0.1614	- 0.1617	- 0.1697
2016 - 01 - 26	- 0.1578	- 0.2575	- 0.2286	- 0.1891	- 0.2119	- 0.2120	- 0.2230
2016 - 01 - 27	- 0.1506	- 0.2637	- 0.2291	- 0.1904	- 0.2146	- 0.2156	- 0.2271
2016 - 01 - 28	- 0.1620	- 0.2944	- 0.2509	- 0.2075	- 0.2351	- 0.2362	- 0.2496
2016 - 01 - 29	- 0.1429	- 0.2683	- 0.2252	- 0.1834	- 0.2104	- 0.2110	- 0.2265
2016 - 02 - 01	- 0.1617	- 0.2759	- 0.2321	- 0.1966	- 0.2224	- 0.2248	- 0.2403
2016 - 02 - 02	- 0.1488	- 0.2511	- 0.2121	- 0.1831	- 0.2063	- 0.2094	- 0.2231
2016 - 02 - 03	- 0.1578	- 0.2476	- 0.2128	- 0.1880	- 0.2097	- 0.2138	- 0.2260
2016 - 02 - 04	- 0.1499	- 0.2329	- 0.2043	- 0.1791	- 0.2000	- 0.2035	- 0.2142
2016 - 02 - 05	- 0.1534	- 0.2418	- 0.2150	- 0.1832	- 0.2056	- 0.2077	- 0.2192
2016 - 02 - 15	- 0.1610	- 0.2421	- 0.2182	- 0.1900	- 0.2102	- 0.2129	- 0.2241
2016 - 02 - 16	- 0.1379	- 0.2110	- 0.1909	- 0.1677	- 0.1860	- 0.1892	- 0.1985
2016 - 02 - 17	- 0.1248	- 0.1998	- 0.1815	- 0.1620	- 0.1790	- 0.1829	- 0.1898
2016 - 02 - 18	- 0.1292	- 0.2025	- 0.1866	- 0.1650	- 0.1815	- 0.1853	- 0.1911
2016 - 02 - 19	- 0.1326	- 0.1985	- 0.1847	- 0.1668	- 0.1821	- 0.1865	- 0.1919
2016 - 02 - 22	- 0.1182	- 0.1822	- 0.1671	- 0.1486	- 0.1641	- 0.1678	- 0.1729
2016 - 02 - 23	- 0.1241	- 0.1870	- 0.1727	- 0.1574	- 0.1720	- 0.1766	- 0.1797
2016 - 02 - 24	- 0.1186	- 0.1873	- 0.1701	- 0.1517	- 0.1666	- 0.1694	- 0.1724
2016 - 02 - 25	- 0.1665	- 0.2470	- 0.2263	- 0.1967	- 0.2177	- 0.2192	- 0.2255
2016 - 02 - 26	- 0.1521	- 0.2479	- 0.2210	- 0.1881	- 0.2099	- 0.2109	- 0.2181
2016 - 02 - 29	- 0.1547	- 0.2883	- 0.2539	- 0.1983	- 0.2288	- 0.2239	- 0.2405
2016 - 03 - 01	- 0.1515	- 0.2717	- 0.2355	- 0.1858	- 0.2145	- 0.2111	- 0.2277
2016 - 03 - 02	- 0.1088	- 0.2375	- 0.2005	- 0.1561	- 0.1822	- 0.1790	- 0.1948

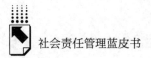

续表

日期	CSRCM50 指数	深证综合 指数	深证 100	中证 100	沪深 300	上证 180	上证综合 指数
2016－03－03	－0.1064	－0.2385	－0.2030	－0.1533	－0.1803	－0.1749	－0.1920
2016－03－04	－0.0831	－0.2607	－0.2093	－0.1326	－0.1708	－0.1580	－0.1879
2016－03－07	－0.0927	－0.2457	－0.1996	－0.1353	－0.1678	－0.1581	－0.1814
2016－03－08	－0.0908	－0.2418	－0.2009	－0.1338	－0.1671	－0.1571	－0.1802
2016－03－09	－0.0979	－0.2579	－0.2177	－0.1384	－0.1767	－0.1639	－0.1912
2016－03－10	－0.1157	－0.2685	－0.2266	－0.1553	－0.1924	－0.1835	－0.2075
2016－03－11	－0.1101	－0.2701	－0.2283	－0.1523	－0.1910	－0.1811	－0.2059
2016－03－14	－0.1021	－0.2441	－0.2071	－0.1458	－0.1783	－0.1718	－0.1920
2016－03－15	－0.1014	－0.2511	－0.2122	－0.1395	－0.1759	－0.1666	－0.1907
2016－03－16	－0.0893	－0.2588	－0.2200	－0.1301	－0.1718	－0.1569	－0.1890
2016－03－17	－0.0883	－0.2324	－0.1988	－0.1277	－0.1626	－0.1526	－0.1792
2016－03－18	－0.0827	－0.2043	－0.1754	－0.1205	－0.1498	－0.1437	－0.1650
2016－03－21	－0.0758	－0.1830	－0.1532	－0.1005	－0.1291	－0.1226	－0.1470
2016－03－22	－0.0839	－0.1854	－0.1586	－0.1080	－0.1354	－0.1293	－0.1525
2016－03－23	－0.0841	－0.1760	－0.1513	－0.1064	－0.1326	－0.1282	－0.1495
2016－03－24	－0.0990	－0.1874	－0.1649	－0.1209	－0.1472	－0.1434	－0.1634
2016－03－25	－0.0968	－0.1835	－0.1606	－0.1162	－0.1429	－0.1388	－0.1582
2016－03－28	－0.1037	－0.1881	－0.1667	－0.1251	－0.1504	－0.1478	－0.1643
2016－03－29	－0.1126	－0.2029	－0.1778	－0.1321	－0.1596	－0.1560	－0.1750
2016－03－30	－0.0893	－0.1742	－0.1539	－0.1127	－0.1380	－0.1349	－0.1522
2016－03－31	－0.0906	－0.1718	－0.1546	－0.1123	－0.1375	－0.1343	－0.1512
2016－04－01	－0.0831	－0.1764	－0.1583	－0.1097	－0.1365	－0.1305	－0.1497
2016－04－05	－0.0765	－0.1550	－0.1408	－0.1031	－0.1250	－0.1216	－0.1374
2016－04－06	－0.0774	－0.1504	－0.1388	－0.1069	－0.1269	－0.1250	－0.1381
2016－04－07	－0.0793	－0.1640	－0.1519	－0.1186	－0.1398	－0.1378	－0.1500
2016－04－08	－0.0847	－0.1709	－0.1592	－0.1248	－0.1461	－0.1440	－0.1566
2016－04－11	－0.0716	－0.1544	－0.1469	－0.1147	－0.1343	－0.1322	－0.1428
2016－04－12	－0.0726	－0.1617	－0.1509	－0.1168	－0.1374	－0.1348	－0.1457
2016－04－13	－0.0580	－0.1501	－0.1397	－0.1059	－0.1259	－0.1232	－0.1335
2016－04－14	－0.0575	－0.1414	－0.1350	－0.1028	－0.1220	－0.1199	－0.1291
2016－04－15	－0.0599	－0.1431	－0.1379	－0.1027	－0.1230	－0.1196	－0.1303
2016－04－18	－0.0732	－0.1544	－0.1513	－0.1126	－0.1347	－0.1313	－0.1428
2016－04－19	－0.0704	－0.1519	－0.1487	－0.1107	－0.1321	－0.1286	－0.1402

续表

日期	CSRCM50 指数	深证综合 指数	深证 100	中证 100	沪深 300	上证 180	上证综合 指数
2016－04－20	－0.0819	－0.1894	－0.1765	－0.1184	－0.1474	－0.1391	－0.1601
2016－04－21	－0.0841	－0.1994	－0.1822	－0.1218	－0.1529	－0.1448	－0.1657
2016－04－22	－0.0821	－0.1912	－0.1753	－0.1178	－0.1490	－0.1420	－0.1639
2016－04－25	－0.0850	－0.1945	－0.1772	－0.1205	－0.1525	－0.1465	－0.1674
2016－04－26	－0.0827	－0.1849	－0.1712	－0.1174	－0.1479	－0.1422	－0.1623
2016－04－27	－0.0863	－0.1873	－0.1732	－0.1213	－0.1515	－0.1462	－0.1654
2016－04－28	－0.0867	－0.1882	－0.1749	－0.1232	－0.1529	－0.1477	－0.1677
2016－04－29	－0.0913	－0.1884	－0.1741	－0.1241	－0.1539	－0.1496	－0.1698
2016－05－03	－0.0819	－0.1645	－0.1536	－0.1121	－0.1387	－0.1366	－0.1544
2016－05－04	－0.0853	－0.1647	－0.1560	－0.1144	－0.1398	－0.1370	－0.1548
2016－05－05	－0.0857	－0.1587	－0.1536	－0.1143	－0.1386	－0.1363	－0.1530
2016－05－06	－0.1040	－0.1894	－0.1791	－0.1339	－0.1610	－0.1573	－0.1769
2016－05－09	－0.1216	－0.2185	－0.1982	－0.1484	－0.1783	－0.1746	－0.1998
2016－05－10	－0.1238	－0.2194	－0.1968	－0.1474	－0.1774	－0.1741	－0.1996
2016－05－11	－0.1211	－0.2243	－0.1949	－0.1440	－0.1737	－0.1707	－0.1984
2016－05－12	－0.1186	－0.2247	－0.1939	－0.1412	－0.1718	－0.1684	－0.1987
2016－05－13	－0.1200	－0.2272	－0.1977	－0.1452	－0.1758	－0.1724	－0.2012
2016－05－16	－0.1512	－0.2139	－0.1881	－0.1415	－0.1704	－0.1682	－0.1945
2016－05－17	－0.1511	－0.2141	－0.1885	－0.1446	－0.1729	－0.1711	－0.1965
2016－05－18	－0.1549	－0.2351	－0.1972	－0.1456	－0.1777	－0.1740	－0.2067
2016－05－19	－0.1566	－0.2309	－0.1969	－0.1479	－0.1792	－0.1761	－0.2069
2016－05－20	－0.1532	－0.2226	－0.1927	－0.1441	－0.1750	－0.1717	－0.2017
2016－05－23	－0.1524	－0.2113	－0.1881	－0.1433	－0.1725	－0.1700	－0.1965
2016－05－24	－0.1703	－0.2184	－0.1943	－0.1494	－0.1789	－0.1764	－0.2027
2016－05－25	－0.1549	－0.2203	－0.1968	－0.1490	－0.1801	－0.1769	－0.2046
2016－05－26	－0.1518	－0.2165	－0.1952	－0.1478	－0.1787	－0.1758	－0.2025
2016－05－27	－0.1529	－0.2174	－0.1943	－0.1483	－0.1792	－0.1766	－0.2029
2016－05－30	0.1117	－0.2209	－0.1959	－0.1442	－0.1780	－0.1741	－0.2025
2016－05－31	－0.0911	－0.1891	－0.1662	－0.1189	－0.1505	－0.1466	－0.1759
2016－06－01	－0.0955	－0.1829	－0.1637	－0.1234	－0.1529	－0.1511	－0.1768
2016－06－02	－0.0952	－0.1750	－0.1598	－0.1231	－0.1511	－0.1498	－0.1735
2016－06－03	－0.0910	－0.1707	－0.1520	－0.1167	－0.1452	－0.1448	－0.1697
2016－06－06	－0.0931	－0.1684	－0.1522	－0.1214	－0.1480	－0.1488	－0.1710

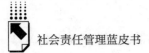

续表

日期	CSRCM50 指数	深证综合 指数	深证 100	中证 100	沪深 300	上证 180	上证综合 指数
2016 - 06 - 07	- 0. 0941	- 0. 1663	- 0. 1536	- 0. 1212	- 0. 1485	- 0. 1489	- 0. 1704
2016 - 06 - 08	- 0. 0948	- 0. 1690	- 0. 1582	- 0. 1243	- 0. 1520	- 0. 1513	- 0. 1729
2016 - 06 - 13	- 0. 1164	- 0. 2086	- 0. 1918	- 0. 1458	- 0. 1781	- 0. 1747	- 0. 1995
2016 - 06 - 14	- 0. 1146	- 0. 2063	- 0. 1882	- 0. 1424	- 0. 1756	- 0. 1725	- 0. 1969
2016 - 06 - 15	- 0. 1076	- 0. 1815	- 0. 1707	- 0. 1355	- 0. 1647	- 0. 1637	- 0. 1842
2016 - 06 - 16	- 0. 1134	- 0. 1834	- 0. 1773	- 0. 1408	- 0. 1706	- 0. 1685	- 0. 1883
2016 - 06 - 17	- 0. 1094	- 0. 1768	- 0. 1708	- 0. 1363	- 0. 1663	- 0. 1654	- 0. 1848
2016 - 06 - 20	- 0. 1167	- 0. 1731	- 0. 1677	- 0. 1353	- 0. 1657	- 0. 1655	- 0. 1838
2016 - 06 - 21	- 0. 1191	- 0. 1816	- 0. 1716	- 0. 1365	- 0. 1674	- 0. 1667	- 0. 1867
2016 - 06 - 22	- 0. 1101	- 0. 1678	- 0. 1605	- 0. 1307	- 0. 1600	- 0. 1610	- 0. 1790
2016 - 06 - 23	- 0. 1131	- 0. 1705	- 0. 1656	- 0. 1356	- 0. 1645	- 0. 1654	- 0. 1829
2016 - 06 - 24	- 0. 1223	- 0. 1768	- 0. 1753	- 0. 1467	- 0. 1752	- 0. 1766	- 0. 1935
2016 - 06 - 27	- 0. 1282	- 0. 1569	- 0. 1592	- 0. 1372	- 0. 1636	- 0. 1669	- 0. 1818
2016 - 06 - 28	- 0. 1251	- 0. 1466	- 0. 1534	- 0. 1339	- 0. 1594	- 0. 1633	- 0. 1771
2016 - 06 - 29	- 0. 1199	- 0. 1453	- 0. 1536	- 0. 1280	- 0. 1554	- 0. 1568	- 0. 1717
2016 - 06 - 30	- 0. 1217	- 0. 1449	- 0. 1495	- 0. 1265	- 0. 1547	- 0. 1576	- 0. 1722
2016 - 07 - 01	- 0. 1175	- 0. 1465	- 0. 1520	- 0. 1253	- 0. 1546	- 0. 1561	0. 1714
2016 - 07 - 04	- 0. 0682	- 0. 1331	- 0. 1433	- 0. 1139	- 0. 1411	- 0. 1401	- 0. 1556
2016 - 07 - 05	- 0. 0698	- 0. 1310	- 0. 1476	- 0. 1152	- 0. 1403	- 0. 1365	- 0. 1505
2016 - 07 - 06	- 0. 0705	- 0. 1272	- 0. 1421	- 0. 1136	- 0. 1378	- 0. 1352	- 0. 1475
2016 - 07 - 07	- 0. 0962	- 0. 1272	- 0. 1445	- 0. 1163	- 0. 1397	- 0. 1350	- 0. 1476
2016 - 07 - 08	- 0. 1073	- 0. 1285	- 0. 1448	- 0. 1223	- 0. 1444	- 0. 1419	- 0. 1557
2016 - 07 - 11	- 0. 1046	- 0. 1334	- 0. 1444	- 0. 1189	- 0. 1414	- 0. 1382	- 0. 1538
2016 - 07 - 12	- 0. 0874	- 0. 1230	- 0. 1274	- 0. 1001	- 0. 1227	- 0. 1195	- 0. 1384
2016 - 07 - 13	- 0. 0860	- 0. 1157	- 0. 1215	- 0. 1004	- 0. 1201	- 0. 1182	- 0. 1352
2016 - 07 - 14	- 0. 0734	- 0. 1143	- 0. 1232	- 0. 1027	- 0. 1217	- 0. 1196	- 0. 1371
2016 - 07 - 15	- 0. 0705	- 0. 1170	- 0. 1214	- 0. 1029	- 0. 1219	- 0. 1199	- 0. 1370
2016 - 07 - 18	- 0. 0702	- 0. 1217	- 0. 1273	- 0. 1063	- 0. 1257	- 0. 1225	- 0. 1400
2016 - 07 - 19	- 0. 0726	- 0. 1189	- 0. 1295	- 0. 1122	- 0. 1294	- 0. 1263	- 0. 1420
2016 - 07 - 20	- 0. 0775	- 0. 1183	- 0. 1308	- 0. 1152	- 0. 1322	- 0. 1298	- 0. 1445
2016 - 07 - 21	- 0. 0763	- 0. 1173	- 0. 1273	- 0. 1112	- 0. 1282	- 0. 1255	- 0. 1413
2016 - 07 - 22	- 0. 0827	- 0. 1253	- 0. 1327	- 0. 1193	- 0. 1356	- 0. 1339	- 0. 1487
2016 - 07 - 25	- 0. 0824	- 0. 1252	- 0. 1310	- 0. 1188	- 0. 1340	0. 1326	0. 1479

续表

日期	CSRCM50 指数	深证综合 指数	深证 100	中证 100	沪深 300	上证 180	上证综合 指数
2016 - 07 - 26	- 0. 0726	- 0. 1143	- 0. 1200	- 0. 1087	- 0. 1237	- 0. 1223	- 0. 1382
2016 - 07 - 27	- 0. 0807	- 0. 1537	- 0. 1491	- 0. 1160	- 0. 1374	- 0. 1301	- 0. 1546
2016 - 07 - 28	- 0. 0800	- 0. 1550	- 0. 1477	- 0. 1161	- 0. 1367	- 0. 1307	- 0. 1540
2016 - 07 - 29	0. 0823	- 0. 1591	- 0. 1513	- 0. 1198	- 0. 1413	- 0. 1354	- 0. 1582
2016 - 08 - 01	- 0. 0827	- 0. 1716	- 0. 1633	- 0. 1242	- 0. 1485	- 0. 1404	- 0. 1655
2016 - 08 - 02	- 0. 0780	- 0. 1655	- 0. 1590	- 0. 1229	- 0. 1453	- 0. 1378	- 0. 1605
2016 - 08 - 03	- 0. 0788	- 0. 1620	- 0. 1555	- 0. 1227	- 0. 1441	- 0. 1373	- 0. 1584
2016 - 08 - 04	- 0. 0746	- 0. 1559	- 0. 1485	- 0. 1212	- 0. 1420	- 0. 1377	- 0. 1573
2016 - 08 - 05	- 0. 0720	- 0. 1591	- 0. 1467	- 0. 1182	- 0. 1410	- 0. 1375	- 0. 1589
2016 - 08 - 08	- 0. 0660	- 0. 1501	- 0. 1359	- 0. 1118	- 0. 1332	- 0. 1314	- 0. 1511
2016 - 08 - 09	- 0. 0593	- 0. 1413	- 0. 1277	- 0. 1060	- 0. 1270	- 0. 1256	- 0. 1451
2016 - 08 - 10	- 0. 0621	- 0. 1441	- 0. 1340	- 0. 1101	- 0. 1307	- 0. 1282	- 0. 1470
2016 - 08 - 11	- 0. 0628	- 0. 1550	- 0. 1400	- 0. 1091	- 0. 1334	- 0. 1294	- 0. 1516
2016 - 08 - 12	- 0. 0434	- 0. 1452	- 0. 1250	- 0. 0900	- 0. 1171	- 0. 1127	- 0. 1380
2016 - 08 - 15	- 0. 0220	- 0. 1237	- 0. 0959	- 0. 0623	- 0. 0905	- 0. 0869	- 0. 1170
2016 - 08 - 16	- 0. 0257	- 0. 1179	- 0. 0915	- 0. 0685	- 0. 0945	- 0. 0952	- 0. 1213
2016 - 08 - 17	- 0. 0288	- 0. 1151	- 0. 0928	- 0. 0715	- 0. 0959	- 0. 0964	- 0. 1214
2016 - 08 - 18	- 0. 0329	- 0. 1155	- 0. 0945	- 0. 0755	- 0. 0982	- 0. 0987	- 0. 1229
2016 - 08 - 19	- 0. 0314	- 0. 1144	- 0. 0963	- 0. 0757	- 0. 0981	- 0. 0970	- 0. 1218
2016 - 08 - 22	- 0. 0347	- 0. 1257	- 0. 1080	- 0. 0820	- 0. 1057	- 0. 1035	- 0. 1284
2016 - 08 - 23	- 0. 0348	- 0. 1234	- 0. 1057	- 0. 0804	- 0. 1043	- 0. 1025	- 0. 1270
2016 - 08 - 24	- 0. 0404	- 0. 1207	- 0. 1077	- 0. 0847	- 0. 1075	- 0. 1057	- 0. 1281
2016 - 08 - 25	- 0. 0451	- 0. 1256	- 0. 1135	- 0. 0897	- 0. 1131	- 0. 1113	- 0. 1330
2016 - 08 - 26	- 0. 0483	- 0. 1238	- 0. 1149	- 0. 0912	- 0. 1136	- 0. 1114	- 0. 1325
2016 - 08 - 29	- 0. 0496	- 0. 1220	- 0. 1124	- 0. 0925	- 0. 1134	- 0. 1123	- 0. 1326
2016 - 08 - 30	- 0. 0444	- 0. 1215	- 0. 1127	- 0. 0900	- 0. 1123	- 0. 1104	- 0. 1312
2016 - 08 - 31	- 0. 0393	- 0. 1196	- 0. 1066	- 0. 0838	- 0. 1081	- 0. 1072	- 0. 1282
2016 - 09 - 01	- 0. 0494	0. 1262	- 0. 1159	- 0. 0910	- 0. 1151	- 0. 1131	- 0. 1345
2016 - 09 - 02	- 0. 0473	- 0. 1298	- 0. 1158	- 0. 0863	- 0. 1117	- 0. 1083	- 0. 1333
2016 - 09 - 05	- 0. 0465	- 0. 1259	- 0. 1112	- 0. 0854	- 0. 1102	- 0. 1083	- 0. 1320
2016 - 09 - 06	- 0. 0451	- 0. 1129	- 0. 0985	- 0. 0819	- 0. 1041	- 0. 1050	- 0. 1267
2016 - 09 - 07	- 0. 0447	- 0. 1145	- 0. 1021	- 0. 0819	- 0. 1046	- 0. 1043	- 0. 1264
2016 - 09 - 08	- 0. 0452	- 0. 1121	- 0. 1035	- 0. 0823	- 0. 1049	- 0. 1046	- 0. 1252

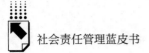

续表

日期	CSRCM50 指数	深证综合指数	深证 100	中证 100	沪深 300	上证 180	上证综合指数
2016－09－09	－0.0510	－0.1186	－0.1110	－0.0871	－0.1107	－0.1092	－0.1301
2016－09－12	－0.0683	－0.1437	－0.1343	－0.0992	－0.1255	－0.1206	－0.1461
2016－09－13	－0.0693	－0.1384	－0.1305	－0.1016	－0.1262	－0.1232	－0.1457
2016－09－14	－0.0768	－0.1423	－0.1353	－0.1081	－0.1319	－0.1297	－0.1515
2016－09－19	－0.0741	－0.1332	－0.1272	－0.1017	－0.1254	－0.1236	－0.1450
2016－09－20	－0.0788	－0.1338	－0.1284	－0.1038	－0.1269	－0.1254	－0.1458
2016－09－21	－0.0726	－0.1314	－0.1233	－0.1016	－0.1245	－0.1242	－0.1450
2016－09－22	－0.0635	－0.1259	－0.1144	－0.0932	－0.1179	－0.1189	－0.1404
2016－09－23	－0.0658	－0.1303	－0.1223	－0.0975	－0.1220	－0.1214	－0.1428
2016－09－26	－0.0786	－0.1483	－0.1402	－0.1109	－0.1369	－0.1350	－0.1579
2016－09－27	－0.0735	－0.1419	－0.1318	－0.1060	－0.1314	－0.1307	－0.1529
2016－09－28	－0.0757	－0.1432	－0.1333	－0.1084	－0.1340	－0.1342	－0.1558
2016－09－29	－0.0702	－0.1399	－0.1288	－0.1044	－0.1304	－0.1313	－0.1528
2016－09－30	－0.0698	－0.1357	－0.1240	－0.1021	－0.1280	－0.1297	－0.1510
2016－10－10	－0.0483	－0.1193	－0.1148	－0.0926	－0.1172	－0.1189	－0.1387
2016－10－11	－0.0406	－0.1149	－0.1125	－0.0894	－0.1138	－0.1152	－0.1339
2016－10－12	－0.0439	－0.1134	－0.1115	－0.0916	－0.1155	－0.1183	0.1358
2016－10－13	－0.0438	－0.1124	－0.1116	－0.0910	－0.1148	－0.1174	－0.1350
2016－10－14	－0.0376	－0.1135	－0.1130	－0.0887	－0.1140	－0.1157	－0.1343
2016－10－17	－0.0440	－0.1219	－0.1222	－0.0964	－0.1214	－0.1220	－0.1407
2016－10－18	－0.0515	－0.1093	－0.1110	－0.0847	－0.1098	－0.1100	－0.1286
2016－10－19	－0.0504	－0.1105	－0.1136	－0.0859	－0.1112	－0.1108	－0.1284
2016－10－20	－0.0491	－0.1076	－0.1116	－0.0852	－0.1105	－0.1106	－0.1285
2016－10－21	－0.0449	－0.1110	－0.1135	－0.0803	－0.1081	－0.1062	－0.1267
2016－10－24	－0.0232	－0.1034	－0.1054	－0.0693	－0.0974	－0.0949	－0.1161
2016－10－25	－0.0254	－0.1001	－0.1037	－0.0700	－0.0974	－0.0957	－0.1151
2016－10－26	－0.0301	－0.1037	－0.1065	－0.0734	－0.1008	－0.0989	－0.1195
2016－10－27	－0.0335	－0.1043	－0.1092	－0.0770	－0.1033	－0.1014	－0.1206
2016－10－28	－0.0338	－0.1113	－0.1127	－0.0764	－0.1048	－0.1021	－0.1229
2016－10－31	－0.0330	－0.1120	－0.1132	－0.0776	－0.1058	－0.1033	－0.1240
2016－11－01	－0.0132	－0.1021	－0.1054	－0.0715	－0.0997	－0.0980	－0.1178
2016－11－02	－0.0215	－0.1078	－0.1142	－0.0798	－0.1066	－0.1042	－0.1233
2016－11－03	－0.0148	－0.1028	－0.1082	－0.0705	－0.0981	－0.0911	－0.1159

日期	CSRCM50指数	深证综合指数	深证100	中证100	沪深300	上证180	上证综合指数
2016 – 11 – 04	– 0. 0157	– 0. 1047	– 0. 1130	– 0. 0723	– 0. 1010	– 0. 0963	– 0. 1169
2016 – 11 – 07	– 0. 0107	– 0. 1049	– 0. 1139	– 0. 0712	– 0. 1004	– 0. 0951	– 0. 1147
2016 – 11 – 08	– 0. 0085	– 0. 0990	– 0. 1079	– 0. 0679	– 0. 0965	– 0. 0919	– 0. 1106
2016 – 11 – 09	– 0. 0109	– 0. 1041	– 0. 1109	– 0. 0721	– 0. 1013	– 0. 0980	– 0. 1161
2016 – 11 – 10	0. 0006	– 0. 0918	– 0. 1007	– 0. 0623	– 0. 0912	– 0. 0879	– 0. 1040
2016 – 11 – 11	0. 0066	– 0. 0870	– 0. 0956	– 0. 0552	– 0. 0841	– 0. 0795	– 0. 0970
2016 – 11 – 14	0. 0115	– 0. 0843	– 0. 0941	– 0. 0524	– 0. 0806	– 0. 0749	– 0. 0929
2016 – 11 – 15	0. 0096	– 0. 0799	– 0. 0906	– 0. 0528	– 0. 0807	– 0. 0771	– 0. 0939
2016 – 11 – 16	0. 0088	– 0. 0797	– 0. 0903	– 0. 0535	– 0. 0808	– 0. 0772	– 0. 0944
2016 – 11 – 17	0. 0048	– 0. 0832	– 0. 0906	– 0. 0508	– 0. 0789	– 0. 0750	– 0. 0934
2016 – 11 – 18	0. 0035	– 0. 0856	– 0. 0960	– 0. 0550	– 0. 0840	– 0. 0800	– 0. 0979
2016 – 11 – 21	0. 0109	– 0. 0823	– 0. 0943	– 0. 0462	– 0. 0777	– 0. 0716	– 0. 0907
2016 – 11 – 22	0. 0223	– 0. 0741	– 0. 0866	– 0. 0386	– 0. 0704	– 0. 0642	– 0. 0822
2016 – 11 – 23	0. 0222	– 0. 0777	– 0. 0827	– 0. 0342	– 0. 0687	– 0. 0626	– 0. 0842
2016 – 11 – 24	0. 0203	– 0. 0812	– 0. 0792	– 0. 0296	– 0. 0649	– 0. 0587	– 0. 0840
2016 – 11 – 25	0. 0363	– 0. 0776	– 0. 0710	– 0. 0191	– 0. 0562	– 0. 0496	– 0. 0783
2016 – 11 – 28	0. 0397	– 0. 0789	– 0. 0669	– 0. 0152	– 0. 0525	– 0. 0455	– 0. 0741
2016 – 11 – 29	0. 0298	– 0. 0860	– 0. 0644	– 0. 0028	– 0. 0448	– 0. 0359	– 0. 0724
2016 – 11 – 30	0. 0397	– 0. 0875	– 0. 0668	– 0. 0108	– 0. 0517	– 0. 0450	– 0. 0817
2016 – 12 – 01	0. 0356	– 0. 0820	– 0. 0573	– 0. 0029	– 0. 0445	– 0. 0386	– 0. 0751
2016 – 12 – 02	0. 0354	– 0. 0972	– 0. 0728	– 0. 0119	– 0. 0542	– 0. 0456	– 0. 0834
2016 – 12 – 05	0. 0177	– 0. 1043	– 0. 0923	– 0. 0317	– 0. 0701	– 0. 0601	– 0. 0945
2016 – 12 – 06	0. 0034	– 0. 1028	– 0. 0926	– 0. 0341	– 0. 0729	– 0. 0640	– 0. 0959
2016 – 12 – 07	0. 0068	– 0. 0947	– 0. 0885	– 0. 0314	– 0. 0684	– 0. 0597	– 0. 0896
2016 – 12 – 08	0. 0238	– 0. 1003	– 0. 0903	– 0. 0318	– 0. 0699	– 0. 0606	– 0. 0915
2016 – 12 – 09	0. 0348	– 0. 1035	– 0. 0897	– 0. 0209	– 0. 0636	– 0. 0517	– 0. 0865
2016 – 12 – 12	0. 0246	– 0. 1471	– 0. 1299	– 0. 0376	– 0. 0863	– 0. 0664	– 0. 1091
2016 – 12 – 13	0. 0274	– 0. 1442	– 0. 1275	– 0. 0414	– 0. 0874	– 0. 0693	– 0. 1085
2016 – 12 – 14	0. 0212	– 0. 1512	– 0. 1378	– 0. 0482	– 0. 0944	– 0. 0750	– 0. 1126
2016 – 12 – 15	0. 0030	– 0. 1455	– 0. 1406	– 0. 0645	– 0. 1047	– 0. 0886	– 0. 1191
2016 – 12 – 16	0. 0029	– 0. 1374	– 0. 1343	– 0. 0648	– 0. 1032	– 0. 0897	– 0. 1176
2016 – 12 – 19	– 0. 0002	– 0. 1407	– 0. 1413	– 0. 0709	– 0. 1078	– 0. 0935	– 0. 1190
2016 – 12 – 20	– 0. 0081	– 0. 1419	– 0. 1468	– 0. 0771	– 0. 1131	– 0. 0985	– 0. 1233

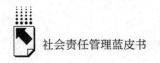
续表

日期	CSRCM50指数	深证综合指数	深证100	中证100	沪深300	上证180	上证综合指数
2016 - 12 - 21	0.0082	- 0.1355	- 0.1411	- 0.0699	- 0.1052	- 0.0905	- 0.1135
2016 - 12 - 22	0.0182	- 0.1367	- 0.1420	- 0.0714	- 0.1060	- 0.0916	- 0.1129
2016 - 12 - 23	0.0119	- 0.1463	- 0.1524	- 0.0783	- 0.1135	- 0.0972	- 0.1212
2016 - 12 - 26	0.0156	- 0.1432	- 0.1486	- 0.0726	- 0.1095	- 0.0930	- 0.1177
2016 - 12 - 27	0.0102	- 0.1426	- 0.1477	- 0.0742	- 0.1111	- 0.0958	- 0.1199
2016 - 12 - 28	0.0077	- 0.1458	- 0.1512	- 0.0784	- 0.1150	- 0.0996	- 0.1235
2016 - 12 - 29	0.0015	- 0.1484	- 0.1528	- 0.0794	- 0.1161	- 0.1002	- 0.1252
2016 - 12 - 30	0.0021	- 0.1472	- 0.1511	- 0.0750	- 0.1128	- 0.0964	- 0.1231

三　研究发现

（一）研究发现1：2016年，CSRCM50指数跑赢大盘指数与其他典型指数

2016年，CSRCM50指数的累计收益率为0.21%，深证综合指数的累计收益率为 - 14.72%，上证综合指数的累计收益率为 - 12.31%，深证100指数的累计收益率为 - 15.11%，中证100指数的累计收益率为 - 7.50%，上证180指数的累计收益率为 - 9.64%，沪深300指数的累计收益率为 - 11.28%。CSRCM50指数的累计收益率比深市大盘高出14.93个百分点，比沪市大盘高出12.52个百分点，比深证100高出15.32个百分点，比中证100高出7.71个百分点，比上证180高出9.85个百分点，比沪深300高出11.49个百分点。

图1比较了2016年CSRCM50指数与其他主要指数的市场表现（2015年12月31日为基准日）。在2016年股票市场指数收益率普遍为负的背景下，CSRCM50指数的市场收益率为0.21%，在7个指数中为唯一正值，CSRCM50指数的市场收益率显著高于其他资本市场指数。一方面，CSRCM50指数的整体市场表现能够跑赢沪深300、上证综合指数、深证综

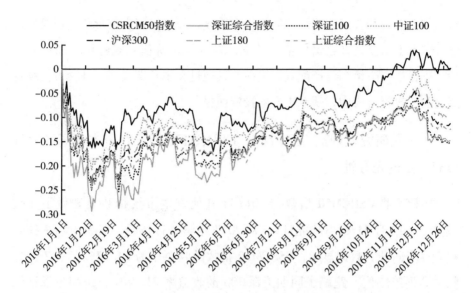

图1　CSRCM50 指数与中国资本市场指数收益率比较

合指数、中证 180 等主要指数；另一方面，相较于股市上行期间，CSRCM50 指数在股市下行期间的市场表现尤为突出，显著优于其他指数，这说明 CSRCM50 指数对抗股市下行风险的能力更强。

（二）研究发现2：2016年，CSRCM50指数在资本市场的表现具有一定的可验性

本研究是根据全部沪深上市公司发布的 2016 年社会责任报告/可持续发展报告、年度报告的有关信息，开展的上市公司社会责任能力成熟度评价，进而选取得分在 60 分以上的前 50 家公司作为样本成分股，与 2016 年其他资本市场指数做了比较。故 2016 年 CSRCM50 指数的市场表现优于大盘指数，也说明了该指数在为投资者提供体现社会责任主题的投资标的同时，具有一定的市场可验性，可以指导投资者的投资决策和投资行为。

可见，2016 年 CSRCM50 指数大幅跑赢主板指数，具有一定的投资参考价值。通过综合考虑指数成分股的财务绩效和非财务绩效，从社会责任理念与战略、社会责任推进管理、经济价值创造能力、社会价值创造能力、环境

价值创造能力和合规透明运营能力六个维度，鼓励投资者秉承负责任投资理念，整合上市公司社会责任信息数据，发现投资价值，规避环境和社会风险，优化投资决策和资产配置，进而使其通过在中长期实施对社会可持续发展有利的投资行为中，获取更好的投资回报。

（三）研究发现3：2017年，CSRCM50指数在资本市场的表现具有一定的先导性

本研究将 CSRCM50 指数与 2017 年其他资本市场指数表现做了比较（2016 年 12 月 31 日为基准日）。从 2017 年整体行情看，股票市场整体收益率逐步回升。数据显示，CSRCM50 指数的收益率为 24.57%，在 7 个指数中名列第三位，跑赢了同期沪深 300 的收益率 21.78%，也超过深证综合指数的收益率 -3.54%、上证 180 的收益率 19.69% 以及上证综合指数的收益率 6.56%，略低于中证 100 的收益率 30.21% 和深证 100 的收益率 28.43%，整体说明 CSRCM50 指数在市场上行期也展现了较好的市场投资价值。

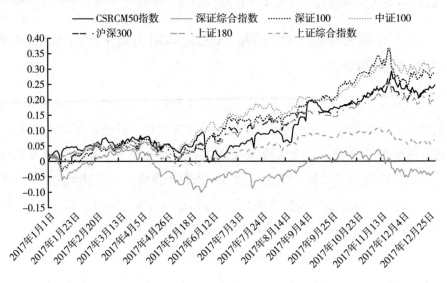

图 2 CSRCM50 指数与中国资本市场指数收益率比较

（四）研究发现4：2016～2017年，CSRCM50指数在资本市场的表现具有一定的持续性

本研究将 CSRCM50 指数与 2016～2017 年两年的其他资本市场指数作了比较（以 2015 年 12 月 31 日为基准日）。同时包含股市下行和上行期间的市场数据表明，CSRCM50 指数在两年期间的回报率为 24.83%，位列第一，高于同期沪深 300 的收益率 8.04%、中证 100 的收益率 20.45% 等。这说明在综合考虑不同市场行情后 CSRCM50 指数的表现依然令人满意。

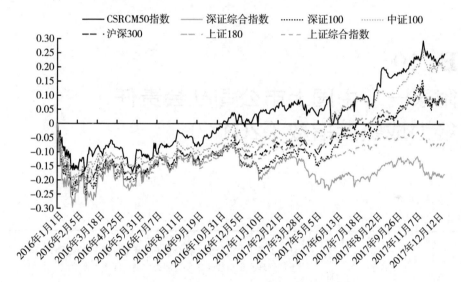

图3　CSRCM50 指数与中国资本市场指数收益率比较

附　录

B.10
附录一　中国上市公司社会责任能力成熟度指数（2017）

社会责任能力成熟度排名	公司名称	社会责任理念与战略	社会责任推进管理	经济价值创造能力	社会价值创造能力	环境价值创造能力	合规透明运营能力	综合得分
超能级 0 家								
强能级 0 家								
本能级 51 家（2%）								
1	京东方 A	80.00	34.80	78.00	74.87	87.73	108.00	77.01
2	中国石化	67.00	67.82	87.00	73.20	70.29	79.63	74.73
3	中国神华	73.50	57.05	87.88	76.20	68.16	83.28	74.41
4	中国联通	75.00	61.68	77.50	80.06	52.44	82.68	71.28
5	中兴通讯	75.00	62.11	65.75	81.22	62.23	80.40	70.81
6	太钢不锈	76.00	68.32	78.38	70.94	67.69	58.85	69.55
7	农业银行	79.80	64.00	87.60	62.96	43.00	79.15	68.59

216

续表

社会责任能力成熟度排名	公司名称	社会责任理念与战略	社会责任推进管理	经济价值创造能力	社会价值创造能力	环境价值创造能力	合规透明运营能力	综合得分
8	上海石化	74.75	54.91	77.33	70.88	58.17	77.15	68.39
9	华夏银行	79.50	55.60	87.63	87.51	28.45	74.15	67.95
10	中国铝业	80.00	50.64	75.00	76.25	58.78	69.00	67.34
11	上汽集团	72.50	61.60	86.65	71.75	48.99	60.65	66.59
12	万科A	75.50	64.36	82.48	58.78	58.61	63.58	66.55
13	招商银行	71.30	55.00	80.88	91.55	31.15	71.45	66.53
14	中国交建	74.00	42.52	81.50	76.89	66.24	60.75	66.42
15	深天马A	76.25	65.30	48.00	77.94	71.23	63.40	66.28
16	中国石油	70.75	38.00	82.35	68.55	57.25	82.28	66.19
17	宝钢股份	79.00	47.62	78.50	69.52	62.89	60.55	65.33
18	平安银行	90.00	50.33	76.15	73.58	33.55	76.70	64.85
19	捷成股份	42.50	59.98	71.50	59.72	67.49	75.60	64.42
20	广汽集团	65.00	59.20	81.23	76.28	42.37	62.43	64.37
21	保利地产	71.40	57.42	89.50	62.04	49.92	58.58	64.28
22	广博股份	75.00	19.20	69.53	72.82	67.98	85.60	64.22
23	兖州煤业	42.00	44.52	78.33	70.78	61.79	78.03	64.22
24	东风汽车	62.50	42.00	67.28	74.12	75.62	62.78	64.17
25	中国中车	57.50	40.06	74.08	75.52	58.16	75.15	63.88
26	云南铜业	57.50	60.78	72.88	67.05	63.24	58.55	63.80
27	中环股份	71.25	12.80	78.50	69.93	72.73	80.50	63.73
28	上海电力	54.50	47.60	87.25	66.16	49.76	72.83	63.70
29	鞍钢股份	57.50	62.58	72.88	68.31	58.81	58.85	63.60
30	远望谷	83.50	0.00	70.00	76.83	76.48	83.26	63.53
31	苏宁云商	65.00	53.00	85.63	72.51	43.22	62.05	63.45
32	中储股份	101.50	66.64	60.88	40.44	59.50	65.05	62.80
33	深圳燃气	69.00	60.40	77.23	55.43	63.71	53.50	62.75
34	中集集团	75.00	37.52	75.90	62.77	50.02	78.83	62.41
35	交通银行	60.00	48.06	84.48	69.84	38.60	72.10	62.35
36	华夏幸福	62.50	53.93	85.63	52.07	53.20	66.48	62.28
37	柳工	48.75	23.89	74.50	76.78	57.82	82.18	61.60
38	经纬纺机	40.00	43.90	79.50	73.30	58.01	64.80	61.51
39	国投电力	44.50	59.52	78.63	56.23	58.86	62.48	61.28
40	城投控股	70.00	52.13	82.48	55.92	51.82	59.10	61.26

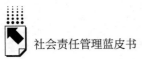

续表

社会责任能力成熟度排名	公司名称	社会责任理念与战略	社会责任推进管理	经济价值创造能力	社会价值创造能力	环境价值创造能力	合规透明运营能力	综合得分
41	潍柴动力	65.00	17.53	76.50	75.07	55.15	79.48	61.17
42	福田汽车	70.00	70.20	69.28	63.78	36.99	60.30	61.10
43	乐山电力	78.50	32.70	78.13	69.86	55.29	59.75	61.08
44	比亚迪	26.25	37.19	82.58	69.68	66.99	68.18	61.05
45	中煤能源	73.25	59.97	80.08	55.16	49.29	52.58	60.80
46	新希望	73.50	51.60	76.50	59.01	50.84	58.28	60.67
47	中广核技	72.50	41.40	76.38	64.26	46.96	66.45	60.43
48	欧菲光	52.50	26.39	69.68	59.66	72.23	78.05	60.33
49	华东电脑	62.50	40.26	74.75	72.39	38.41	74.45	60.30
50	首开股份	73.00	58.59	76.50	53.96	49.08	56.28	60.29
51	广州发展	68.50	39.00	79.50	68.40	51.07	58.40	60.20
弱能级 1774 家(63%)								
52	歌尔股份	52.00	40.00	76.25	51.32	61.73	74.90	59.96
53	南天信息	60.00	0.00	79.00	49.22	95.61	74.28	59.66
54	用友网络	77.75	46.00	80.00	53.97	44.11	63.88	59.61
55	宝新能源	68.75	24.80	81.13	65.02	53.23	68.48	59.55
56	杰赛科技	58.75	11.20	73.75	61.26	63.73	86.31	59.20
57	延华智能	74.00	0.00	76.25	62.87	72.61	75.13	59.03
58	安徽合力	74.50	59.20	72.00	58.24	42.00	54.08	58.84
59	大洋电机	68.75	22.56	77.25	73.47	55.55	59.20	58.72
60	海正药业	57.50	59.87	60.55	63.44	36.78	72.55	58.52
61	中国建筑	78.00	36.00	85.13	67.51	35.75	57.13	58.47
62	上海电气	77.50	24.05	78.20	61.90	42.37	75.18	58.46
63	海航基础	62.20	46.58	85.00	53.42	51.17	53.03	58.27
64	中国中冶	70.00	6.00	80.38	71.36	52.57	73.98	58.17
65	环旭电子	65.00	21.06	78.38	63.40	59.45	64.43	58.11
66	中联重科	61.25	19.82	68.88	61.00	56.53	81.70	57.95
67	华孚色纺	66.25	31.60	79.75	63.73	49.61	59.25	57.73
68	东方航空	76.50	17.99	83.13	62.47	38.21	76.40	57.72
69	中钢天源	70.00	50.80	60.25	59.78	52.53	57.20	57.50
70	中国中铁	70.00	36.00	84.00	58.35	39.83	62.23	57.47
71	航发控制	45.00	31.20	73.38	72.99	44.09	72.28	57.41
72	现代制药	74.75	46.09	72.53	61.07	29.50	67.90	57.35

续表

社会责任能力成熟度排名	公司名称	社会责任理念与战略	社会责任推进管理	经济价值创造能力	社会价值创造能力	环境价值创造能力	合规透明运营能力	综合得分
73	龙溪股份	77.75	36.80	80.00	53.97	44.11	60.50	57.34
74	大冷股份	51.25	14.70	75.63	60.50	65.40	72.00	57.00
75	蓝色光标	28.25	31.66	76.60	67.79	38.85	85.85	56.96
76	葛洲坝	74.00	15.60	81.75	47.91	67.91	60.55	56.67
77	四维图新	80.00	0.00	74.48	62.03	67.98	64.45	56.41
78	白云山	60.00	23.56	80.05	63.44	51.78	59.95	56.18
79	三维通信	25.00	14.40	69.25	68.19	91.23	54.85	56.13
80	中信国安	48.25	6.66	71.53	72.16	39.31	95.15	56.09
81	中国天楹	63.00	34.80	73.88	68.93	33.59	63.48	55.74
82	铁汉生态	74.00	39.58	76.38	56.82	31.04	64.15	55.63
83	建发股份	59.00	8.00	83.13	63.30	45.41	76.33	55.61
84	陕西煤业	60.75	37.46	66.83	46.19	58.12	66.55	55.60
85	厦门信达	62.00	48.20	79.00	63.55	25.05	58.50	55.57
86	中航光电	62.50	0.00	75.38	54.97	68.48	74.15	55.39
87	南方航空	91.50	34.66	79.05	46.11	43.24	53.58	55.34
88	瀚蓝环境	53.50	34.80	72.00	67.31	56.38	47.25	55.34
89	深科技	56.25	0.00	83.95	58.31	60.65	72.40	55.18
90	中国国航	66.50	36.00	84.50	51.42	50.08	47.25	55.12
91	中科三环	80.00	14.40	80.00	61.58	58.49	47.28	55.11
92	华数传媒	49.50	22.66	73.00	54.14	51.72	76.95	55.07
93	航天发展	80.00	12.80	79.73	47.13	44.38	76.93	54.97
94	华映科技	45.00	0.00	80.00	52.64	58.82	88.88	54.96
95	山煤国际	64.50	31.50	79.30	58.43	38.46	61.65	54.93
96	青岛啤酒	52.50	37.19	74.50	54.98	51.83	56.93	54.83
97	华域汽车	17.50	29.86	90.63	70.68	59.70	43.28	54.69
98	华联股份	64.00	42.80	79.75	59.82	27.80	57.20	54.53
99	硅宝科技	38.08	46.56	72.15	73.47	26.33	62.33	54.36
100	格力电器	62.50	36.00	82.88	53.89	40.91	53.25	54.30
101	中国宝安	52.75	15.00	74.75	60.57	42.83	78.20	54.12
102	方正证券	54.30	31.99	72.63	60.79	41.24	63.35	54.03
103	四方股份	65.00	27.67	65.90	49.11	50.03	71.33	54.03
104	南京熊猫	68.75	21.43	61.68	62.39	46.86	69.43	54.00
105	大广中茂	43.75	18.86	77.00	59.64	53.79	66.23	53.97

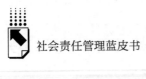

续表

社会责任能力成熟度排名	公司名称	社会责任理念与战略	社会责任推进管理	经济价值创造能力	社会价值创造能力	环境价值创造能力	合规透明运营能力	综合得分
106	伊利股份	42.50	25.60	80.13	60.77	52.72	56.45	53.87
107	云南白药	63.50	42.52	78.70	56.36	22.24	62.93	53.64
108	中远海能	64.00	8.00	85.25	59.92	39.71	66.48	53.08
109	鲁泰 A	53.75	12.00	70.38	71.58	56.66	54.30	53.06
110	江苏神通	52.50	22.56	63.63	56.34	46.74	75.55	52.92
111	圣农发展	45.50	49.36	67.63	45.15	46.55	59.33	52.79
112	中金岭南	48.75	42.66	70.63	51.93	38.54	62.00	52.71
113	深赤湾 A	82.75	8.00	70.65	43.61	49.66	74.50	52.63
114	天马股份	60.00	19.13	58.63	65.46	61.05	54.63	52.60
115	申能股份	69.00	21.90	74.50	50.73	47.66	58.80	52.55
116	精功科技	31.25	21.46	67.25	60.42	50.68	74.25	52.45
117	宝信软件	66.25	23.59	70.88	67.66	21.83	69.80	52.30
118	保龄宝	56.50	42.84	54.20	47.38	50.52	64.13	52.28
119	中文传媒	40.75	19.33	75.68	60.71	42.60	68.15	52.04
120	特变电工	53.75	11.00	76.38	59.92	56.07	55.65	52.00
121	元力股份	45.00	45.00	73.65	51.80	33.85	59.53	51.99
122	神州易桥	80.00	30.00	78.00	69.00	21.49	45.88	51.98
123	山东路桥	32.75	8.00	77.25	62.76	62.99	59.38	51.94
124	中国卫星	67.75	26.20	71.13	51.89	32.49	68.05	51.73
125	海螺水泥	76.00	6.00	80.38	57.49	55.40	45.68	51.69
126	中国铁建	76.00	6.00	82.88	60.58	50.00	44.83	51.57
127	盐湖股份	37.50	25.00	66.53	54.24	50.99	68.88	51.56
128	长城汽车	70.00	14.00	84.38	69.99	26.49	52.40	51.50
129	长江电力	59.00	25.40	83.13	58.63	38.26	47.53	51.43
130	东旭光电	48.75	9.32	71.48	37.84	55.99	84.00	51.43
131	皖通科技	40.00	0.00	73.60	66.36	62.99	60.40	51.40
132	华闻传媒	23.25	22.66	64.03	64.88	27.60	92.80	51.28
133	杉杉股份	66.25	28.40	73.63	41.37	37.49	66.80	51.21
134	华电能源	56.50	32.20	74.50	50.93	43.88	51.45	51.18
135	外高桥	48.90	54.50	77.50	41.66	31.61	51.45	51.10
136	金风科技	72.50	23.12	77.03	47.86	39.87	55.50	51.06
137	天健集团	78.00	6.00	77.50	57.26	54.07	44.38	50.86
138	华天科技	37.50	0.00	74.43	43.76	73.48	70.03	50.85

续表

社会责任能力成熟度排名	公司名称	社会责任理念与战略	社会责任推进管理	经济价值创造能力	社会价值创造能力	环境价值创造能力	合规透明运营能力	综合得分
139	浙大网新	68.75	42.78	66.75	41.20	22.00	71.60	50.85
140	林州重机	48.75	14.33	67.00	61.57	48.71	63.40	50.78
141	九州通	52.50	8.80	87.25	71.25	45.74	39.60	50.73
142	华峰氨纶	54.35	46.98	63.88	59.57	28.18	52.93	50.71
143	工商银行	43.30	53.52	89.50	41.77	22.63	50.16	50.69
144	纳思达	77.75	12.80	75.00	44.80	43.99	61.15	50.57
145	华东科技	60.00	0.00	80.00	50.07	51.98	65.35	50.53
146	光迅科技	37.50	0.00	76.75	70.57	33.98	78.50	50.52
147	兴业银行	39.05	49.00	84.93	43.21	22.70	58.93	50.48
148	上峰水泥	78.00	6.00	69.75	58.23	39.15	63.45	50.38
149	广汇能源	63.25	6.80	63.25	58.08	54.91	61.73	50.38
150	浦发银行	50.05	42.00	86.35	53.34	13.95	56.46	50.38
151	上海医药	61.25	8.00	79.00	58.86	41.91	57.98	50.36
152	青岛海尔	47.50	0.00	83.13	56.50	57.16	56.28	50.30
153	东方雨虹	72.00	14.00	79.75	58.25	42.98	44.25	50.26
154	康美药业	42.50	19.42	84.63	61.53	29.79	60.23	50.26
155	建设银行	43.30	49.99	86.98	43.28	17.95	56.75	50.22
156	兴蓉环境	54.50	20.33	80.88	45.13	27.87	74.20	50.16
157	三钢闽光	52.50	13.24	77.88	65.30	42.44	50.45	50.12
158	国电电力	19.75	18.90	80.63	54.02	53.94	59.83	50.09
159	中国化学	78.00	17.20	77.88	66.34	30.40	42.85	50.04
160	海康威视	52.50	0.00	83.95	55.37	44.61	64.90	50.04
161	科大讯飞	50.00	0.00	77.25	46.86	44.99	80.95	50.01
162	*ST平能	42.00	38.52	58.63	55.37	41.38	60.43	49.98
163	浪潮信息	70.00	0.00	70.00	54.98	49.74	64.00	49.97
164	北化股份	61.25	25.80	61.05	57.49	28.75	70.15	49.91
165	中海油服	58.25	17.32	59.53	65.62	41.38	61.03	49.90
166	海航控股	56.50	24.00	76.50	46.53	38.63	59.50	49.78
167	日照港	51.50	8.00	68.63	60.35	61.25	49.68	49.77
168	福晶科技	20.00	0.00	69.18	67.46	50.73	77.80	49.73
169	长安汽车	36.25	28.00	80.53	51.87	42.12	52.75	49.57
170	北京银行	39.55	42.00	82.45	47.75	24.20	56.68	49.51
171	太极股份	30.00	0.00	72.00	62.54	49.48	74.00	49.44

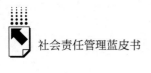

续表

社会责任能力成熟度排名	公司名称	社会责任理念与战略	社会责任推进管理	经济价值创造能力	社会价值创造能力	环境价值创造能力	合规透明运营能力	综合得分
172	安徽水利	78.00	15.60	73.13	42.05	40.99	59.08	49.35
173	美利云	80.00	0.00	80.00	50.33	28.07	71.00	49.29
174	铁龙物流	62.75	8.00	69.75	69.40	28.00	63.78	49.28
175	云内动力	53.75	8.93	72.00	57.83	34.45	70.63	49.27
176	新界泵业	27.50	18.13	69.25	63.34	46.31	61.35	49.26
177	远光软件	73.75	13.60	66.88	44.65	49.98	56.75	49.11
178	中国平安	44.30	42.00	87.25	41.88	19.95	56.95	49.07
179	四川双马	80.00	6.00	69.75	51.01	60.66	40.55	49.03
180	卓翼科技	27.50	64.78	56.43	54.68	30.08	50.75	48.96
181	复星医药	41.00	36.99	67.40	52.97	40.24	51.40	48.92
182	民生银行	50.05	46.26	81.50	42.23	18.08	55.87	48.91
183	中航飞机	62.00	24.40	75.88	44.06	23.25	69.30	48.84
184	杭齿前进	37.50	16.20	69.50	62.34	34.49	67.88	48.82
185	浦东金桥	33.80	44.39	77.50	46.94	30.95	52.33	48.76
186	双汇发展	45.00	38.16	77.88	43.37	27.24	58.88	48.69
187	安迪苏	61.75	32.14	75.63	46.19	35.87	45.78	48.58
188	创业环保	57.25	30.92	66.38	51.47	29.62	59.55	48.55
189	华电国际	56.50	16.60	82.25	41.80	42.86	54.23	48.44
190	山推股份	37.50	13.66	68.38	53.70	35.06	77.23	48.39
191	粤电力A	69.00	24.53	84.50	34.54	39.24	47.70	48.39
192	中国国贸	67.75	39.92	71.75	47.53	28.61	43.33	48.38
193	北方国际	78.00	6.00	77.25	51.98	44.11	46.10	48.38
194	榕基软件	22.50	0.00	70.18	37.28	84.98	63.43	48.31
195	龙蟒佰利	22.50	22.00	82.33	61.24	30.83	59.43	48.30
196	启迪桑德	60.00	0.00	83.88	50.99	32.58	67.48	48.28
197	轴研科技	41.25	19.76	63.38	62.64	28.75	70.73	48.27
198	海立股份	41.25	24.40	77.50	54.80	42.74	45.50	48.21
199	银宝山新	33.75	16.66	76.13	42.76	55.83	57.50	48.17
200	通宝能源	49.00	16.70	72.50	47.42	44.23	59.20	48.11
201	中信重工	26.25	40.66	69.13	60.43	26.03	56.40	48.10
202	文投控股	49.50	6.66	75.60	41.81	32.10	83.55	48.10
203	云煤能源	40.75	32.25	64.10	52.35	21.92	73.20	47.96
204	中国电建	74.00	6.00	80.38	49.83	40.52	48.50	47.94

续表

社会责任能力成熟度排名	公司名称	社会责任理念与战略	社会责任推进管理	经济价值创造能力	社会价值创造能力	环境价值创造能力	合规透明运营能力	综合得分
205	京能电力	50.00	22.40	78.63	52.99	27.17	57.23	47.91
206	万达电影	28.25	14.66	76.00	50.19	47.60	62.03	47.91
207	紫金矿业	47.50	13.88	72.63	58.89	33.49	60.20	47.79
208	桂东电力	49.75	6.00	76.38	49.87	49.51	56.08	47.78
209	盐田港	26.50	8.00	75.00	50.81	37.38	79.25	47.73
210	顺丰控股	57.75	8.00	90.00	55.77	40.50	38.63	47.70
211	通鼎互联	30.00	0.00	71.75	51.28	67.98	57.25	47.69
212	大华股份	42.50	0.00	69.68	37.32	58.48	75.75	47.67
213	中国动力	55.00	21.20	64.13	69.69	40.25	38.90	47.65
214	东软集团	73.75	25.31	70.93	51.42	5.00	70.53	47.55
215	中国西电	62.50	22.57	71.90	51.23	30.13	53.48	47.52
216	新大陆	57.50	0.00	76.08	58.03	31.61	66.20	47.49
217	纳川股份	51.00	45.00	69.03	43.24	32.20	45.73	47.43
218	新野纺织	27.50	8.00	77.25	68.24	52.11	42.53	47.41
219	莱宝高科	27.50	0.00	70.88	53.11	52.49	71.60	47.40
220	广泽股份	63.75	3.20	60.38	66.05	50.99	47.28	47.39
221	锡业股份	36.25	13.20	72.88	58.62	43.09	55.15	47.35
222	昆药集团	71.75	10.49	77.25	47.46	20.62	67.38	47.35
223	亚宝药业	50.00	26.05	63.20	54.85	36.32	54.40	47.27
224	中航电子	50.00	17.40	68.38	60.64	25.73	62.10	47.16
225	沃尔核材	42.50	0.00	69.50	57.89	54.48	56.47	47.15
226	冀中能源	53.25	6.80	69.00	42.92	46.37	67.23	47.14
227	川润股份	46.25	2.40	66.13	58.19	47.59	61.85	47.13
228	华润三九	51.50	33.49	74.53	58.06	23.87	43.25	47.13
229	盾安环境	42.50	6.80	70.25	43.31	53.22	64.35	47.08
230	江南嘉捷	38.75	14.70	68.63	63.60	25.83	66.88	47.01
231	中国银行	31.80	54.00	76.58	40.96	14.75	57.18	47.00
232	天桥起重	17.50	4.00	72.88	58.72	52.19	63.50	46.98
233	中国重工	31.25	46.99	54.13	65.80	19.49	57.15	46.96
234	凤凰传媒	38.25	6.66	71.00	45.87	36.35	79.75	46.96
235	上港集团	65.25	8.00	72.38	52.85	31.75	59.25	46.89
236	海亮股份	55.00	8.10	75.13	54.93	38.23	53.45	46.87
237	广电运通	62.50	0.00	75.13	54.90	45.49	50.13	46.86

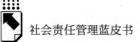

续表

社会责任能力成熟度排名	公司名称	社会责任理念与战略	社会责任推进管理	经济价值创造能力	社会价值创造能力	环境价值创造能力	合规透明运营能力	综合得分
238	广日股份	20.00	16.60	72.25	63.31	35.49	61.25	46.80
239	柳钢股份	45.00	7.82	71.75	58.29	45.74	51.35	46.79
240	神火股份	43.75	18.00	71.50	45.02	51.37	49.45	46.74
241	泰达股份	71.75	0.00	77.25	44.33	22.82	75.33	46.72
242	洛阳钼业	23.75	12.80	78.63	59.29	36.69	58.95	46.72
243	天舟文化	25.75	39.19	76.78	48.54	27.60	53.05	46.70
244	会稽山	38.00	25.40	73.38	47.08	46.53	45.68	46.65
245	徐工机械	63.75	17.60	70.05	50.93	30.07	54.95	46.62
246	浦东建设	80.00	6.00	80.25	40.82	41.49	45.98	46.62
247	航发动力	31.50	23.60	67.25	39.22	49.79	61.15	46.53
248	冀东水泥	70.00	6.00	69.50	50.61	49.07	44.30	46.51
249	翠微股份	47.50	18.26	73.63	66.48	23.55	49.65	46.43
250	中工国际	74.00	6.00	75.88	43.15	38.07	53.65	46.41
251	中原特钢	43.75	8.00	52.38	60.23	50.45	62.45	46.41
252	中炬高新	10.00	0.00	75.63	61.87	58.32	56.30	46.38
253	惠而浦	50.00	0.00	79.13	52.46	32.65	65.65	46.38
254	城市传媒	45.75	3.33	70.15	55.56	33.35	69.70	46.35
255	深圳机场	39.00	8.00	78.38	55.84	44.25	49.25	46.33
256	陆家嘴	51.40	22.52	82.25	42.66	25.90	55.40	46.31
257	海格通信	15.00	0.00	70.88	50.21	46.75	81.10	46.31
258	东方电气	65.00	12.89	63.23	42.53	28.25	74.25	46.31
259	新朋股份	60.00	4.00	72.50	54.02	42.31	51.05	46.30
260	中南传媒	35.75	6.66	71.68	45.68	36.35	76.80	46.27
261	涪陵电力	47.50	16.80	75.88	57.21	19.73	60.78	46.22
262	东晶电子	40.00	0.00	62.33	39.54	64.99	67.65	46.21
263	易成新能	50.00	17.08	68.38	44.94	44.29	54.25	46.21
264	中粮地产	47.25	23.96	76.50	43.66	25.75	60.45	46.18
265	立讯精密	21.25	0.00	78.45	64.13	21.25	80.76	46.15
266	碧水源	51.00	2.00	83.63	43.65	35.02	63.68	46.13
267	中国人寿	40.80	40.00	83.80	41.60	14.95	53.25	46.13
268	人民网	63.75	40.08	69.60	41.76	0.00	69.38	46.12
269	闽东电力	48.00	5.80	72.70	56.69	31.96	62.25	46.09
270	苏州高新	63.95	18.80	73.38	43.60	25.94	58.45	46.02

续表

社会责任能力成熟度排名	公司名称	社会责任理念与战略	社会责任推进管理	经济价值创造能力	社会价值创造能力	环境价值创造能力	合规透明运营能力	综合得分
271	东华软件	50.00	0.00	67.00	61.00	27.49	72.40	46.02
272	华媒控股	24.50	6.66	70.80	48.83	36.10	79.60	46.01
273	一拖股份	17.50	18.73	70.88	62.34	40.74	53.15	46.00
274	南玻 A	72.00	12.40	75.88	51.68	40.99	34.35	45.95
275	康强电子	30.00	0.00	75.10	40.29	82.86	40.30	45.94
276	广安爱众	38.00	21.00	74.75	49.86	24.25	63.78	45.85
277	华金资本	42.50	0.00	77.25	71.18	27.66	55.00	45.85
278	中信银行	30.80	52.66	84.98	44.91	14.75	40.10	45.81
279	分众传媒	27.00	22.66	74.00	46.95	37.10	58.70	45.79
280	东北证券	71.05	21.00	74.70	37.89	22.08	59.08	45.76
281	武汉凡谷	35.00	0.00	49.13	57.27	78.61	48.85	45.59
282	共进股份	67.50	46.52	61.50	45.57	11.50	50.50	45.55
283	依顿电子	67.50	46.52	61.50	45.57	11.50	50.50	45.55
284	南钢股份	43.75	0.40	70.38	64.15	35.29	58.50	45.54
285	马应龙	60.00	12.59	68.13	46.02	25.08	67.88	45.54
286	金隅股份	40.00	14.00	80.88	52.02	57.24	26.63	45.54
287	中核钛白	30.00	8.00	67.43	45.55	51.29	63.95	45.52
288	电广传媒	23.25	6.66	66.80	43.46	36.60	85.88	45.42
289	中科曙光	58.75	5.33	72.25	43.62	29.62	68.83	45.41
290	云铝股份	45.00	18.80	71.75	41.42	47.04	48.25	45.41
291	日海通讯	67.50	0.00	69.05	36.32	51.74	57.65	45.41
292	赛轮金宇	38.75	0.00	78.23	67.40	45.99	39.08	45.40
293	航天电子	41.50	24.20	74.13	39.18	33.63	58.00	45.39
294	皖维高新	51.25	0.00	72.73	62.76	42.24	45.98	45.39
295	蓝光发展	43.75	16.92	80.88	50.28	27.95	51.83	45.39
296	湖南黄金	38.75	6.00	66.25	51.40	45.69	60.75	45.29
297	梅花生物	25.00	0.00	74.25	46.72	56.15	60.50	45.27
298	文山电力	56.00	24.00	77.68	39.09	28.35	51.05	45.23
299	浔兴股份	37.50	0.00	69.25	54.33	50.74	56.05	45.21
300	杰瑞股份	27.00	2.00	65.38	55.78	45.17	67.80	45.20
301	中远海特	70.25	8.00	62.75	41.68	37.38	62.25	45.19
302	光大银行	25.30	30.99	84.95	45.57	17.95	57.40	45.16
303	首钢股份	40.00	18.40	84.75	39.31	38.79	47.35	45.15

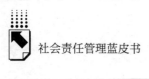
续表

社会责任能力成熟度排名	公司名称	社会责任理念与战略	社会责任推进管理	经济价值创造能力	社会价值创造能力	环境价值创造能力	合规透明运营能力	综合得分
304	山河智能	36.25	6.00	69.50	47.96	44.09	62.95	45.11
305	申通快递	50.25	8.00	83.63	35.92	41.13	54.00	45.11
306	新文化	24.50	6.66	65.68	47.21	42.23	75.18	45.10
307	铜陵有色	37.50	9.60	70.63	46.93	46.22	56.28	45.09
308	天士力	68.75	13.03	81.38	44.44	23.37	50.05	45.08
309	国脉科技	50.00	11.20	66.75	45.23	22.75	76.73	45.08
310	招商蛇口	38.20	19.10	87.00	39.74	30.73	52.63	45.07
311	大连港	51.50	8.00	71.50	42.55	37.38	62.25	45.05
312	信达地产	39.00	34.88	76.50	35.52	31.20	50.48	45.04
313	美欣达	46.25	3.33	67.25	49.51	43.74	60.65	45.03
314	华友钴业	38.75	12.00	67.00	55.62	33.19	60.70	45.01
315	南洋科技	32.50	0.00	75.38	41.25	61.99	53.33	45.00
316	襄阳轴承	48.75	10.00	74.25	47.48	28.26	62.63	44.94
317	华侨城A	42.60	4.50	84.50	45.15	36.42	55.35	44.93
318	海马汽车	62.50	30.00	63.63	63.92	34.50	22.80	44.92
319	鑫科材料	41.25	9.20	72.00	52.28	25.84	67.15	44.89
320	江铃汽车	28.75	8.00	77.03	62.11	39.37	46.73	44.86
321	歌华有线	28.25	3.33	67.88	55.10	41.43	65.70	44.84
322	大众公用	55.75	17.40	69.25	52.50	21.70	57.20	44.82
323	万和电气	42.50	0.00	73.38	54.64	49.90	47.45	44.82
324	奥普光电	36.50	0.00	65.18	51.53	48.74	63.20	44.81
325	浙数文化	35.75	3.33	68.48	51.09	30.60	75.55	44.80
326	京山轻机	26.25	10.80	70.00	50.45	44.90	57.88	44.75
327	出版传媒	28.25	3.33	70.58	50.39	51.85	56.75	44.75
328	申万宏源	52.80	13.80	64.88	47.04	26.78	66.63	44.72
329	天富能源	40.00	10.40	73.63	53.70	35.89	52.48	44.70
330	大族激光	47.50	0.00	74.50	52.56	35.12	59.70	44.69
331	黔源电力	59.50	5.80	68.88	50.79	33.45	56.28	44.68
332	赣锋锂业	48.75	10.00	70.38	49.74	38.39	52.55	44.66
333	石基信息	20.00	0.00	80.63	50.81	51.98	53.60	44.66
334	华谊兄弟	28.25	6.66	72.20	47.53	27.60	78.40	44.66
335	亚泰集团	80.00	6.00	68.00	42.41	32.49	54.73	44.65
336	大齐锂业	35.00	8.00	71.50	56.90	39.99	52.15	44.64

续表

社会责任能力成熟度排名	公司名称	社会责任理念与战略	社会责任推进管理	经济价值创造能力	社会价值创造能力	环境价值创造能力	合规透明运营能力	综合得分
337	双环传动	46.25	3.20	67.00	46.69	47.41	57.68	44.58
338	北辰实业	49.40	19.29	78.38	46.61	26.59	49.05	44.52
339	横店东磁	42.50	0.00	65.00	45.44	52.73	60.48	44.51
340	山东钢铁	43.75	21.86	65.88	55.00	35.89	44.25	44.49
341	*ST华菱	40.00	12.00	64.75	50.60	50.34	47.25	44.49
342	大连重工	21.25	1.20	68.38	48.03	52.44	65.30	44.49
343	风华高科	80.00	0.00	85.00	51.83	25.33	40.45	44.47
344	荣盛发展	57.15	14.00	83.38	50.76	24.26	42.78	44.45
345	雅戈尔	58.00	8.00	74.00	41.43	40.23	50.88	44.41
346	东方市场	42.00	22.80	75.50	43.69	32.24	49.15	44.41
347	国投中鲁	45.00	19.40	60.63	59.66	39.57	42.45	44.41
348	超声电子	60.00	0.00	80.00	39.36	47.99	46.00	44.40
349	皖通高速	36.50	8.00	70.38	44.69	37.38	65.78	44.37
350	永兴特钢	38.75	13.20	68.13	48.66	40.21	54.70	44.36
351	栖霞建设	53.40	24.96	65.88	41.98	30.52	53.33	44.34
352	新北洋	62.50	0.00	68.13	48.91	43.23	51.20	44.31
353	中国长城	70.00	0.00	77.75	50.84	33.74	44.95	44.31
354	福能股份	56.25	10.00	68.25	46.64	39.49	50.53	44.31
355	巨轮智能	47.50	10.80	64.75	50.21	27.67	66.20	44.28
356	中材科技	72.00	6.00	60.75	49.19	24.58	65.43	44.27
357	宇顺电子	36.25	0.00	67.25	42.81	63.99	51.50	44.22
358	恒宝股份	12.50	0.00	70.78	44.93	76.48	46.40	44.20
359	阳光城	52.40	13.36	79.75	41.35	35.59	46.23	44.17
360	山东威达	46.25	7.60	70.88	41.96	35.54	63.65	44.16
361	伟星股份	56.25	3.33	77.25	45.31	32.57	55.28	44.10
362	诺力股份	17.50	14.53	64.00	59.07	37.37	60.30	44.10
363	海印股份	13.00	26.20	74.13	48.98	17.50	70.93	44.09
364	华能国际	44.00	17.00	77.63	38.90	26.41	60.13	44.01
365	金鸿能源	49.50	9.40	80.25	47.39	24.60	55.35	44.01
366	博瑞传播	43.25	6.66	65.63	51.49	27.60	69.05	44.00
367	金螳螂	74.00	6.00	78.13	44.26	33.74	41.20	44.00
368	宇通客车	22.50	0.00	80.05	71.85	36.74	43.25	43.99
369	沪电股份	22.50	0.00	74.05	30.24	58.07	69.40	43.97

续表

社会责任能力成熟度排名	公司名称	社会责任理念与战略	社会责任推进管理	经济价值创造能力	社会价值创造能力	环境价值创造能力	合规透明运营能力	综合得分
370	华录百纳	30.75	0.00	73.13	45.61	48.09	60.10	43.92
371	唐山港	54.00	8.00	75.38	37.67	29.25	63.63	43.91
372	珠江实业	47.80	27.40	72.50	40.96	27.49	49.00	43.90
373	韵达股份	82.75	8.00	82.50	30.13	28.00	49.13	43.87
374	格林美	38.75	17.12	66.75	43.77	44.34	49.80	43.80
375	重庆燃气	42.00	17.20	72.50	52.15	30.08	48.00	43.79
376	华发股份	39.35	27.08	82.00	40.29	28.08	43.63	43.73
377	黑牡丹	54.50	23.40	72.88	34.80	31.85	49.53	43.69
378	江西铜业	42.50	1.60	75.38	47.97	29.84	64.10	43.65
379	大唐发电	61.50	1.20	83.63	41.71	31.69	50.10	43.65
380	康盛股份	28.75	18.80	69.50	41.33	47.54	49.35	43.65
381	四方达	46.25	17.56	60.00	48.45	34.99	55.75	43.64
382	软控股份	45.00	11.60	53.88	51.60	27.84	72.53	43.64
383	超华科技	33.75	0.00	54.63	46.77	48.74	73.53	43.63
384	洛阳玻璃	50.00	0.00	65.63	56.47	37.95	54.43	43.60
385	中材国际	33.75	12.20	67.63	59.88	32.45	51.30	43.60
386	联发股份	27.50	0.00	78.63	52.50	43.04	52.70	43.58
387	荣安地产	47.60	11.40	79.75	37.54	36.94	50.03	43.58
388	招商证券	37.05	31.52	78.90	44.73	15.95	50.35	43.57
389	粤水电	74.00	6.00	72.25	47.74	24.99	49.93	43.56
390	世荣兆业	31.55	15.00	75.00	42.34	43.28	48.83	43.55
391	凌钢股份	45.00	4.80	73.13	36.14	39.04	63.45	43.48
392	徐家汇	44.50	35.00	67.00	47.10	23.26	44.40	43.47
393	中国武夷	32.60	23.32	71.75	43.16	32.37	52.73	43.46
394	天奇股份	38.75	13.60	67.88	42.91	40.10	55.40	43.45
395	金山股份	51.00	26.80	77.25	42.10	20.75	46.18	43.45
396	陕国投 A	48.55	23.00	72.00	42.73	17.45	59.18	43.44
397	北方导航	36.50	19.60	70.88	39.19	27.73	63.65	43.44
398	闽发铝业	47.50	5.60	63.38	56.28	37.59	52.05	43.43
399	金地集团	36.40	22.20	85.63	46.24	28.49	38.40	43.41
400	西藏天路	74.00	6.00	70.88	29.29	33.99	59.83	43.40
401	康力电梯	22.50	6.00	70.88	55.54	32.18	63.95	43.39
402	世纪星源	39.25	18.40	67.00	30.08	37.59	66.10	43.38

续表

社会责任能力成熟度排名	公司名称	社会责任理念与战略	社会责任推进管理	经济价值创造能力	社会价值创造能力	环境价值创造能力	合规透明运营能力	综合得分
403	振华科技	57.50	0.00	81.38	25.90	36.74	64.95	43.36
404	鸿博股份	51.75	0.00	75.88	37.89	37.34	60.75	43.31
405	卫士通	22.50	0.00	73.35	46.02	40.73	67.70	43.25
406	江中药业	55.50	7.57	68.18	34.73	39.49	59.40	43.24
407	时代出版	38.25	3.33	68.05	43.61	35.60	67.58	43.10
408	证通电子	45.00	0.00	64.25	45.57	50.73	53.65	43.06
409	中远海控	64.00	12.00	61.13	29.01	39.71	61.50	43.00
410	一汽轿车	28.75	0.00	65.60	48.56	46.87	61.90	43.00
411	粤传媒	25.75	16.00	64.08	41.16	47.35	55.90	42.98
412	东方明珠	28.25	3.33	73.10	47.68	33.98	64.93	42.97
413	深高速	41.50	8.00	75.63	45.77	29.00	57.25	42.97
414	光明地产	42.10	18.56	79.25	43.77	21.73	51.95	42.96
415	*ST 沈机	35.00	53.86	43.88	33.82	42.91	44.63	42.94
416	胜利股份	50.00	24.80	84.50	40.87	13.00	47.45	42.91
417	福耀玻璃	33.75	0.00	80.05	63.29	30.87	45.10	42.85
418	北京城建	42.10	20.28	82.00	38.70	24.85	48.80	42.84
419	*ST 钒钛	36.25	6.40	53.38	53.39	45.79	58.63	42.79
420	兴发集团	26.25	0.00	65.50	56.28	52.99	48.33	42.78
421	深圳能源	53.50	19.60	75.63	36.16	27.54	48.90	42.76
422	圆通速递	57.75	8.00	79.50	41.21	29.25	47.25	42.71
423	久立特材	46.25	8.90	68.13	45.50	45.34	43.65	42.70
424	正泰电器	57.50	11.16	77.65	40.86	22.58	52.95	42.68
425	中泰化学	6.25	0.00	80.20	45.92	33.16	74.35	42.68
426	旗滨集团	78.00	6.00	74.25	37.42	24.00	51.88	42.64
427	钢研高纳	38.75	8.80	63.38	50.44	34.00	58.50	42.60
428	海虹控股	60.00	0.00	76.08	41.04	24.50	61.30	42.52
429	湖北能源	56.00	0.00	79.75	47.36	26.38	51.35	42.47
430	百隆东方	37.50	9.73	71.50	50.25	30.49	53.08	42.46
431	华远地产	38.85	12.90	72.88	35.58	28.50	64.50	42.45
432	巨力索具	32.50	2.80	69.50	48.75	46.29	50.40	42.44
433	兴业科技	52.50	0.00	69.25	40.83	46.36	50.10	42.43
434	键桥通讯	50.00	0.00	52.75	51.16	55.36	48.44	42.39
435	东方钽业	50.00	11.60	55.00	50.65	35.94	54.50	42.38

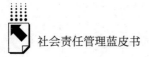
续表

社会责任能力成熟度排名	公司名称	社会责任理念与战略	社会责任推进管理	经济价值创造能力	社会价值创造能力	环境价值创造能力	合规透明运营能力	综合得分
436	海源机械	48.75	5.20	60.75	46.28	42.56	53.58	42.38
437	实达集团	62.50	4.00	78.58	34.72	25.33	58.08	42.37
438	水晶光电	17.50	0.00	76.75	49.05	49.99	49.88	42.37
439	西昌电力	50.75	13.80	62.38	49.32	26.70	54.98	42.37
440	双环科技	37.50	22.50	65.80	38.39	30.83	56.60	42.29
441	成飞集成	22.50	4.00	69.75	48.97	44.51	55.15	42.28
442	马钢股份	35.00	4.14	70.13	58.72	36.14	46.25	42.27
443	广宇发展	40.85	15.80	82.50	35.43	30.24	48.13	42.26
444	河钢股份	18.75	4.40	76.25	49.92	42.19	51.50	42.24
445	巨化股份	33.75	11.20	67.53	60.87	42.53	33.68	42.22
446	国药股份	30.00	8.40	76.50	49.03	37.49	46.38	42.20
447	大名城	43.70	14.60	79.75	39.43	21.90	54.40	42.18
448	国星光电	76.00	0.00	73.55	29.25	39.36	49.90	42.17
449	东华科技	72.00	6.00	68.63	41.37	27.74	50.50	42.16
450	中国医药	30.00	6.00	80.63	53.66	18.75	58.43	42.14
451	贵研铂业	40.00	15.72	67.88	45.76	28.89	53.65	42.14
452	三峡水利	60.25	5.60	76.38	45.01	29.78	43.80	42.13
453	国新能源	53.50	11.40	77.50	56.25	9.75	49.38	42.12
454	凯迪生态	41.50	0.60	77.23	32.67	41.69	58.75	42.12
455	国信证券	42.80	30.33	77.03	38.28	19.70	44.66	42.08
456	浙江龙盛	33.75	18.73	70.53	48.92	26.91	49.90	42.07
457	金陵饭店	42.50	0.00	68.38	53.42	43.24	45.05	42.06
458	机器人	30.00	26.76	76.13	32.94	33.47	47.68	42.05
459	大港股份	53.00	8.60	76.38	33.85	32.10	53.13	42.03
460	新集能源	23.25	7.99	68.65	38.78	47.41	57.70	42.02
461	潍柴重机	57.50	6.00	65.88	34.37	37.53	57.60	42.00
462	安泰科技	43.75	6.00	60.50	47.30	41.54	53.65	41.99
463	宏润建设	72.00	6.00	73.38	51.94	28.58	33.25	41.97
464	广晟有色	38.75	9.60	57.00	50.71	34.24	60.05	41.96
465	利欧股份	23.25	16.00	75.70	41.45	27.60	59.23	41.92
466	上实发展	40.70	14.30	72.88	40.96	28.33	53.78	41.91
467	老百姓	50.00	4.00	70.88	50.00	29.12	51.00	41.90
468	辉煌科技	20.00	0.00	67.18	41.30	51.98	61.18	41.89

续表

社会责任能力成熟度排名	公司名称	社会责任理念与战略	社会责任推进管理	经济价值创造能力	社会价值创造能力	环境价值创造能力	合规透明运营能力	综合得分
469	星网锐捷	17.50	0.00	77.23	43.08	41.98	60.65	41.88
470	渤海金控	47.55	11.00	77.63	41.34	26.33	49.95	41.88
471	安阳钢铁	36.25	19.20	70.38	48.84	30.59	43.45	41.87
472	驰宏锌锗	41.25	17.04	59.13	57.25	38.44	37.75	41.85
473	陕鼓动力	27.50	38.33	67.00	48.55	12.91	50.33	41.83
474	川投能源	38.50	28.00	69.50	36.47	30.54	46.45	41.82
475	兴森科技	40.00	0.00	74.50	36.44	45.49	53.65	41.81
476	宁波富达	49.40	8.60	74.25	38.81	40.27	42.93	41.81
477	美的集团	25.00	0.00	81.50	40.88	25.49	70.50	41.81
478	上海机场	41.50	8.00	80.88	44.91	28.00	47.25	41.78
479	金钼股份	36.25	13.20	69.50	45.98	24.94	58.25	41.76
480	华谊嘉信	44.50	0.00	71.50	43.65	27.60	64.50	41.75
481	思美传媒	28.25	0.00	76.40	48.54	27.60	63.63	41.73
482	四川成渝	32.75	8.00	74.25	37.26	39.82	54.25	41.72
483	万年青	80.00	6.00	74.50	35.86	24.07	46.90	41.72
484	汇川技术	45.00	0.00	74.75	60.49	26.49	45.00	41.71
485	锦江股份	65.00	0.00	81.38	34.68	21.66	57.88	41.71
486	建投能源	49.50	2.20	75.38	32.08	37.70	56.75	41.69
487	江苏有线	35.75	0.00	76.48	43.26	27.60	64.15	41.64
488	威海广泰	40.00	8.40	78.63	47.34	10.68	63.95	41.62
489	林洋能源	51.25	10.33	70.85	39.45	34.71	47.38	41.61
490	雪人股份	35.00	24.29	73.88	40.17	32.67	40.58	41.58
491	西藏矿业	37.50	25.86	61.38	48.33	36.29	38.25	41.57
492	紫光股份	90.00	0.00	90.00	38.90	0.00	51.80	41.53
493	豫光金铅	42.50	14.10	71.75	50.47	23.99	46.65	41.50
494	西山煤电	39.50	8.40	74.50	40.98	30.10	54.63	41.50
495	苏宁环球	33.15	12.24	82.25	37.43	31.42	48.80	41.50
496	科林环保	52.50	3.20	62.00	37.83	46.49	51.60	41.45
497	新时达	55.00	0.00	69.75	47.63	27.99	54.28	41.44
498	石化油服	19.50	2.00	67.50	53.00	36.42	60.33	41.41
499	伟明环保	51.00	8.40	77.50	35.31	25.49	54.98	41.40
500	新兴铸管	20.00	12.80	63.88	40.78	48.09	53.25	41.38
501	南山铝业	35.00	5.20	75.63	42.38	25.49	61.75	41.38

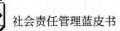

续表

社会责任能力成熟度排名	公司名称	社会责任理念与战略	社会责任推进管理	经济价值创造能力	社会价值创造能力	环境价值创造能力	合规透明运营能力	综合得分
502	苏州固锝	53.75	0.00	60.75	49.19	24.58	65.43	41.36
503	中国核电	15.00	15.20	82.25	46.07	31.04	46.90	41.36
504	嘉宝集团	45.70	13.00	75.00	44.78	27.98	43.63	41.36
505	美克家居	47.50	0.00	72.25	54.74	28.65	47.68	41.35
506	广电网络	32.00	16.00	69.53	43.30	35.10	48.00	41.35
507	雪峰科技	51.25	7.69	61.90	43.53	26.58	61.53	41.35
508	新华联	42.40	11.84	85.63	35.85	23.25	49.50	41.33
509	白云机场	41.50	8.00	79.50	34.95	34.25	49.75	41.31
510	金财互联	18.75	6.40	68.38	36.33	51.81	56.08	41.29
511	森马服饰	27.50	0.00	82.00	54.85	18.75	58.38	41.26
512	贵人鸟	31.25	0.00	76.13	48.51	28.73	58.45	41.25
513	亚威股份	36.25	28.16	73.88	35.57	34.25	37.18	41.25
514	沙钢股份	46.25	4.80	69.25	54.36	31.61	43.40	41.24
515	天津港	45.25	8.00	70.13	47.36	30.08	48.38	41.23
516	永辉超市	37.50	7.60	67.13	74.01	21.75	37.75	41.23
517	片仔癀	55.75	16.85	73.40	42.80	29.91	35.13	41.23
518	皖新传媒	40.75	0.00	74.68	40.34	27.60	63.80	41.23
519	粤高速A	57.75	8.00	85.25	31.46	23.00	49.25	41.23
520	赣能股份	56.00	0.00	76.38	36.68	28.66	56.05	41.20
521	宏达高科	18.75	0.00	69.75	49.03	49.74	49.88	41.19
522	中国巨石	76.00	6.00	77.00	40.69	20.74	41.93	41.14
523	汉缆股份	45.00	0.00	70.88	51.94	28.99	51.73	41.13
524	新华保险	33.30	4.00	79.95	50.16	23.60	52.20	41.11
525	恒星科技	46.25	5.60	69.25	47.62	31.10	49.10	41.11
526	南京高科	45.90	13.96	74.00	40.75	28.06	46.10	41.11
527	云图控股	32.50	4.00	72.75	46.34	20.99	66.10	41.08
528	三湘印象	45.00	14.20	79.75	34.51	31.92	42.80	41.07
529	营口港	51.50	8.00	63.13	40.54	30.50	57.25	41.04
530	中弘股份	48.00	15.80	76.38	30.00	29.77	49.28	41.02
531	天地源	52.65	6.44	67.00	42.03	37.88	45.25	41.01
532	天龙集团	33.25	0.00	70.70	41.39	35.10	62.10	41.00
533	江淮汽车	32.50	0.00	80.73	62.32	20.25	46.20	40.96
534	永新股份	56.25	0.00	69.50	55.08	26.12	45.55	40.95

续表

社会责任能力成熟度排名	公司名称	社会责任理念与战略	社会责任推进管理	经济价值创造能力	社会价值创造能力	环境价值创造能力	合规透明运营能力	综合得分
535	博深工具	22.50	2.40	67.25	42.73	42.01	60.35	40.90
536	安信信托	31.55	20.40	78.58	39.22	16.95	54.55	40.90
537	清新环境	54.50	8.20	77.25	36.55	28.74	46.15	40.89
538	豪迈科技	27.50	20.13	78.63	42.46	28.38	42.20	40.87
539	亚邦股份	52.50	0.00	72.00	56.20	24.99	44.68	40.87
540	伟星新材	70.00	12.66	68.38	38.63	26.74	41.60	40.84
541	金洲管道	48.75	14.00	63.63	49.12	31.04	42.00	40.84
542	塔牌集团	80.00	6.00	70.00	44.60	24.99	36.83	40.84
543	华策影视	23.25	0.00	74.98	43.31	34.98	60.68	40.83
544	南威软件	65.00	10.40	68.88	42.70	16.88	51.85	40.83
545	海南橡胶	32.25	17.40	54.88	49.61	45.25	41.70	40.82
546	省广股份	25.75	16.00	75.18	38.60	27.60	55.00	40.80
547	山东黄金	41.25	13.82	77.88	47.97	23.84	40.25	40.80
548	中闽能源	60.00	0.00	75.25	30.00	40.23	47.80	40.79
549	东方证券	30.30	4.00	73.63	49.80	25.33	56.98	40.78
550	华润双鹤	38.00	17.46	68.68	51.16	24.29	43.60	40.73
551	市北高新	31.95	22.10	72.00	45.32	25.44	43.65	40.73
552	神州高铁	51.50	8.00	69.25	37.81	34.25	48.13	40.69
553	永高股份	72.00	6.00	73.63	30.96	37.24	37.98	40.64
554	汉钟精机	35.00	3.60	72.25	44.31	32.54	53.65	40.64
555	悦心健康	78.00	6.00	68.63	34.40	38.24	35.15	40.63
556	五矿资本	36.25	5.20	73.88	44.64	30.84	51.05	40.63
557	香江控股	44.60	11.80	74.00	40.61	34.68	39.88	40.63
558	新湖中宝	33.35	10.00	84.50	35.68	31.83	44.98	40.59
559	棕榈股份	70.00	6.00	68.63	33.21	18.75	59.93	40.57
560	威孚高科	35.00	0.00	75.88	65.67	28.99	35.40	40.57
561	酒钢宏兴	36.25	6.00	64.75	51.00	22.69	60.65	40.54
562	岷江水电	49.25	4.40	77.50	39.90	20.95	54.90	40.50
563	华海药业	63.00	4.77	74.33	37.55	24.08	49.25	40.49
564	中原高速	39.00	8.00	68.13	37.51	29.25	60.33	40.48
565	冠福股份	51.75	12.00	69.23	48.38	23.24	43.28	40.48
566	拓日新能	10.00	0.00	62.50	44.55	58.50	53.65	40.46
567	厦门钨业	48.75	12.66	68.13	51.49	19.39	45.85	40.43

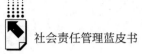

续表

社会责任能力成熟度排名	公司名称	社会责任理念与战略	社会责任推进管理	经济价值创造能力	社会价值创造能力	环境价值创造能力	合规透明运营能力	综合得分
568	高能环境	50.00	11.60	77.50	23.62	29.39	54.60	40.41
569	首创股份	56.50	14.00	78.63	25.26	29.66	45.55	40.41
570	楚江新材	40.00	0.80	69.25	42.01	36.04	54.10	40.40
571	世联行	45.40	11.60	80.88	42.71	29.37	34.63	40.39
572	精工钢构	72.00	6.00	69.50	35.08	21.00	52.75	40.38
573	当代东方	20.75	0.00	77.88	39.06	40.60	55.15	40.36
574	宝鹰股份	76.00	6.00	74.75	49.60	19.41	32.10	40.34
575	格力地产	40.65	2.60	68.50	42.55	40.78	47.00	40.32
576	德美化工	18.75	0.00	70.03	57.89	30.25	55.38	40.31
577	宁沪高速	39.00	8.00	71.25	33.01	33.88	56.13	40.31
578	新五丰	28.75	11.20	69.00	49.13	31.48	46.85	40.25
579	北方稀土	42.50	11.20	65.00	56.18	28.39	39.25	40.25
580	亚厦股份	76.00	6.00	73.38	42.85	27.74	31.40	40.24
581	宝钛股份	33.75	12.40	61.38	51.09	28.79	51.15	40.24
582	泛海控股	16.75	4.50	73.75	35.93	32.82	67.23	40.23
583	星湖科技	32.50	0.00	65.00	53.26	41.86	45.28	40.22
584	冀东装备	46.25	2.80	64.50	39.90	36.63	53.88	40.21
585	华鹏飞	39.00	8.00	77.75	35.85	34.25	45.75	40.19
586	太阳电缆	60.00	13.19	66.13	36.46	23.16	51.00	40.18
587	光线传媒	18.25	6.66	66.83	39.49	30.10	70.00	40.18
588	七匹狼	36.25	0.00	68.13	44.56	10.75	79.50	40.15
589	中南文化	19.50	0.00	73.98	44.28	35.10	58.85	40.15
590	通润装备	36.25	3.60	67.88	40.90	31.53	58.90	40.13
591	新华制药	45.75	10.39	66.78	50.90	22.78	46.60	40.12
592	联建光电	24.50	0.00	77.10	44.99	27.60	59.50	40.10
593	飞亚达A	52.50	0.00	65.88	46.84	10.00	70.88	40.10
594	深圳华强	49.25	0.00	70.38	33.62	33.35	58.03	40.09
595	五矿发展	59.00	1.20	68.63	37.81	25.66	56.65	40.09
596	通化东宝	46.75	10.23	78.90	51.59	14.37	41.63	40.08
597	云天化	26.25	0.00	64.35	49.56	35.91	58.28	40.08
598	洋河股份	30.00	0.00	76.75	43.15	33.29	52.83	40.08
599	深振业A	42.00	0.00	67.00	42.70	19.35	70.23	40.07
600	读者传媒	33.25	0.00	62.88	41.55	27.60	72.00	40.05

续表

社会责任能力成熟度排名	公司名称	社会责任理念与战略	社会责任推进管理	经济价值创造能力	社会价值创造能力	环境价值创造能力	合规透明运营能力	综合得分
601	空港股份	76.00	6.00	66.38	33.03	27.74	47.13	40.05
602	中化国际	56.25	0.00	77.13	46.40	19.08	48.63	40.05
603	浙能电力	44.50	11.60	83.63	28.30	21.65	52.55	40.04
604	天房发展	55.80	16.60	59.38	37.70	28.98	48.75	40.03
605	深康佳A	52.50	36.00	65.25	45.62	5.00	41.33	40.03
606	中油工程	10.75	2.00	81.18	52.57	21.30	59.30	40.02
607	中色股份	37.50	0.00	67.00	53.61	42.64	38.20	40.01
608	拓邦股份	33.75	0.00	55.25	35.37	63.74	48.95	39.97
609	润邦股份	35.00	2.40	60.13	41.58	42.32	56.18	39.97
610	中金黄金	43.75	6.68	70.13	48.29	25.15	47.45	39.96
611	凯龙股份	31.25	0.00	72.25	56.73	25.50	50.10	39.95
612	中天金融	22.75	14.50	80.88	38.11	26.47	49.28	39.93
613	巨人网络	35.00	0.00	79.53	37.30	28.00	57.38	39.90
614	辽宁成大	41.25	13.60	67.63	36.41	23.85	57.15	39.88
615	滨江集团	32.30	13.80	83.38	40.72	26.95	38.75	39.88
616	潞安环能	12.00	14.00	73.18	39.19	24.26	63.93	39.82
617	天茂集团	57.80	13.60	79.80	43.18	17.61	34.88	39.81
618	广汇汽车	38.50	18.86	84.50	40.62	15.00	40.80	39.81
619	方大特钢	42.50	11.34	71.25	48.24	30.79	35.75	39.78
620	云南城投	46.60	5.80	78.38	35.92	27.19	47.75	39.77
621	华联控股	40.25	13.20	74.25	33.11	20.70	57.23	39.75
622	物产中大	33.75	17.53	75.13	36.45	17.35	55.45	39.72
623	江河集团	76.00	6.00	71.75	39.69	9.38	51.58	39.71
624	华丽家族	31.40	11.50	76.63	44.23	29.59	41.23	39.71
625	太阳能	48.50	9.80	83.35	28.72	20.50	51.25	39.70
626	华信国际	27.00	2.00	77.00	41.98	27.80	56.70	39.69
627	长江传媒	35.75	0.00	70.58	49.14	27.60	53.30	39.68
628	达实智能	41.25	0.00	74.00	21.46	37.99	64.00	39.67
629	韶能股份	53.50	9.60	80.88	26.90	31.89	41.38	39.67
630	东吴证券	41.30	4.00	74.55	51.90	20.95	45.93	39.65
631	银座股份	26.00	18.93	68.38	50.57	20.35	47.60	39.65
632	通富微电	20.00	2.00	63.00	57.03	40.56	48.50	39.64
633	天山股份	78.00	6.00	69.50	24.61	34.91	41.75	39.62

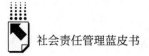

续表

社会责任能力成熟度排名	公司名称	社会责任理念与战略	社会责任推进管理	经济价值创造能力	社会价值创造能力	环境价值创造能力	合规透明运营能力	综合得分
634	新开普	37.50	0.00	77.25	39.65	29.95	52.25	39.59
635	长江润发	35.00	12.80	75.88	27.69	25.59	58.45	39.57
636	有研新材	42.50	7.60	64.75	39.68	21.60	62.55	39.56
637	大龙地产	49.40	12.20	71.75	34.95	29.34	44.08	39.56
638	中华企业	37.70	16.00	78.13	38.28	14.80	51.58	39.55
639	维尔利	64.50	0.00	77.45	32.60	22.00	51.83	39.55
640	红宝丽	36.25	0.00	72.00	44.35	18.33	64.83	39.54
641	广信股份	46.25	22.96	63.58	38.27	29.37	39.75	39.53
642	华帝股份	32.50	0.00	72.25	54.09	30.24	44.98	39.53
643	春兴精工	17.50	3.60	75.63	33.12	49.34	48.10	39.51
644	抚顺特钢	42.50	4.00	65.63	43.67	26.24	56.30	39.50
645	百川能源	63.00	13.60	76.38	33.04	24.95	36.48	39.50
646	许继电气	36.25	0.00	74.08	41.57	24.49	59.05	39.48
647	恒邦股份	26.25	15.94	71.50	43.75	29.44	44.10	39.48
648	中国重汽	13.75	7.20	74.25	35.23	36.43	58.55	39.47
649	丽江旅游	30.00	12.00	66.60	47.07	28.08	48.88	39.47
650	友好集团	46.75	7.20	66.75	37.66	22.05	59.45	39.43
651	数源科技	28.30	12.20	70.00	47.05	24.48	49.63	39.43
652	金岭矿业	32.50	6.80	55.50	46.55	36.27	55.85	39.43
653	中山公用	53.00	7.40	73.38	41.57	26.89	40.25	39.41
654	卧龙电气	58.75	5.70	67.93	44.86	24.25	43.50	39.40
655	新疆众和	45.00	7.50	59.75	54.81	30.29	41.50	39.39
656	湘潭电化	32.50	2.80	64.75	41.54	40.64	51.00	39.38
657	易尚展示	80.00	6.00	63.63	29.93	16.25	58.53	39.38
658	东江环保	47.50	7.40	73.13	45.44	26.99	39.35	39.37
659	三元股份	32.50	4.60	69.25	56.25	32.49	37.95	39.35
660	大晟文化	40.75	0.00	72.30	35.86	27.60	60.15	39.34
661	东方通信	66.25	5.33	66.95	39.59	6.25	63.60	39.33
662	明星电力	54.50	5.80	68.38	39.36	15.10	59.55	39.32
663	奥拓电子	35.00	0.00	66.75	24.37	54.23	53.65	39.32
664	新和成	60.25	0.00	73.40	47.88	28.24	35.43	39.32
665	海宁皮城	26.35	16.50	77.25	39.28	22.62	48.03	39.30
666	国中水务	30.00	0.00	72.75	46.31	23.47	47.70	39.24

续表

社会责任能力成熟度排名	公司名称	社会责任理念与战略	社会责任推进管理	经济价值创造能力	社会价值创造能力	环境价值创造能力	合规透明运营能力	综合得分
667	宁波港	51.50	8.00	75.63	30.49	28.00	47.25	39.24
668	华工科技	25.00	0.00	70.88	49.31	43.03	40.80	39.22
669	迪马股份	35.40	19.72	84.75	40.31	15.50	37.93	39.22
670	鑫茂科技	60.25	0.00	80.00	41.24	8.75	54.40	39.22
671	郴电国际	61.50	9.60	73.63	31.70	20.99	47.50	39.16
672	联化科技	27.50	0.00	64.90	44.62	29.08	63.60	39.15
673	方大炭素	43.75	3.66	64.50	47.27	28.54	49.00	39.11
674	金贵银业	25.00	8.40	71.75	35.90	35.69	51.60	39.10
675	泰禾集团	28.75	14.40	83.38	37.71	33.44	32.25	39.09
676	鸿达兴业	43.75	1.60	71.38	34.50	22.08	63.25	39.08
677	*ST中绒	43.75	0.00	58.63	45.95	36.99	51.23	39.08
678	赛象科技	31.25	5.20	64.75	46.59	26.67	56.40	39.05
679	深深房A	23.75	14.96	72.00	31.52	27.33	57.93	39.05
680	皖能电力	59.50	4.40	84.50	28.44	26.09	40.40	39.04
681	宜安科技	40.00	1.00	59.75	40.07	39.74	54.10	39.04
682	美邦服饰	42.50	0.00	69.63	40.41	30.74	52.50	39.04
683	京能置业	51.35	5.40	67.25	36.67	33.43	45.58	39.03
684	得润电子	40.00	0.00	72.50	25.83	41.74	54.55	39.03
685	温氏股份	30.00	6.80	78.75	34.11	30.37	50.08	39.02
686	大连热电	53.50	8.80	67.25	29.31	35.16	46.40	39.00
687	同德化工	33.75	8.00	67.53	45.40	14.25	62.70	38.99
688	中钢国际	76.00	6.00	73.13	31.26	27.49	36.50	38.99
689	华茂股份	37.50	0.00	61.38	37.42	39.49	57.35	38.96
690	吉视传媒	28.25	0.00	65.80	52.32	27.60	55.05	38.96
691	博敏电子	61.25	8.66	67.80	37.17	21.20	47.53	38.95
692	天业股份	23.85	1.40	70.88	34.62	36.00	60.18	38.94
693	河北宣工	33.75	3.60	65.63	40.73	29.18	58.28	38.91
694	皇庭国际	36.95	0.00	68.38	36.34	26.85	64.03	38.90
695	慈文传媒	14.50	0.00	69.55	40.13	38.85	59.50	38.90
696	东阿阿胶	40.00	0.00	69.40	33.21	37.41	53.80	38.89
697	当代明诚	24.50	0.00	76.58	39.24	27.60	58.90	38.87
698	上海建工	80.00	6.00	80.63	36.85	12.16	35.78	38.85
699	东方网络	32.00	0.00	69.28	41.59	27.60	59.58	38.85

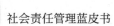

续表

社会责任能力成熟度排名	公司名称	社会责任理念与战略	社会责任推进管理	经济价值创造能力	社会价值创造能力	环境价值创造能力	合规透明运营能力	综合得分
700	永艺股份	57.50	3.37	64.00	38.09	26.07	52.28	38.83
701	濮耐股份	32.50	10.70	55.25	51.54	31.04	49.10	38.82
702	云海金属	60.00	2.40	72.00	43.75	18.65	45.50	38.81
703	粤宏远A	27.85	8.60	77.25	36.50	31.86	45.95	38.81
704	漳泽电力	51.00	1.20	71.75	34.54	25.13	54.60	38.80
705	盛达矿业	30.00	5.60	69.13	35.80	33.34	54.90	38.78
706	长春燃气	49.50	16.00	71.75	40.24	10.55	49.35	38.77
707	中信海直	26.50	8.00	72.75	28.85	23.00	68.00	38.76
708	中坚科技	17.50	15.00	58.38	39.09	46.65	46.45	38.75
709	湖南发展	45.50	0.80	76.38	45.37	9.50	57.90	38.74
710	江苏吴中	33.00	1.60	68.63	33.05	36.00	57.55	38.73
711	四川长虹	35.00	0.00	75.63	40.95	27.83	51.28	38.72
712	中船防务	47.50	22.40	63.88	40.38	35.49	26.50	38.71
713	北方华创	25.00	0.00	55.25	43.40	55.99	46.50	38.70
714	滨海能源	58.00	2.00	66.88	26.75	27.86	59.30	38.70
715	金圆股份	74.00	6.00	69.75	34.18	26.15	37.80	38.70
716	明星电缆	60.00	4.03	55.55	39.44	26.25	56.38	38.70
717	东湖高新	51.45	8.80	77.25	34.45	25.30	40.53	38.68
718	吉电股份	44.00	0.00	70.50	40.34	28.78	50.85	38.68
719	汇源通信	57.00	0.00	78.10	41.41	36.20	27.38	38.65
720	康恩贝	60.00	4.03	73.90	34.37	25.58	43.53	38.65
721	奇正藏药	40.25	0.00	68.88	46.28	44.08	33.10	38.64
722	穗恒运A	44.00	8.40	84.50	22.30	28.49	46.55	38.64
723	奥克股份	37.50	0.00	65.03	41.85	27.24	59.73	38.64
724	梅雁吉祥	67.50	0.00	67.50	34.51	23.40	51.75	38.64
725	江南水务	57.50	3.80	68.13	48.11	22.46	40.15	38.63
726	北纬通信	33.25	0.00	64.50	48.13	27.60	55.80	38.61
727	菲达环保	55.00	3.67	67.93	43.14	14.25	54.88	38.59
728	海南矿业	27.50	14.40	56.63	40.44	25.84	61.80	38.59
729	九洲药业	60.25	3.37	66.23	43.60	20.24	47.40	38.57
730	井神股份	56.25	3.87	65.20	40.31	20.58	53.00	38.56
731	三花智控	46.25	10.80	72.00	30.50	21.10	53.95	38.53
732	上海临港	32.65	13.20	76.38	40.09	27.65	38.53	38.51

续表

社会责任能力成熟度排名	公司名称	社会责任理念与战略	社会责任推进管理	经济价值创造能力	社会价值创造能力	环境价值创造能力	合规透明运营能力	综合得分
733	新黄浦	15.25	19.00	73.88	32.47	35.89	44.15	38.49
734	津膜科技	35.00	6.80	72.75	30.96	33.63	50.20	38.48
735	东方电缆	53.75	8.53	68.88	39.46	15.63	51.38	38.47
736	中孚实业	40.00	5.88	64.75	43.54	34.44	42.85	38.46
737	外运发展	57.75	8.00	69.00	25.47	23.00	56.13	38.46
738	吉林高速	26.50	8.00	70.88	50.92	23.00	46.13	38.46
739	新安股份	35.00	0.00	58.45	61.28	34.08	40.20	38.42
740	航天电器	40.00	0.00	72.88	50.42	32.74	35.05	38.40
741	达华智能	40.00	0.00	79.75	21.38	41.98	47.95	38.39
742	神州信息	70.00	0.00	80.00	37.38	0.00	57.00	38.39
743	金洲慈航	35.00	9.20	75.13	39.77	21.30	48.40	38.38
744	华伍股份	36.25	16.50	73.88	28.97	25.32	48.43	38.38
745	宁波银行	35.80	19.00	74.05	42.76	15.20	42.32	38.38
746	科华恒盛	55.00	3.87	68.83	48.78	11.25	49.88	38.37
747	甘肃电投	69.50	1.20	72.75	26.41	18.05	56.00	38.34
748	合肥城建	38.00	13.80	77.25	28.32	26.62	45.88	38.33
749	西部矿业	40.00	9.28	66.50	51.82	19.74	43.30	38.32
750	TCL 集团	40.00	12.00	52.38	61.72	32.99	31.50	38.31
751	金轮股份	25.00	12.00	71.50	38.78	34.06	42.50	38.29
752	三一重工	38.75	17.80	60.00	48.97	25.80	38.50	38.27
753	古越龙山	33.75	4.20	70.88	47.56	26.41	44.80	38.27
754	广发证券	25.30	8.00	69.55	48.65	18.95	53.25	38.24
755	大地传媒	33.25	0.00	67.10	44.50	27.60	54.73	38.23
756	*ST 吉恩	37.50	6.00	54.75	52.41	22.24	56.15	38.23
757	巴士在线	25.75	0.00	68.03	43.84	32.60	53.60	38.23
758	烟台冰轮	20.00	7.60	73.63	37.36	38.03	44.65	38.23
759	东旭蓝天	42.25	0.00	70.88	24.92	33.61	59.30	38.19
760	雄韬股份	35.00	0.00	71.13	36.35	44.32	40.88	38.18
761	风神股份	18.75	0.00	73.45	62.23	31.29	34.70	38.17
762	平煤股份	14.50	2.00	73.68	35.06	42.91	50.33	38.16
763	盛屯矿业	41.25	2.48	74.25	42.90	20.10	49.30	38.15
764	内蒙华电	15.50	4.80	80.00	33.48	39.14	45.90	38.15
765	天虹股份	41.50	15.73	71.75	34.59	22.75	44.05	38.15

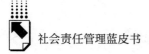

续表

社会责任能力成熟度排名	公司名称	社会责任理念与战略	社会责任推进管理	经济价值创造能力	社会价值创造能力	环境价值创造能力	合规透明运营能力	综合得分
766	界龙实业	22.50	17.20	60.13	43.91	22.31	55.88	38.15
767	南京银行	31.55	4.00	82.23	42.97	17.95	47.25	38.15
768	大众交通	51.50	8.00	65.38	37.28	23.00	49.50	38.12
769	张江高科	38.10	16.19	71.75	32.33	18.21	52.10	38.11
770	中核科技	33.75	12.40	65.88	32.34	17.12	65.25	38.11
771	华鑫股份	40.90	10.80	68.13	38.51	26.90	44.63	38.10
772	新城控股	44.25	13.60	71.88	36.70	26.40	38.48	38.09
773	欢瑞世纪	34.50	0.00	78.88	37.64	27.60	48.35	38.09
774	龙马环卫	17.50	5.60	80.25	56.18	17.87	42.00	38.09
775	豫能控股	45.50	3.00	70.60	30.74	29.39	52.53	38.08
776	广田集团	72.00	6.00	77.00	31.98	20.74	35.75	38.06
777	联创互联	30.75	0.00	74.95	36.52	27.60	55.18	38.04
778	中材节能	39.00	1.20	73.88	41.04	17.56	55.95	38.03
779	洪城水业	45.00	6.40	75.88	42.96	13.73	47.33	38.03
780	艾华集团	47.50	8.66	71.70	41.76	17.50	45.23	38.02
781	博世科	38.50	0.00	82.75	32.05	17.38	57.65	38.02
782	国海证券	25.30	4.00	74.70	44.54	20.83	53.00	38.00
783	佳都科技	66.25	9.16	77.88	32.46	0.00	54.70	37.98
784	南风股份	18.75	17.20	68.13	18.67	40.89	55.70	37.98
785	江苏国信	48.25	6.20	87.75	23.79	17.75	48.70	37.98
786	西部建设	76.00	6.00	74.50	40.18	8.75	39.25	37.96
787	金正大	26.25	0.00	76.90	46.51	26.91	45.98	37.96
788	融捷股份	76.00	6.00	72.13	31.82	18.41	40.30	37.96
789	唐德影视	22.00	0.00	72.23	40.38	27.60	58.30	37.93
790	中远海发	26.50	8.00	58.63	22.31	47.99	59.05	37.93
791	凌云股份	32.50	0.00	75.98	55.88	22.50	38.25	37.92
792	章源钨业	23.75	14.18	59.13	42.10	26.98	55.05	37.91
793	恒基达鑫	39.00	8.00	67.25	26.55	34.25	52.88	37.91
794	深大通	35.75	0.00	74.33	40.80	29.10	46.50	37.91
795	招商轮船	32.75	8.00	78.88	22.88	39.88	42.75	37.90
796	新疆天业	56.25	0.00	81.53	37.84	14.25	45.63	37.89
797	宁波东力	40.00	1.00	64.75	41.17	21.48	59.85	37.88
798	中京电子	17.50	0.00	73.60	34.50	41.98	50.65	37.88

社会责任能力成熟度排名	公司名称	社会责任理念与战略	社会责任推进管理	经济价值创造能力	社会价值创造能力	环境价值创造能力	合规透明运营能力	综合得分
799	四创电子	21.00	4.00	67.75	28.15	36.09	62.80	37.88
800	金诚信	78.00	6.00	68.38	36.62	16.25	39.83	37.87
801	哈投股份	27.50	6.40	72.75	37.61	29.92	48.40	37.86
802	春秋航空	32.75	8.00	72.50	34.48	35.50	41.63	37.85
803	电子城	26.95	14.92	72.50	38.92	18.23	50.75	37.85
804	伊力特	31.25	2.80	68.63	48.75	28.37	44.35	37.85
805	雷柏科技	22.50	0.00	72.05	29.01	47.98	48.65	37.84
806	康缘药业	52.50	14.53	70.28	37.09	17.41	41.58	37.81
807	亚通股份	23.40	14.40	71.38	34.21	24.05	52.95	37.80
808	焦作万方	32.50	2.40	62.00	39.80	36.59	51.10	37.79
809	象屿股份	64.00	8.00	72.38	25.81	23.00	45.18	37.78
810	天药股份	39.25	16.69	68.65	38.73	23.66	40.38	37.78
811	北矿科技	41.25	11.98	62.00	47.84	26.19	38.95	37.78
812	京投发展	45.70	5.40	77.25	38.21	19.45	44.08	37.76
813	江西长运	45.25	8.00	57.50	42.50	30.50	46.13	37.76
814	顺发恒业	29.50	10.44	78.63	40.75	28.06	35.48	37.75
815	乐视网	10.00	22.66	77.25	30.25	19.63	54.38	37.75
816	方大集团	72.00	6.00	73.13	37.98	19.49	33.05	37.74
817	普邦股份	74.00	6.00	69.75	42.91	0.00	49.85	37.73
818	飞力达	64.00	8.00	72.50	23.49	23.00	47.00	37.72
819	海欣食品	47.50	2.40	72.75	40.24	18.24	49.40	37.70
820	莱茵体育	47.30	9.40	65.88	31.86	32.21	43.73	37.68
821	桂冠电力	46.25	0.00	75.50	37.22	36.05	34.85	37.68
822	太阳纸业	72.50	0.00	65.38	39.10	28.82	35.55	37.64
823	天威视讯	34.50	0.00	65.58	38.84	33.85	51.65	37.64
824	海南瑞泽	70.00	6.00	69.75	32.89	20.74	40.80	37.63
825	吉祥航空	64.00	8.00	75.63	25.25	23.00	41.63	37.63
826	卧龙地产	30.10	8.20	68.38	37.22	31.90	46.63	37.63
827	天海投资	45.25	8.00	84.13	23.28	23.00	45.38	37.61
828	广深铁路	39.00	8.00	75.63	25.18	23.00	55.25	37.57
829	岭南园林	70.00	6.00	75.00	33.55	0.00	55.28	37.57
830	新华传媒	27.00	0.00	61.70	49.84	27.60	54.55	37.56
831	宏发股份	52.50	2.20	74.30	36.12	10.63	56.25	37.56

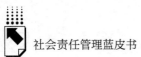
续表

社会责任能力成熟度排名	公司名称	社会责任理念与战略	社会责任推进管理	经济价值创造能力	社会价值创造能力	环境价值创造能力	合规透明运营能力	综合得分
832	富春环保	53.00	6.20	72.00	24.87	30.25	45.85	37.55
833	中视传媒	44.50	0.00	56.58	38.77	30.10	58.45	37.55
834	中体产业	41.40	6.64	67.00	31.51	25.23	55.23	37.55
835	轻纺城	23.90	5.80	67.00	43.43	22.53	56.48	37.53
836	川仪股份	67.50	0.00	70.20	33.69	5.00	62.08	37.52
837	中国太保	31.55	11.20	86.30	34.08	19.33	39.98	37.51
838	江山股份	10.00	0.00	62.45	58.69	38.83	42.78	37.49
839	环能科技	18.75	13.20	71.13	38.16	28.38	46.95	37.48
840	芭田股份	27.50	0.00	62.43	46.22	27.96	56.35	37.48
841	老板电器	32.50	0.00	77.25	47.91	22.50	42.50	37.48
842	红豆股份	40.00	4.00	77.25	31.21	25.90	47.60	37.47
843	绿地控股	35.70	7.32	81.25	39.38	23.13	37.23	37.46
844	腾邦国际	26.50	8.00	76.13	27.51	23.00	58.75	37.46
845	北新路桥	72.00	6.00	71.13	40.76	13.50	36.70	37.46
846	高新兴	30.00	6.40	75.88	43.44	17.50	48.15	37.45
847	罗平锌电	15.00	5.20	67.00	40.83	35.05	51.60	37.44
848	鲁商置业	33.05	7.10	70.63	36.89	20.59	54.35	37.42
849	怡亚通	31.50	8.00	78.13	32.59	31.13	40.50	37.41
850	华电重工	80.00	6.00	63.00	34.59	7.50	52.23	37.40
851	*ST上普	57.50	7.99	62.38	31.18	6.25	67.98	37.39
852	大冶特钢	25.00	0.00	69.00	49.99	40.53	34.30	37.39
853	嘉化能源	26.25	0.00	75.60	40.59	27.66	49.20	37.37
854	中新药业	53.00	19.19	70.28	40.74	8.08	39.90	37.37
855	巴安水务	51.50	0.00	76.13	35.45	21.82	45.63	37.37
856	隆基股份	43.75	5.33	82.83	30.52	11.99	52.63	37.37
857	中铁工业	37.50	20.40	71.75	40.82	13.99	39.75	37.36
858	万里扬	11.25	9.32	74.35	59.09	27.99	30.50	37.35
859	小商品城	30.00	11.40	74.53	36.93	15.35	52.60	37.34
860	博威合金	42.50	7.60	72.00	45.06	20.24	38.95	37.34
861	南国置业	40.25	4.60	72.75	32.05	32.05	43.63	37.34
862	天神娱乐	51.25	0.00	74.50	38.48	18.07	47.90	37.34
863	秦川机床	27.50	6.80	65.88	32.37	36.40	50.65	37.33
864	中文在线	22.00	0.00	68.60	39.67	27.60	59.28	37.33

续表

社会责任能力成熟度排名	公司名称	社会责任理念与战略	社会责任推进管理	经济价值创造能力	社会价值创造能力	环境价值创造能力	合规透明运营能力	综合得分
865	豫园商城	36.25	0.00	74.13	37.91	10.25	64.88	37.31
866	中房地产	8.35	13.88	77.75	36.88	34.58	39.58	37.31
867	内蒙一机	26.25	3.60	80.88	33.05	20.17	54.98	37.30
868	现代投资	41.50	8.00	74.93	22.83	23.00	55.38	37.29
869	世龙实业	16.25	0.00	71.65	36.38	28.00	62.13	37.29
870	瑞和股份	74.00	6.00	69.75	34.26	16.00	40.03	37.29
871	西宁特钢	38.75	3.20	63.63	51.35	28.79	38.65	37.29
872	天原集团	21.25	8.50	74.33	23.29	29.67	59.48	37.27
873	杭钢股份	42.50	2.80	67.13	29.23	31.49	52.80	37.27
874	福建高速	50.25	8.00	72.00	26.88	23.00	49.23	37.26
875	棒杰股份	7.50	9.60	73.88	41.72	30.62	47.00	37.26
876	岳阳兴长	50.00	0.00	61.43	40.49	16.08	61.13	37.24
877	麦达数字	21.25	0.00	68.00	37.07	37.25	52.75	37.24
878	*ST建峰	31.25	0.00	57.78	45.16	35.83	50.75	37.24
879	金盾股份	25.00	10.70	68.63	35.64	31.55	46.45	37.23
880	云南锗业	25.00	8.80	56.88	41.49	44.14	41.60	37.22
881	龙江交通	51.50	8.00	68.63	16.13	29.25	56.13	37.21
882	三星医疗	61.25	0.00	72.28	24.27	16.25	59.83	37.20
883	美好置业	46.85	8.72	67.13	39.32	27.85	37.58	37.19
884	国机汽车	30.00	6.00	72.63	35.07	26.10	50.15	37.19
885	世茂股份	35.90	4.20	71.75	37.15	27.60	45.95	37.19
886	国电南自	51.25	20.00	68.63	31.59	0.00	57.90	37.19
887	星光农机	27.50	25.20	68.00	31.99	18.99	47.05	37.17
888	宁波热电	41.00	16.00	76.30	28.85	11.90	50.65	37.17
889	英力特	31.25	0.00	70.30	44.56	17.08	57.18	37.16
890	建新矿业	32.50	0.00	67.00	32.71	37.18	51.50	37.16
891	银亿股份	26.40	8.20	79.75	37.96	25.59	40.28	37.16
892	山东高速	45.25	8.00	74.00	22.78	29.25	47.25	37.16
893	华业资本	30.75	11.20	74.00	41.80	23.19	39.08	37.14
894	引力传媒	23.25	0.00	67.55	36.15	27.60	62.10	37.14
895	申通地铁	45.25	8.00	69.13	29.80	29.25	45.00	37.14
896	湖北宜化	40.00	27.60	73.85	25.38	16.33	40.73	37.10
897	金融街	18.80	4.00	83.38	39.60	26.65	42.03	37.10

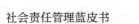

续表

社会责任能力成熟度排名	公司名称	社会责任理念与战略	社会责任推进管理	经济价值创造能力	社会价值创造能力	环境价值创造能力	合规透明运营能力	综合得分
898	*ST 众和	6.25	9.60	62.50	44.76	40.49	45.13	37.07
899	祁连山	78.00	6.00	70.88	26.83	22.83	36.08	37.07
900	新世界	35.00	3.20	67.23	42.29	21.90	51.80	37.05
901	海鸥卫浴	11.25	0.00	66.05	39.36	32.12	61.98	37.03
902	一汽夏利	47.50	0.00	55.20	53.05	40.12	30.93	37.02
903	开滦股份	30.75	2.00	72.95	36.35	23.55	53.70	37.01
904	巨星科技	30.00	2.40	58.50	36.56	39.49	51.88	36.99
905	湖北广电	22.00	0.00	68.43	43.37	27.60	53.75	36.97
906	航民股份	30.00	0.00	77.25	35.50	32.87	42.98	36.95
907	达安基因	50.75	7.20	68.58	38.74	20.99	41.55	36.95
908	猛狮科技	27.50	0.00	71.38	44.74	27.74	46.03	36.93
909	亿帆医药	47.50	0.00	72.08	41.33	23.41	41.95	36.93
910	云南能投	41.25	17.60	64.25	39.72	14.58	46.00	36.91
911	申达股份	32.50	4.00	79.75	31.45	20.95	50.83	36.91
912	华兰生物	62.00	0.00	71.80	36.14	30.49	32.05	36.89
913	凤凰股份	38.05	9.20	65.88	33.88	32.55	42.28	36.88
914	西藏城投	14.30	6.20	73.88	45.26	24.28	47.35	36.88
915	骅威文化	17.00	0.00	57.98	46.36	27.60	63.23	36.83
916	合力泰	36.25	0.00	79.88	50.19	0.00	54.40	36.83
917	鲁信创投	63.50	0.80	72.25	32.20	14.09	49.95	36.82
918	东睦股份	38.75	0.00	73.85	54.01	22.88	32.28	36.82
919	中茵股份	19.05	10.40	78.38	33.50	31.58	40.10	36.82
920	启明信息	12.50	0.00	78.73	45.13	0.00	73.60	36.79
921	沙河股份	31.25	18.00	60.63	23.98	18.68	65.53	36.75
922	四川路桥	80.00	6.00	77.00	31.39	6.25	39.05	36.74
923	国祯环保	57.50	0.00	80.88	34.29	15.33	41.65	36.74
924	金科股份	48.85	3.24	82.25	41.48	24.98	24.98	36.73
925	方正电机	45.00	2.00	66.75	37.90	12.40	59.90	36.71
926	冠城大通	40.30	8.00	70.63	34.97	26.70	41.23	36.70
927	欧浦智网	51.50	8.00	70.88	26.78	23.00	46.63	36.70
928	楚天科技	35.00	5.40	76.13	36.87	14.60	51.43	36.69
929	浙江广厦	45.30	10.08	69.25	34.37	26.31	38.68	36.69
930	帝龙文化	35.00	0.00	78.00	38.40	67.98	0.00	36.69

续表

社会责任能力成熟度排名	公司名称	社会责任理念与战略	社会责任推进管理	经济价值创造能力	社会价值创造能力	环境价值创造能力	合规透明运营能力	综合得分
931	神雾环保	31.25	8.00	75.88	30.29	28.57	43.68	36.68
932	国元证券	16.55	17.40	70.30	44.29	17.33	45.18	36.66
933	科伦药业	49.50	0.00	66.93	42.87	28.99	37.38	36.66
934	视觉中国	23.25	0.00	63.95	44.03	27.60	55.15	36.66
935	科远股份	22.50	0.00	65.33	32.00	65.61	28.20	36.65
936	长春经开	33.60	9.20	64.75	34.91	27.43	48.58	36.63
937	ST新梅	46.25	11.60	67.25	35.86	25.35	37.70	36.62
938	蓝焰控股	23.25	2.00	48.88	44.04	31.54	64.05	36.62
939	彩虹股份	61.25	14.93	57.20	41.67	0.00	55.33	36.57
940	粤泰股份	25.60	19.24	75.25	35.11	22.28	37.05	36.57
941	如意集团	31.25	0.00	73.88	34.70	37.74	39.45	36.56
942	滨化股份	40.00	0.00	73.38	38.46	31.41	37.63	36.56
943	交大昂立	67.00	3.17	65.35	28.29	19.16	49.90	36.56
944	节能风电	47.50	5.20	77.68	18.92	19.35	55.50	36.55
945	合锻智能	43.75	8.80	70.00	41.00	1.88	57.03	36.54
946	长源电力	38.00	7.60	76.33	25.41	22.06	50.48	36.54
947	三峡新材	72.00	6.00	70.88	29.45	17.75	38.90	36.53
948	华贸物流	70.25	8.00	68.63	22.68	23.00	41.63	36.53
949	宁夏建材	70.00	6.00	68.63	27.28	17.50	44.65	36.53
950	航天工程	28.75	9.20	67.25	36.36	18.37	55.75	36.52
951	纽威股份	36.25	14.40	65.88	45.99	11.75	44.70	36.51
952	万通地产	40.75	16.80	65.88	38.66	17.59	41.10	36.48
953	凯美特气	11.25	0.00	61.35	42.19	29.75	63.06	36.47
954	双鹭药业	50.25	12.00	64.70	41.29	24.58	32.05	36.46
955	中衡设计	70.00	6.00	72.25	31.62	14.75	39.00	36.45
956	天赐材料	6.25	0.00	69.60	40.03	22.42	66.98	36.45
957	北部湾旅	41.25	9.86	79.68	39.34	3.75	46.88	36.44
958	牧原股份	46.25	2.00	77.00	30.52	15.99	50.98	36.39
959	安纳达	25.00	17.00	65.68	38.05	25.91	41.65	36.39
960	鲁阳节能	40.00	3.60	69.50	45.18	11.05	50.45	36.36
961	中再资环	46.00	0.00	74.13	29.04	24.25	48.88	36.33
962	东方园林	70.00	6.00	75.63	21.53	17.37	42.43	36.33
963	飞乐音响	21.25	0.00	78.00	50.99	19.99	41.05	36.33

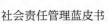

续表

社会责任能力成熟度排名	公司名称	社会责任理念与战略	社会责任推进管理	经济价值创造能力	社会价值创造能力	环境价值创造能力	合规透明运营能力	综合得分
964	新光圆成	19.45	9.00	79.75	34.76	23.20	44.23	36.31
965	远达环保	47.00	0.00	74.13	27.18	31.00	43.30	36.31
966	东方能源	34.00	8.60	75.20	25.24	20.00	53.68	36.29
967	九鼎投资	28.70	10.80	79.75	37.42	22.71	34.93	36.28
968	友邦吊顶	80.00	6.00	72.25	23.86	18.24	36.68	36.26
969	龙洲股份	71.50	8.00	62.00	27.07	23.00	41.63	36.26
970	连云港	45.25	8.00	59.75	31.94	29.25	47.25	36.24
971	新华医疗	46.75	3.03	69.35	28.27	25.58	49.13	36.24
972	澳洋顺昌	51.50	8.00	73.88	15.93	23.00	51.75	36.21
973	埃斯顿	25.00	11.60	73.63	41.85	12.10	48.08	36.21
974	柯利达	78.00	6.00	71.38	34.14	0.00	46.18	36.18
975	中洲控股	23.25	0.00	74.75	38.27	21.50	53.53	36.17
976	中金环境	50.50	0.00	79.75	25.85	16.58	50.70	36.17
977	远大智能	45.00	8.00	64.75	33.35	20.90	48.88	36.16
978	围海股份	80.00	6.00	71.13	20.76	21.74	36.78	36.15
979	万向钱潮	32.50	0.00	70.43	44.27	22.87	45.18	36.14
980	太极实业	47.50	4.00	79.00	22.44	15.11	53.80	36.13
981	*ST宝实	42.50	10.80	56.63	37.68	12.35	59.50	36.10
982	宝通科技	22.50	6.00	77.50	35.95	24.01	44.53	36.09
983	渤海股份	38.00	10.80	67.50	30.56	15.81	54.70	36.09
984	*ST一重	37.50	11.20	59.63	42.88	18.75	47.18	36.08
985	海德股份	26.65	9.40	65.50	35.17	31.83	43.73	36.08
986	珠海港	41.50	8.00	66.95	37.57	23.00	41.80	36.07
987	工大高新	35.00	5.60	66.88	26.67	27.20	54.50	36.05
988	迈克生物	50.25	8.00	69.73	41.30	21.66	31.60	36.04
989	楚天高速	51.50	8.00	70.88	28.06	23.00	41.65	36.04
990	海通证券	18.80	4.00	78.75	38.42	15.45	53.10	36.03
991	新天科技	35.00	6.40	72.50	28.96	21.88	50.98	36.03
992	新莱应材	26.25	1.00	65.50	33.95	28.14	56.50	36.01
993	洪涛股份	80.00	6.00	70.88	31.64	13.49	33.58	36.01
994	新澳股份	31.25	0.00	76.13	48.60	19.03	38.83	35.99
995	湖南天雁	25.00	0.00	60.75	60.35	20.74	44.10	35.97
996	上海机电	37.50	18.80	74.00	39.44	8.00	38.75	35.97

续表

社会责任能力成熟度排名	公司名称	社会责任理念与战略	社会责任推进管理	经济价值创造能力	社会价值创造能力	环境价值创造能力	合规透明运营能力	综合得分
997	万邦达	58.00	12.40	65.88	30.25	20.88	38.18	35.96
998	醋化股份	47.50	6.03	65.50	36.94	28.50	36.38	35.95
999	传化智联	25.00	0.00	77.03	30.01	30.16	48.63	35.95
1000	智慧能源	50.00	6.47	74.38	35.96	9.38	45.75	35.95
1001	湖南投资	49.00	8.00	63.38	31.45	23.00	46.63	35.94
1002	康尼机电	62.50	7.99	69.75	26.68	0.00	60.50	35.94
1003	同达创业	31.90	25.00	63.38	35.29	27.80	30.43	35.93
1004	五矿稀土	28.75	31.73	56.38	30.37	38.44	26.50	35.89
1005	北京利尔	28.75	6.40	68.13	38.37	29.19	41.30	35.88
1006	长江证券	40.30	4.00	64.53	43.82	14.45	50.17	35.88
1007	鄂尔多斯	44.50	5.60	72.75	12.27	25.24	58.75	35.88
1008	三川智慧	13.75	11.80	73.88	31.54	25.68	48.68	35.86
1009	联环药业	37.50	2.37	66.95	39.84	34.03	35.13	35.85
1010	东百集团	8.50	14.60	69.23	34.90	22.65	53.00	35.84
1011	厦门国贸	29.50	2.80	72.75	38.92	29.26	38.95	35.83
1012	红阳能源	34.50	12.40	75.88	21.48	24.88	45.25	35.83
1013	武汉控股	55.75	0.00	72.50	30.00	22.51	43.05	35.83
1014	华锦股份	44.50	4.33	78.38	27.53	17.55	46.50	35.82
1015	北陆药业	57.50	0.00	64.85	38.50	32.86	30.85	35.82
1016	迎驾贡酒	42.50	0.00	72.88	43.34	21.58	37.58	35.82
1017	安琪酵母	21.25	6.00	77.25	33.18	20.62	50.10	35.81
1018	益民集团	16.00	11.60	67.00	36.76	16.45	58.25	35.81
1019	科达洁能	46.25	13.20	68.13	38.42	11.99	41.50	35.81
1020	济川药业	65.00	12.57	71.90	27.87	5.38	45.05	35.80
1021	福星股份	20.40	14.20	83.38	38.88	27.33	23.70	35.79
1022	上海能源	22.00	2.00	70.28	39.24	22.38	52.65	35.78
1023	海翔药业	45.75	0.00	65.25	45.97	27.49	34.60	35.77
1024	京汉股份	29.25	11.08	68.13	35.45	29.92	37.85	35.76
1025	晶方科技	53.75	4.00	61.08	39.47	0.00	64.23	35.75
1026	腾信股份	29.50	0.00	61.33	36.70	27.60	56.90	35.75
1027	海信电器	27.50	12.00	75.63	53.08	19.66	22.88	35.73
1028	中钨高新	25.00	5.20	61.38	34.68	34.73	48.60	35.73
1029	福斯特	48.75	7.99	72.25	36.83	8.75	45.55	35.72

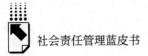

续表

社会责任能力成熟度排名	公司名称	社会责任理念与战略	社会责任推进管理	经济价值创造能力	社会价值创造能力	环境价值创造能力	合规透明运营能力	综合得分
1030	迪森股份	46.00	0.00	81.13	27.82	15.58	48.38	35.72
1031	蓝黛传动	15.00	0.00	73.08	57.15	27.86	32.03	35.72
1032	金卡智能	36.25	0.00	74.53	43.43	27.24	33.10	35.72
1033	凤竹纺织	31.25	0.00	69.50	47.27	26.58	37.73	35.72
1034	＊ST松江	26.25	10.00	67.25	44.30	27.80	34.35	35.69
1035	万家文化	24.50	0.00	66.58	37.96	27.60	52.50	35.68
1036	金龙汽车	27.50	0.00	66.68	52.28	17.75	46.25	35.68
1037	五洲交通	70.25	8.00	60.13	26.31	23.00	41.63	35.66
1038	宝胜股份	53.75	4.87	71.30	32.31	14.38	45.38	35.65
1039	强生控股	32.75	8.00	66.50	30.73	29.25	45.38	35.65
1040	尖峰集团	70.00	6.00	70.88	28.55	18.37	35.33	35.64
1041	鸿路钢构	74.00	6.00	69.75	34.56	17.50	29.08	35.64
1042	金刚玻璃	74.00	6.00	63.88	26.26	22.00	38.75	35.64
1043	浪潮软件	47.50	5.33	71.00	33.85	0.00	61.40	35.63
1044	万润股份	18.75	0.00	73.08	35.51	25.08	53.85	35.63
1045	光华科技	22.50	0.00	69.63	38.64	20.33	56.78	35.62
1046	八菱科技	6.25	0.00	71.95	58.78	30.94	32.73	35.62
1047	山西汾酒	42.50	3.20	74.50	31.44	20.49	44.60	35.61
1048	英洛华	45.00	12.00	64.13	36.26	27.94	32.50	35.61
1049	北京文化	23.25	0.00	62.13	42.70	30.10	49.95	35.60
1050	华东重机	6.25	17.40	72.25	33.43	24.70	46.43	35.58
1051	北新建材	80.00	6.00	75.63	19.73	22.41	29.40	35.57
1052	新宁物流	51.50	8.00	64.50	21.59	28.00	46.88	35.56
1053	美盈森	63.75	0.00	66.38	43.48	7.50	44.80	35.56
1054	长海股份	78.00	6.00	70.88	29.58	13.49	34.28	35.56
1055	方盛制药	45.50	4.40	66.03	33.66	12.50	55.63	35.55
1056	奇信股份	70.00	6.00	71.13	34.38	12.50	34.55	35.54
1057	天首发展	0.00	42.12	66.63	30.22	17.37	41.10	35.54
1058	钱江生化	42.50	0.00	68.63	30.71	31.41	43.05	35.53
1059	富安娜	18.75	0.00	77.25	46.00	9.79	53.90	35.52
1060	万华化学	47.50	0.00	80.00	28.31	24.33	38.28	35.51
1061	台海核电	52.50	3.03	79.03	33.36	13.33	39.38	35.51
1062	曙光股份	28.75	0.00	56.93	58.45	24.16	41.78	35.51

续表

社会责任能力成熟度排名	公司名称	社会责任理念与战略	社会责任推进管理	经济价值创造能力	社会价值创造能力	环境价值创造能力	合规透明运营能力	综合得分
1063	东兴证券	24.30	4.00	75.10	44.38	11.95	48.30	35.50
1064	中航三鑫	80.00	6.00	66.13	28.72	8.33	43.60	35.50
1065	南京港	31.50	8.00	60.63	28.84	31.75	50.50	35.50
1066	全筑股份	80.00	6.00	72.75	26.61	5.00	42.38	35.49
1067	*ST 大控	31.90	9.60	53.88	41.46	25.40	49.13	35.49
1068	苏交科	76.00	6.00	78.88	23.16	0.00	46.85	35.48
1069	包钢股份	18.75	22.74	64.75	36.46	36.24	26.50	35.48
1070	二三四五	20.00	0.00	76.75	49.28	0.00	59.94	35.47
1071	九牧王	41.25	0.00	71.63	38.61	9.38	54.45	35.46
1072	天夏智慧	60.00	0.00	85.00	52.72	0.00	25.83	35.44
1073	天保基建	35.40	6.20	78.63	30.35	26.54	35.43	35.42
1074	茂业商业	39.50	13.00	78.88	25.86	21.65	35.40	35.41
1075	南宁百货	41.00	5.20	69.25	29.50	13.40	56.60	35.41
1076	印纪传媒	24.50	0.00	69.20	36.87	27.60	49.43	35.41
1077	日发精机	5.00	5.20	63.38	25.74	38.87	60.73	35.40
1078	财信发展	43.20	11.00	69.25	30.62	31.21	30.58	35.40
1079	重庆水务	37.50	12.00	72.00	26.25	21.43	44.10	35.39
1080	红宇新材	32.50	13.20	63.63	29.02	26.97	45.73	35.39
1081	栋梁新材	25.00	10.40	67.25	41.00	21.55	42.50	35.39
1082	兔宝宝	80.00	6.00	73.63	27.42	7.50	37.58	35.38
1083	盛运环保	44.00	0.00	74.13	28.70	23.24	46.05	35.38
1084	福建水泥	76.00	6.00	63.00	30.14	20.25	34.83	35.36
1085	中兵红箭	18.75	6.00	57.88	37.94	31.69	52.45	35.35
1086	深南电 A	32.00	1.20	68.75	28.86	33.64	46.10	35.34
1087	飞利信	38.75	4.80	77.25	35.20	9.38	48.10	35.32
1088	五粮液	32.50	6.00	74.00	36.01	17.75	44.43	35.32
1089	国光股份	23.75	0.00	69.40	42.92	20.21	50.48	35.31
1090	佐力药业	50.75	0.00	68.85	38.75	22.49	37.90	35.31
1091	赤峰黄金	31.25	16.58	64.88	34.88	26.32	36.10	35.30
1092	三元达	37.00	0.00	55.25	41.82	51.98	26.50	35.30
1093	特发信息	25.00	0.00	90.00	50.59	0.00	41.63	35.30
1094	安利股份	18.75	0.00	70.00	40.62	22.58	52.48	35.30
1095	龙韵股份	25.75	0.00	61.53	37.12	27.60	55.50	35.29

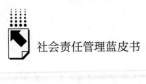

续表

社会责任能力成熟度排名	公司名称	社会责任理念与战略	社会责任推进管理	经济价值创造能力	社会价值创造能力	环境价值创造能力	合规透明运营能力	综合得分
1096	供销大集	30.00	7.46	77.00	42.25	23.00	29.65	35.29
1097	摩登大道	31.25	0.00	58.00	37.15	20.50	62.95	35.27
1098	沱牌舍得	36.25	7.20	69.75	34.92	18.74	45.03	35.24
1099	合肥百货	22.50	12.80	73.63	31.08	17.30	48.40	35.23
1100	思源电气	37.50	0.00	70.20	45.21	16.66	42.80	35.23
1101	双箭股份	11.25	3.33	80.63	22.22	16.75	66.53	35.23
1102	漳州发展	27.00	27.09	70.38	37.98	11.25	33.90	35.21
1103	绿城水务	38.00	9.20	75.25	25.65	23.43	40.90	35.20
1104	锦州港	29.00	8.00	61.38	33.53	29.25	47.25	35.19
1105	丽鹏股份	74.00	6.00	70.88	22.78	22.75	31.98	35.19
1106	真视通	43.75	12.80	67.80	35.32	27.48	27.78	35.19
1107	贵糖股份	11.00	25.60	62.00	15.58	67.48	18.68	35.18
1108	保变电气	47.50	5.70	64.98	37.76	19.37	41.25	35.18
1109	青松股份	23.75	0.00	61.55	44.05	21.66	54.98	35.18
1110	长青集团	42.50	0.00	70.88	31.18	25.00	44.68	35.16
1111	中粮糖业	27.50	5.20	78.13	32.37	21.50	42.78	35.14
1112	中航地产	26.25	0.00	74.75	27.08	18.80	60.03	35.14
1113	明家联合	25.75	0.00	64.63	37.44	27.60	51.25	35.14
1114	科融环境	51.50	0.00	65.13	21.49	31.84	48.15	35.14
1115	中电环保	47.00	0.00	75.00	32.84	12.10	49.15	35.14
1116	新华百货	40.25	10.00	68.38	26.28	12.05	56.10	35.13
1117	赣粤高速	50.25	8.00	65.38	23.61	23.00	47.25	35.13
1118	烽火电子	52.50	0.00	75.00	46.76	0.00	44.23	35.13
1119	万业企业	32.50	8.68	71.75	32.96	22.13	41.55	35.12
1120	安诺其	12.50	0.00	64.85	43.09	19.58	60.55	35.10
1121	贵绳股份	45.00	6.52	62.00	38.46	26.13	36.85	35.09
1122	中原环保	44.50	0.40	77.73	24.84	24.95	42.30	35.09
1123	龙元建设	76.00	6.00	74.75	25.59	7.50	38.75	35.07
1124	嘉凯城	33.75	9.80	69.50	34.49	26.38	35.85	35.06
1125	西部证券	39.30	4.00	72.48	32.90	14.95	48.56	35.05
1126	杭萧钢构	74.00	6.00	73.13	27.68	3.75	43.05	35.05
1127	全柴动力	36.25	12.20	65.63	37.96	21.74	37.00	35.04
1128	*ST三泰	71.25	0.00	50.45	47.80	0.00	56.80	35.03

续表

社会责任能力成熟度排名	公司名称	社会责任理念与战略	社会责任推进管理	经济价值创造能力	社会价值创造能力	环境价值创造能力	合规透明运营能力	综合得分
1129	瑞泰科技	28.75	10.00	58.63	45.13	16.80	48.10	35.03
1130	航天晨光	37.50	8.40	59.13	43.46	18.24	44.50	35.02
1131	海航投资	37.20	15.20	48.88	38.25	28.54	42.95	35.00
1132	亚太科技	28.75	6.40	69.50	36.40	16.45	49.70	35.00
1133	光大证券	20.05	4.00	75.90	36.92	17.95	48.50	34.99
1134	海油工程	12.00	2.00	72.08	38.58	19.05	56.03	34.99
1135	天音控股	50.00	0.00	68.75	29.48	7.50	60.88	34.99
1136	顺灏股份	27.50	0.00	56.25	54.48	23.57	44.80	34.99
1137	青山纸业	48.75	0.00	54.00	55.59	21.41	36.23	34.97
1138	*ST 重钢	18.75	4.64	57.50	40.47	29.59	51.65	34.97
1139	宏图高科	37.00	4.00	70.88	30.19	17.95	50.45	34.92
1140	四通新材	30.00	2.80	67.00	40.55	24.34	42.65	34.92
1141	宁波海运	32.75	8.00	70.63	21.73	29.25	46.13	34.91
1142	江特电机	26.25	0.00	66.68	50.04	14.00	48.60	34.90
1143	探路者	41.25	0.00	72.75	37.75	3.13	57.35	34.90
1144	安彩高科	76.00	6.00	66.38	31.02	14.32	33.95	34.90
1145	英飞拓	15.00	0.00	59.60	34.36	43.99	47.60	34.90
1146	隧道股份	72.00	6.00	77.00	38.49	5.00	27.28	34.88
1147	富邦股份	23.75	0.00	69.40	42.31	11.25	57.60	34.88
1148	兴业证券	29.55	4.00	78.23	37.03	15.25	42.80	34.87
1149	科士达	50.00	0.00	70.88	43.91	14.25	36.80	34.85
1150	厦门港务	51.50	8.00	73.13	16.83	25.50	41.50	34.84
1151	新奥股份	27.50	0.00	70.88	32.74	34.41	40.20	34.83
1152	深物业 A	25.75	4.56	67.88	30.34	21.38	54.95	34.81
1153	西部材料	40.00	4.40	59.75	33.65	20.05	53.30	34.81
1154	爱尔眼科	37.50	0.00	73.40	33.85	13.66	51.60	34.80
1155	恒瑞医药	39.75	5.33	73.35	35.99	9.29	47.28	34.80
1156	渤海轮渡	41.50	8.00	64.25	34.24	23.00	40.50	34.75
1157	汇鸿集团	28.50	17.86	57.88	38.01	10.45	53.00	34.75
1158	普路通	59.00	8.00	70.63	19.33	23.00	39.20	34.73
1159	香溢融通	24.75	12.20	65.63	40.69	15.00	45.60	34.72
1160	哈药股份	59.25	4.37	73.45	29.66	6.63	45.78	34.70
1161	汇通能源	12.00	18.60	72.25	26.79	20.19	48.30	34.70

续表

社会责任能力成熟度排名	公司名称	社会责任理念与战略	社会责任推进管理	经济价值创造能力	社会价值创造能力	环境价值创造能力	合规透明运营能力	综合得分
1162	王府井	27.75	0.40	71.75	45.85	14.30	45.05	34.70
1163	中南建设	80.00	6.00	79.25	21.86	0.00	41.20	34.70
1164	美尚生态	74.00	6.00	80.50	21.31	0.00	43.80	34.69
1165	华新水泥	72.00	6.00	77.00	25.76	4.66	39.28	34.69
1166	阳光股份	43.60	9.00	59.13	25.09	33.51	41.75	34.68
1167	豫金刚石	40.00	5.60	65.38	38.07	8.75	52.60	34.67
1168	津滨发展	42.10	8.80	67.25	33.41	13.44	46.33	34.67
1169	渤海活塞	27.50	0.00	64.85	50.56	28.13	33.78	34.67
1170	卫宁健康	37.50	0.00	75.00	27.24	15.13	54.25	34.64
1171	联络互动	15.00	0.00	81.38	42.54	0.00	60.18	34.64
1172	贵航股份	20.00	0.00	67.25	48.69	18.99	46.30	34.62
1173	科恒股份	30.00	0.00	72.75	38.16	9.45	55.30	34.62
1174	杭氧股份	13.75	5.60	64.13	36.81	18.80	59.28	34.60
1175	洽洽食品	30.00	0.00	66.75	40.04	21.87	46.83	34.59
1176	三圣股份	72.00	6.00	72.25	20.26	16.99	36.58	34.57
1177	新筑股份	26.25	4.00	60.63	34.06	20.45	58.35	34.57
1178	顺络电子	17.50	0.00	76.25	31.52	15.98	58.45	34.55
1179	洲明科技	41.25	0.00	69.25	38.63	9.38	51.75	34.55
1180	常宝股份	28.75	1.20	61.13	38.34	25.20	50.00	34.53
1181	风范股份	72.00	6.00	81.38	22.10	0.00	42.35	34.53
1182	深赛格	39.05	0.00	54.88	27.01	26.68	61.55	34.52
1183	福成股份	0.00	9.20	69.25	41.91	26.99	44.45	34.52
1184	金桥信息	48.75	8.66	69.43	28.10	0.00	58.50	34.52
1185	富临运业	45.25	8.00	63.13	28.59	23.00	43.88	34.51
1186	獐子岛	20.00	5.20	63.13	39.78	19.87	52.58	34.50
1187	云意电气	23.75	0.00	70.10	50.98	25.88	31.50	34.50
1188	杭州解百	37.50	5.60	77.75	23.54	19.10	44.70	34.47
1189	益佰制药	53.00	4.03	73.93	29.26	11.87	42.88	34.45
1190	渝开发	34.10	17.40	64.75	31.41	12.82	46.03	34.44
1191	龙建股份	74.00	6.00	69.75	32.70	3.75	37.95	34.43
1192	当升科技	21.25	14.80	67.88	30.41	13.85	52.50	34.42
1193	美达股份	31.25	0.00	60.58	31.50	34.49	47.28	34.42
1194	金一文化	23.75	0.00	80.88	30.58	16.75	49.73	34.40

续表

社会责任能力成熟度排名	公司名称	社会责任理念与战略	社会责任推进管理	经济价值创造能力	社会价值创造能力	环境价值创造能力	合规透明运营能力	综合得分
1195	广宇集团	38.70	5.60	71.75	38.27	16.16	37.83	34.40
1196	华通医药	25.00	0.00	72.50	34.19	16.25	54.28	34.40
1197	银龙股份	22.50	10.40	67.00	36.69	17.99	46.50	34.39
1198	同力水泥	72.00	6.00	67.25	20.64	30.16	27.00	34.39
1199	东方精工	23.75	13.60	68.13	29.95	18.48	47.70	34.39
1200	瑞贝卡	32.50	0.00	60.13	54.22	19.00	39.65	34.39
1201	新能泰山	48.50	2.00	67.25	30.15	24.05	40.65	34.39
1202	国金证券	38.05	2.00	75.25	32.54	11.95	48.16	34.39
1203	金禾实业	12.50	0.00	75.90	41.98	15.58	50.63	34.39
1204	辉隆股份	8.75	0.00	71.25	28.05	25.50	61.33	34.38
1205	国泰君安	29.05	4.00	80.35	38.94	14.95	36.58	34.37
1206	三维工程	72.00	6.00	65.00	33.31	17.49	29.15	34.37
1207	绵石投资	43.05	10.80	61.25	32.93	23.08	38.93	34.36
1208	菲利华	28.75	4.40	72.25	33.71	7.65	56.90	34.36
1209	泰尔股份	37.50	6.00	66.13	29.36	14.75	53.65	34.33
1210	中利集团	40.00	4.87	71.83	40.63	1.88	49.25	34.32
1211	达意隆	36.25	0.00	56.63	42.05	11.05	60.80	34.32
1212	正海磁材	6.25	1.00	70.63	37.69	17.55	60.30	34.31
1213	金明精机	21.25	10.00	64.50	33.01	35.86	35.45	34.31
1214	易事特	30.00	0.00	70.88	43.60	7.50	51.95	34.31
1215	黄河旋风	20.00	8.80	68.75	40.06	4.05	57.80	34.30
1216	易华录	46.25	0.00	73.88	26.94	9.38	54.65	34.30
1217	九芝堂	46.25	0.00	72.00	30.01	27.74	35.08	34.29
1218	冠农股份	7.50	6.00	56.25	48.32	24.37	51.40	34.29
1219	*ST爱富	43.75	0.00	65.88	43.36	27.66	29.20	34.27
1220	大禹节水	76.00	6.00	66.13	22.53	5.00	48.35	34.24
1221	利君股份	18.75	8.60	69.13	32.26	25.32	44.45	34.23
1222	君正集团	32.50	0.00	73.13	33.72	25.74	39.53	34.23
1223	八一钢铁	37.50	6.00	54.50	38.14	29.19	41.50	34.23
1224	信雅达	46.50	20.60	69.75	9.03	9.48	55.45	34.23
1225	万马股份	50.00	3.87	71.33	28.21	17.12	41.75	34.21
1226	中能电气	37.50	0.00	64.50	45.20	10.75	48.75	34.21
1227	国药一致	28.75	0.00	81.13	35.35	9.79	47.73	34.19

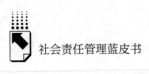

社会责任能力成熟度排名	公司名称	社会责任理念与战略	社会责任推进管理	经济价值创造能力	社会价值创造能力	环境价值创造能力	合规透明运营能力	综合得分
1228	三毛派神	21.25	0.00	57.25	30.29	41.24	49.38	34.19
1229	蒙草生态	76.00	6.00	75.00	21.27	0.00	45.45	34.19
1230	宁波中百	41.50	7.20	62.25	42.60	12.85	41.85	34.17
1231	华建集团	78.00	6.00	68.63	38.01	0.00	33.80	34.16
1232	东方日升	33.75	0.00	79.50	33.29	15.38	42.83	34.15
1233	鲁抗医药	51.50	4.23	63.40	26.29	16.53	50.65	34.15
1234	九鼎新材	74.00	6.00	64.13	35.24	3.75	39.40	34.13
1235	置信电气	45.00	0.00	65.50	48.42	9.38	41.30	34.13
1236	华鲁恒升	31.25	0.00	76.43	32.81	40.91	22.08	34.12
1237	三友化工	25.00	0.00	79.05	40.17	20.66	35.80	34.12
1238	长城影视	19.50	0.00	70.58	38.72	27.60	41.75	34.11
1239	爱施德	60.00	0.00	82.23	20.26	0.00	53.65	34.10
1240	建研集团	80.00	6.00	69.75	28.72	7.50	33.05	34.10
1241	晋西车轴	45.00	14.80	53.88	43.61	22.49	29.50	34.07
1242	盛路通信	30.00	0.00	76.75	34.17	8.75	52.90	34.06
1243	万顺股份	41.25	2.80	64.25	30.60	16.50	52.10	34.05
1244	嘉欣丝绸	25.00	0.00	69.25	32.42	26.12	47.45	34.04
1245	博汇纸业	51.25	0.00	62.25	43.87	17.46	37.05	34.04
1246	力星股份	18.75	7.00	70.00	35.54	30.92	35.15	34.02
1247	联美控股	37.50	0.00	81.13	27.91	29.50	29.65	34.02
1248	长航凤凰	46.50	8.00	61.13	29.54	23.00	41.50	34.02
1249	美年健康	49.25	0.00	71.50	35.50	8.25	46.38	34.02
1250	宁波建工	74.00	6.00	74.75	23.91	5.00	38.08	33.99
1251	中航电测	40.00	0.00	75.00	27.50	10.83	53.20	33.97
1252	兰花科创	15.75	2.00	56.33	33.31	36.29	52.05	33.97
1253	动力源	31.25	0.00	61.38	37.61	16.88	55.45	33.96
1254	通程控股	33.00	8.80	74.75	28.93	12.35	45.50	33.96
1255	永利股份	28.75	0.00	78.88	32.77	16.62	44.20	33.92
1256	通化金马	53.50	1.60	76.60	29.00	10.45	41.05	33.92
1257	永泰能源	27.00	2.00	72.63	34.29	20.92	43.58	33.91
1258	羚锐制药	58.25	5.16	70.63	33.75	15.75	30.75	33.91
1259	晋亿实业	17.50	2.80	70.88	43.78	23.86	37.35	33.91
1260	鄂武商A	29.75	10.40	78.38	35.70	14.55	32.80	33.90

续表

社会责任能力成熟度排名	公司名称	社会责任理念与战略	社会责任推进管理	经济价值创造能力	社会价值创造能力	环境价值创造能力	合规透明运营能力	综合得分
1261	明泰铝业	25.00	6.88	67.88	37.61	17.34	44.75	33.90
1262	海得控制	66.25	4.53	67.18	35.19	2.50	42.13	33.90
1263	北方股份	37.50	16.80	57.50	35.92	20.24	37.00	33.89
1264	富奥股份	33.75	0.00	69.75	43.31	8.50	47.98	33.89
1265	思维列控	67.50	0.00	69.20	19.55	0.00	62.03	33.89
1266	金发科技	21.25	0.00	78.50	50.33	19.00	28.60	33.88
1267	宜昌交运	32.75	8.00	67.25	26.28	28.00	40.50	33.88
1268	大同煤业	15.75	2.00	66.35	26.05	38.71	46.28	33.86
1269	长荣股份	33.75	4.80	72.50	32.40	12.50	47.15	33.86
1270	均胜电子	30.00	0.00	84.25	47.71	5.25	34.20	33.85
1271	茂业通信	20.00	0.00	80.00	52.15	10.00	34.80	33.85
1272	游族网络	7.50	0.00	74.50	36.46	24.00	48.88	33.84
1273	登海种业	25.00	8.40	70.88	27.74	10.92	56.15	33.83
1274	回天新材	15.00	0.00	70.13	34.53	25.50	49.48	33.83
1275	华峰超纤	15.00	0.00	70.30	38.08	20.58	50.65	33.83
1276	盛和资源	16.25	6.00	57.50	41.35	24.24	49.80	33.83
1277	钱江水利	44.25	0.00	74.13	40.95	11.23	37.00	33.82
1278	飞凯材料	6.25	0.00	67.38	38.05	24.75	54.10	33.79
1279	宏创控股	28.75	1.60	62.25	36.89	27.79	43.20	33.79
1280	海螺型材	80.00	6.00	68.63	22.88	19.50	26.25	33.79
1281	张裕A	16.25	10.40	69.25	31.62	16.62	50.73	33.77
1282	美菱电器	20.00	0.00	72.00	42.59	21.41	40.50	33.77
1283	首航节能	15.00	17.00	73.88	38.25	22.05	28.10	33.77
1284	银河电子	33.75	0.00	70.88	38.56	15.83	43.58	33.77
1285	*ST普林	41.25	0.00	36.30	46.70	28.00	53.65	33.76
1286	沧州明珠	15.00	2.66	75.45	36.03	16.25	48.83	33.76
1287	科新机电	22.50	13.20	64.50	31.60	17.23	48.50	33.75
1288	高鸿股份	21.00	11.20	70.00	24.79	21.90	47.95	33.75
1289	骆驼股份	55.00	4.37	71.60	34.53	8.13	38.33	33.75
1290	新乡化纤	25.00	0.00	70.58	34.19	29.25	39.60	33.75
1291	上海莱士	53.75	0.00	72.03	36.68	14.91	34.00	33.75
1292	广百股份	56.50	2.40	69.00	40.23	15.05	29.40	33.74
1293	太空板业	78.00	6.00	65.25	19.67	11.50	41.60	33.72

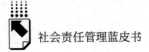

续表

社会责任能力成熟度排名	公司名称	社会责任理念与战略	社会责任推进管理	经济价值创造能力	社会价值创造能力	环境价值创造能力	合规透明运营能力	综合得分
1294	中化岩土	72.00	6.00	72.25	25.92	10.00	33.15	33.72
1295	上柴股份	40.00	14.00	67.00	37.16	19.58	27.25	33.70
1296	中源协和	39.25	9.69	71.43	28.34	7.25	48.63	33.68
1297	欣龙控股	31.25	0.00	69.38	28.88	17.50	54.00	33.68
1298	东南网架	78.00	6.00	69.75	30.92	0.00	37.10	33.68
1299	东方新星	74.00	6.00	62.75	28.60	21.08	27.53	33.67
1300	亿利达	43.75	13.20	73.63	18.15	23.63	34.15	33.67
1301	恒顺醋业	31.25	4.00	70.88	32.26	20.25	42.28	33.66
1302	京新药业	51.25	0.00	69.68	37.26	14.50	37.10	33.66
1303	津劝业	23.00	11.40	70.38	29.98	12.95	49.50	33.66
1304	*ST青松	76.00	6.00	61.63	22.76	21.74	32.60	33.65
1305	美晨科技	15.00	0.00	75.03	44.47	19.13	39.93	33.64
1306	宏达股份	18.75	0.80	68.13	37.34	23.79	46.35	33.63
1307	智慧农业	20.00	6.40	44.50	32.47	42.48	49.78	33.61
1308	昌红科技	20.00	6.40	71.13	27.72	25.90	44.45	33.61
1309	胜利精密	23.75	14.40	79.75	22.02	20.20	37.00	33.58
1310	宋都股份	38.90	10.60	54.50	35.87	30.01	33.93	33.57
1311	中捷资源	6.25	7.60	51.50	43.54	33.49	46.90	33.57
1312	兴业矿业	10.00	17.70	70.88	26.77	19.33	46.25	33.56
1313	步森股份	32.50	0.00	56.63	45.64	20.25	45.88	33.56
1314	赫美集团	41.25	3.37	70.68	33.15	9.38	46.88	33.54
1315	中珠医疗	58.00	4.50	69.95	29.84	0.00	49.75	33.53
1316	光洋股份	31.25	0.00	75.13	47.68	17.63	28.45	33.52
1317	吉林敖东	47.00	0.00	68.00	41.68	13.33	37.05	33.51
1318	浙江美大	25.00	0.00	69.75	40.96	22.74	38.83	33.51
1319	吴通控股	18.75	0.00	76.13	24.52	27.57	47.50	33.50
1320	利达光电	32.50	0.00	55.13	35.46	28.12	49.33	33.49
1321	中润资源	40.60	3.40	69.13	31.36	25.24	34.33	33.48
1322	跨境通	22.75	2.80	71.75	38.40	10.65	49.75	33.48
1323	金发拉比	30.00	0.00	72.50	32.77	13.63	50.40	33.47
1324	兰石重装	30.00	2.00	66.38	43.72	12.50	44.68	33.47
1325	大通燃气	41.50	3.60	63.85	30.03	17.43	47.95	33.46
1326	渝三峡A	23.75	10.00	66.13	36.62	21.08	38.85	33.46

续表

社会责任能力成熟度排名	公司名称	社会责任理念与战略	社会责任推进管理	经济价值创造能力	社会价值创造能力	环境价值创造能力	合规透明运营能力	综合得分
1327	中恒电气	65.00	3.37	69.20	28.66	1.25	47.25	33.45
1328	广联达	35.00	0.00	70.88	47.91	0.00	47.60	33.45
1329	南通锻压	13.75	13.60	62.25	32.45	26.70	43.18	33.45
1330	凤形股份	27.50	6.80	52.75	33.21	24.85	52.90	33.44
1331	*ST东数	28.75	2.40	51.88	44.37	33.80	37.30	33.43
1332	中电鑫龙	0.00	0.00	81.53	38.46	12.50	53.20	33.42
1333	厦门空港	26.50	8.00	72.00	21.18	29.25	40.50	33.42
1334	燕京啤酒	7.50	0.00	70.38	31.49	27.12	52.50	33.42
1335	飞马国际	39.00	8.00	74.25	17.08	23.00	41.63	33.41
1336	斯莱克	12.50	8.00	70.88	32.76	21.08	45.95	33.41
1337	金新农	25.00	3.60	69.50	39.04	16.62	42.93	33.40
1338	松芝股份	2.50	0.00	73.90	39.49	31.87	38.88	33.39
1339	中关村	37.35	7.80	75.00	27.05	25.72	29.13	33.38
1340	必康股份	54.25	0.00	71.75	35.48	17.25	30.78	33.37
1341	兰州民百	30.50	11.60	65.63	28.30	9.80	53.10	33.37
1342	山西证券	34.55	4.00	62.00	36.04	14.45	49.63	33.36
1343	顺威股份	23.75	0.00	66.08	34.73	18.33	52.98	33.35
1344	御银股份	47.50	0.00	62.75	42.65	0.00	53.50	33.35
1345	凯撒旅游	36.25	0.00	74.95	38.45	7.50	44.25	33.35
1346	雷鸣科化	35.00	0.00	67.25	33.09	16.49	48.98	33.35
1347	南方汇通	23.75	8.00	71.45	36.97	16.75	38.85	33.34
1348	亿利洁能	32.50	0.00	75.03	19.68	35.07	37.38	33.34
1349	南岭民爆	22.50	0.00	61.58	40.54	20.33	50.18	33.32
1350	大商股份	32.25	1.20	72.88	23.08	14.70	55.30	33.31
1351	惠博普	37.00	6.80	64.60	29.01	23.17	40.88	33.30
1352	桐昆股份	25.00	0.00	74.25	35.02	12.75	48.98	33.28
1353	兆驰股份	38.75	0.00	74.75	37.15	7.50	43.93	33.27
1354	东易日盛	78.00	6.00	72.25	27.86	0.00	35.33	33.26
1355	双林股份	18.75	0.00	74.58	60.53	0.00	39.23	33.26
1356	华银电力	53.50	11.20	69.00	36.86	16.00	21.93	33.25
1357	北京科锐	53.75	2.37	68.15	37.29	6.46	40.58	33.25
1358	江山化工	25.00	0.00	71.65	31.71	22.83	44.60	33.24
1359	三安光电	42.50	0.00	75.63	35.95	0.00	49.48	33.24

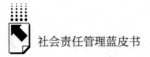

续表

社会责任能力成熟度排名	公司名称	社会责任理念与战略	社会责任推进管理	经济价值创造能力	社会价值创造能力	环境价值创造能力	合规透明运营能力	综合得分
1360	永安林业	33.75	0.00	62.88	29.13	22.87	50.98	33.23
1361	中电广通	68.75	9.32	60.63	25.75	0.00	50.68	33.22
1362	华意压缩	25.00	6.00	63.00	39.59	16.54	45.43	33.20
1363	长白山	41.25	4.83	68.90	29.08	2.66	56.00	33.19
1364	北部湾港	32.75	8.00	70.88	22.74	23.00	41.50	33.18
1365	汇洁股份	51.25	0.00	70.63	26.05	0.00	59.15	33.17
1366	阳泉煤业	19.50	7.60	69.53	23.23	20.17	52.90	33.16
1367	深天地A	72.00	6.00	63.88	26.65	13.74	33.95	33.16
1368	银轮股份	18.75	0.00	74.35	47.59	19.58	32.20	33.14
1369	祥龙电业	52.00	13.20	63.88	23.85	18.82	35.43	33.13
1370	开尔新材	80.00	6.00	66.38	23.94	6.88	36.35	33.12
1371	扬农化工	12.50	0.00	71.55	59.17	17.24	29.00	33.10
1372	新钢股份	33.75	5.10	72.63	45.71	15.20	26.50	33.10
1373	浙江鼎力	23.75	11.93	72.00	36.56	3.75	46.43	33.09
1374	东华能源	32.00	2.00	75.38	26.58	18.18	43.80	33.07
1375	华纺股份	50.00	0.00	69.13	42.33	18.54	25.88	33.06
1376	长江投资	56.50	8.00	65.13	14.31	23.00	41.80	33.05
1377	南京公用	33.00	4.00	84.50	25.51	17.75	33.50	33.05
1378	迦南科技	22.50	7.40	73.88	29.76	14.35	45.68	33.04
1379	顾地科技	80.00	6.00	67.25	20.00	5.00	40.85	33.04
1380	丰林集团	27.50	35.86	54.50	33.90	0.00	43.98	33.03
1381	南京化纤	12.50	0.00	68.38	34.42	44.49	29.25	33.03
1382	辉丰股份	6.25	0.00	75.60	37.31	22.00	45.05	33.02
1383	报喜鸟	33.75	0.00	59.63	45.28	6.00	53.75	33.01
1384	*ST烯碳	25.00	8.98	54.75	37.71	19.75	48.30	33.01
1385	通裕重工	25.00	7.60	67.88	27.22	18.87	47.90	33.00
1386	华宏科技	18.75	5.20	65.63	33.28	24.12	44.68	33.00
1387	雅百特	76.00	6.00	71.38	27.00	0.00	36.65	32.98
1388	银河磁体	15.00	0.00	69.50	39.59	20.13	45.68	32.98
1389	恒逸石化	5.00	0.00	73.60	26.68	28.50	51.60	32.97
1390	仙坛股份	41.25	0.00	74.75	32.64	11.25	41.60	32.97
1391	宁波韵升	10.00	3.20	67.88	35.05	13.95	57.45	32.95
1392	兄弟科技	10.00	0.00	70.98	34.09	11.33	61.13	32.95

续表

社会责任能力成熟度排名	公司名称	社会责任理念与战略	社会责任推进管理	经济价值创造能力	社会价值创造能力	环境价值创造能力	合规透明运营能力	综合得分
1393	爱普股份	30.00	2.00	69.25	40.29	27.82	27.03	32.95
1394	三江购物	37.50	12.80	64.25	49.13	0.00	35.93	32.93
1395	东方银星	19.85	17.00	60.50	29.73	23.30	41.35	32.92
1396	煌上煌	20.00	3.60	75.00	34.91	7.75	50.50	32.92
1397	万泽股份	25.00	6.60	64.50	27.90	33.83	36.13	32.91
1398	怡球资源	21.25	15.56	58.88	35.55	21.19	39.85	32.91
1399	银禧科技	12.50	0.00	72.55	29.92	25.50	47.90	32.91
1400	海泰发展	36.70	9.60	57.75	34.44	17.69	42.93	32.90
1401	金枫酒业	36.25	9.60	65.88	32.50	15.74	38.90	32.90
1402	锦龙股份	36.30	4.00	71.90	29.71	15.45	41.48	32.89
1403	美亚柏科	23.75	0.00	75.00	28.93	3.13	62.38	32.87
1404	银泰资源	26.25	12.40	64.50	35.42	24.40	31.30	32.87
1405	慈星股份	36.25	14.40	76.13	23.08	13.45	35.40	32.87
1406	西藏珠峰	16.25	0.80	72.00	37.00	6.15	57.60	32.86
1407	健康元	41.00	7.83	75.40	39.11	5.42	32.00	32.86
1408	永太科技	28.75	0.00	73.18	38.88	22.33	32.15	32.85
1409	刚泰控股	25.00	5.00	75.38	38.51	6.90	42.80	32.85
1410	中设集团	78.00	6.00	73.63	24.63	3.75	31.13	32.84
1411	国瓷材料	23.75	0.00	71.68	34.63	11.08	51.78	32.82
1412	珍宝岛	52.50	8.66	75.05	30.65	7.08	31.75	32.82
1413	宝泰隆	23.25	2.00	70.73	22.27	13.29	61.08	32.81
1414	三房巷	22.50	3.33	65.25	27.68	34.49	38.85	32.78
1415	喜临门	45.00	4.37	71.80	29.16	9.38	42.38	32.77
1416	东富龙	25.00	9.60	72.50	27.83	11.25	46.95	32.76
1417	大北农	26.25	0.00	70.13	32.76	19.87	44.55	32.74
1418	星辉娱乐	35.00	0.00	73.63	33.38	15.50	39.83	32.72
1419	利源精制	78.00	6.00	74.75	21.22	5.00	31.40	32.71
1420	万东医疗	36.75	0.00	65.30	37.41	20.50	38.08	32.71
1421	丽珠集团	41.75	0.00	74.45	34.11	17.49	32.45	32.71
1422	国轩高科	27.50	0.00	75.13	35.83	7.50	47.90	32.69
1423	西陇科学	12.50	0.00	65.13	37.09	27.08	45.38	32.69
1424	中粮生化	18.75	0.00	65.38	32.35	25.50	47.98	32.69
1425	金杯电工	32.50	0.00	72.25	31.96	13.75	45.58	32.69

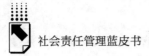

续表

社会责任能力成熟度排名	公司名称	社会责任理念与战略	社会责任推进管理	经济价值创造能力	社会价值创造能力	环境价值创造能力	合规透明运营能力	综合得分
1426	久联发展	43.75	0.00	64.53	32.91	9.25	50.60	32.69
1427	天宸股份	26.50	8.00	58.38	25.10	29.25	46.13	32.68
1428	株冶集团	30.00	4.48	67.88	39.01	22.54	31.00	32.68
1429	华泰证券	23.80	4.00	78.48	35.37	11.95	38.45	32.66
1430	奥飞娱乐	12.50	0.00	75.95	30.66	21.87	45.95	32.65
1431	日上集团	21.25	5.60	63.13	31.62	18.95	50.20	32.63
1432	华北制药	54.50	2.37	66.35	25.44	25.53	31.30	32.63
1433	冠豪高新	43.75	0.00	57.25	48.89	14.00	36.80	32.62
1434	欧亚集团	17.50	2.40	70.38	23.13	21.15	54.40	32.61
1435	山西焦化	23.25	2.00	64.03	29.53	18.38	54.30	32.61
1436	重庆港九	39.00	8.00	73.13	24.95	23.00	30.38	32.60
1437	司尔特	6.25	0.00	69.05	37.26	20.42	50.90	32.60
1438	蓝丰生化	0.00	0.00	71.18	38.10	24.92	46.73	32.56
1439	莲花健康	37.50	3.60	65.00	27.78	15.50	48.20	32.56
1440	华懋科技	27.50	0.00	75.05	42.37	15.63	32.50	32.55
1441	申华控股	19.00	5.20	62.73	39.66	24.00	38.65	32.54
1442	天汽模	11.25	0.00	73.90	44.98	20.62	35.00	32.53
1443	际华集团	41.25	0.00	61.38	32.89	11.87	51.68	32.53
1444	广济药业	43.25	0.00	67.90	36.46	19.54	32.80	32.53
1445	荣华实业	25.00	6.00	55.25	30.77	19.80	55.00	32.53
1446	民生控股	52.80	4.00	58.25	27.60	19.95	41.53	32.52
1447	北巴传媒	27.25	12.20	68.65	31.87	15.15	37.60	32.51
1448	中航重机	38.75	11.60	70.88	34.32	14.24	28.00	32.50
1449	神州长城	70.00	6.00	75.00	22.65	0.00	38.00	32.50
1450	宏大爆破	11.25	0.00	69.60	39.40	17.00	48.23	32.49
1451	史丹利	12.50	0.00	73.65	37.47	8.50	53.90	32.48
1452	天坛生物	36.50	0.00	68.80	40.25	16.12	34.85	32.45
1453	秋林集团	23.50	9.20	70.88	44.35	6.60	36.05	32.42
1454	贵州茅台	20.00	0.00	81.75	35.22	14.50	37.55	32.42
1455	英威腾	57.50	3.87	66.88	27.31	1.25	48.83	32.41
1456	西水股份	16.80	2.00	64.53	36.90	14.95	52.33	32.41
1457	民丰特纸	26.25	14.40	57.25	28.58	30.78	34.41	32.40
1458	华昌达	22.50	6.00	77.50	30.51	14.25	39.20	32.39

续表

社会责任能力成熟度排名	公司名称	社会责任理念与战略	社会责任推进管理	经济价值创造能力	社会价值创造能力	环境价值创造能力	合规透明运营能力	综合得分
1459	海峡股份	31.50	8.00	62.88	26.08	28.00	37.50	32.39
1460	闰土股份	0.00	0.00	70.03	42.81	17.25	49.85	32.39
1461	今世缘	26.25	0.00	72.00	30.02	30.03	33.30	32.39
1462	首商股份	38.00	3.20	69.25	26.54	11.40	48.30	32.36
1463	海航创新	19.70	13.52	57.13	32.27	27.73	38.18	32.36
1464	坚瑞沃能	18.75	0.00	80.95	28.67	9.25	50.43	32.35
1465	东诚药业	53.50	0.00	69.85	34.39	17.74	28.00	32.35
1466	潮宏基	28.75	0.00	70.38	26.87	19.98	46.50	32.34
1467	华泰股份	31.25	0.00	65.00	39.86	19.13	38.18	32.31
1468	山东章鼓	16.25	5.20	65.63	30.50	31.74	37.43	32.31
1469	登云股份	32.50	0.00	65.03	48.17	22.29	25.98	32.31
1470	弘业股份	29.50	2.80	59.50	33.61	14.65	52.45	32.29
1471	耀皮玻璃	76.00	6.00	61.63	19.16	17.41	32.98	32.29
1472	南方轴承	11.25	6.00	65.63	32.49	27.10	41.93	32.29
1473	广誉远	52.50	3.03	69.55	25.50	12.50	39.63	32.28
1474	诺德股份	22.50	0.00	62.48	44.78	22.41	37.15	32.28
1475	保税科技	41.50	8.00	63.88	20.88	23.00	40.50	32.28
1476	*ST大有	13.25	2.00	57.45	29.62	34.29	48.58	32.27
1477	东风科技	1.25	0.00	68.60	49.97	32.62	27.40	32.27
1478	赤天化	5.00	0.00	68.98	49.23	22.08	36.05	32.24
1479	天沃科技	23.75	6.80	64.88	32.15	26.92	35.15	32.24
1480	建设机械	26.25	1.60	73.63	37.42	2.50	49.33	32.23
1481	海利得	32.50	0.00	66.85	28.07	18.66	47.40	32.23
1482	新洋丰	25.00	0.00	71.38	30.96	24.41	38.35	32.22
1483	东安动力	26.25	0.00	64.85	45.19	15.63	38.70	32.21
1484	新宙邦	6.25	0.00	74.28	33.22	16.75	51.23	32.21
1485	晨光生物	35.00	0.00	72.25	33.87	16.12	37.20	32.20
1486	凯盛科技	78.00	6.00	70.00	22.10	3.75	33.68	32.19
1487	海南海药	51.50	0.00	68.15	38.94	7.63	35.50	32.19
1488	武汉中商	23.75	10.00	74.50	36.63	12.40	32.10	32.19
1489	世纪华通	23.75	0.00	67.75	57.04	9.38	31.45	32.18
1490	宝鼎科技	8.75	5.60	55.00	34.91	42.09	36.30	32.18
1491	中超控股	36.25	4.37	70.68	26.64	9.38	47.57	32.18

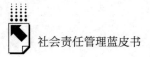

续表

社会责任能力成熟度排名	公司名称	社会责任理念与战略	社会责任推进管理	经济价值创造能力	社会价值创造能力	环境价值创造能力	合规透明运营能力	综合得分
1492	新国都	15.00	0.00	66.75	35.40	20.38	47.85	32.17
1493	大豪科技	60.00	0.00	68.93	29.85	0.00	46.58	32.16
1494	恺英网络	17.50	0.00	68.25	42.32	16.00	42.35	32.16
1495	金通灵	7.50	11.80	72.75	29.36	25.64	34.93	32.16
1496	中通客车	13.75	0.00	78.83	43.33	22.25	26.50	32.14
1497	恒信东方	35.00	3.60	67.25	28.19	11.90	48.15	32.14
1498	韶钢松山	20.00	3.60	60.63	44.15	32.54	26.50	32.13
1499	万里石	80.00	6.00	66.13	20.38	5.00	36.55	32.13
1500	太平洋	37.05	4.00	73.18	31.41	13.83	35.48	32.12
1501	西泵股份	11.25	0.00	71.00	51.16	28.25	21.78	32.12
1502	利民股份	16.25	0.00	63.73	37.93	29.58	38.15	32.11
1503	靖远煤电	32.00	2.00	66.25	25.86	25.79	40.73	32.11
1504	华东医药	12.50	0.40	77.00	28.91	18.62	46.48	32.10
1505	利尔化学	12.50	0.00	65.13	34.83	22.91	48.50	32.10
1506	奥维通信	50.00	0.00	61.38	41.04	0.00	47.90	32.06
1507	北特科技	1.25	0.00	70.38	45.03	31.12	30.85	32.05
1508	阳光电源	30.00	0.00	77.25	36.24	3.75	44.13	32.05
1509	黑猫股份	17.50	0.00	65.63	29.46	27.75	45.43	32.04
1510	*ST运盛	50.75	7.99	62.55	18.11	0.00	61.13	32.03
1511	佳士科技	33.75	8.00	66.75	34.69	10.25	39.53	32.03
1512	康得新	12.50	0.00	77.80	31.18	15.75	46.28	32.03
1513	海南高速	41.50	8.00	62.88	20.47	23.00	40.50	32.02
1514	南山控股	74.00	6.00	73.38	17.68	0.00	39.73	32.02
1515	依米康	22.50	0.00	68.63	39.04	7.50	50.20	32.02
1516	珠江钢琴	18.75	10.90	67.88	31.64	13.75	43.28	32.01
1517	嘉寓股份	72.00	6.00	67.25	28.55	0.00	36.00	32.00
1518	恒泰艾普	30.75	2.00	67.58	40.16	6.93	44.00	31.99
1519	中际装备	30.00	7.60	64.50	29.88	14.35	44.73	31.99
1520	伊之密	25.00	7.00	74.75	32.08	14.85	35.15	31.99
1521	合兴包装	60.00	0.00	68.63	25.57	8.25	41.92	31.98
1522	健民集团	59.25	4.37	66.65	32.33	8.12	33.30	31.98
1523	快乐购	21.00	4.00	69.75	36.10	2.95	53.20	31.98
1524	三七互娱	15.00	0.00	75.88	30.50	0.00	62.95	31.98

续表

社会责任能力成熟度排名	公司名称	社会责任理念与战略	社会责任推进管理	经济价值创造能力	社会价值创造能力	环境价值创造能力	合规透明运营能力	综合得分
1525	吉峰农机	45.25	5.20	65.00	17.79	13.25	51.25	31.97
1526	蓝晓科技	31.25	0.00	69.88	29.96	17.00	43.40	31.97
1527	齐翔腾达	18.75	0.00	74.28	37.79	15.33	39.75	31.96
1528	金城医药	42.50	0.00	70.08	30.53	26.28	27.03	31.95
1529	天目药业	54.50	2.37	61.83	25.74	9.25	48.03	31.95
1530	宝馨科技	25.00	0.80	62.75	32.97	21.25	45.78	31.94
1531	康芝药业	38.00	0.00	64.23	34.43	19.08	38.58	31.94
1532	隆基机械	7.50	0.00	67.70	50.80	27.12	27.63	31.93
1533	南洋股份	36.25	5.86	78.83	30.51	1.88	40.13	31.92
1534	华讯方舟	32.50	0.00	73.88	35.86	27.15	22.35	31.91
1535	国恩股份	6.25	0.00	77.23	37.07	16.75	42.73	31.90
1536	富煌钢构	72.00	6.00	69.75	26.57	1.25	33.65	31.90
1537	广汇物流	45.25	8.00	78.50	14.43	23.00	28.13	31.89
1538	欣旺达	28.75	0.00	78.38	30.02	3.13	49.63	31.88
1539	常铝股份	16.25	0.80	72.00	38.53	19.95	36.80	31.88
1540	宁波联合	22.50	1.60	62.25	27.99	15.96	56.80	31.88
1541	协鑫集成	30.00	0.00	68.70	33.05	0.00	58.63	31.87
1542	联创电子	52.50	0.00	71.25	23.39	10.00	43.20	31.86
1543	森源电气	33.75	3.17	70.18	28.32	0.00	56.53	31.85
1544	时代新材	10.00	0.00	75.70	40.43	17.16	38.08	31.85
1545	恒立液压	25.00	5.20	69.75	31.47	15.37	41.23	31.84
1546	天地科技	38.75	11.60	72.88	36.38	2.25	32.25	31.84
1547	海能达	7.50	0.00	73.13	44.44	0.00	55.00	31.81
1548	海伦哲	25.00	8.20	66.75	35.09	5.63	47.15	31.81
1549	中原内配	28.75	0.00	73.30	47.32	8.75	31.23	31.78
1550	东信和平	22.50	0.00	54.00	33.50	56.61	19.95	31.78
1551	常山股份	36.25	0.00	80.88	33.78	3.13	38.63	31.78
1552	国盛金控	24.55	4.00	77.50	29.19	14.95	37.20	31.77
1553	千方科技	39.75	0.00	72.25	32.29	0.00	49.38	31.77
1554	石大胜华	32.50	0.00	69.75	28.10	17.24	43.33	31.77
1555	茂化实华	25.00	0.00	61.88	25.93	29.08	45.60	31.75
1556	泰豪科技	43.75	6.70	70.00	29.37	0.00	45.75	31.74
1557	东方锆业	22.50	3.60	64.50	38.74	14.75	42.20	31.73

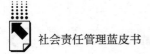

续表

社会责任能力成熟度排名	公司名称	社会责任理念与战略	社会责任推进管理	经济价值创造能力	社会价值创造能力	环境价值创造能力	合规透明运营能力	综合得分
1558	劲拓股份	20.00	8.80	72.50	24.23	13.95	45.48	31.69
1559	昊华能源	24.50	2.00	63.23	31.25	22.18	43.75	31.68
1560	湖南海利	6.25	4.00	74.65	40.95	14.25	38.68	31.68
1561	益丰药房	11.25	3.20	77.50	43.96	0.00	45.05	31.67
1562	林海股份	18.75	0.00	61.43	42.76	20.62	40.73	31.67
1563	先锋新材	74.00	6.00	67.50	18.92	3.75	38.65	31.67
1564	开能环保	26.25	3.20	72.75	34.20	10.50	40.65	31.66
1565	景兴纸业	45.00	0.00	57.63	27.62	31.11	34.50	31.65
1566	雏鹰农牧	23.75	0.00	69.00	26.69	18.87	48.08	31.65
1567	西部创业	36.50	8.00	66.50	26.86	23.00	31.15	31.64
1568	三丰智能	37.50	5.60	67.43	26.16	13.75	41.95	31.63
1569	长城动漫	35.00	0.00	80.00	24.59	10.00	41.65	31.62
1570	国际医学	32.50	0.00	71.18	38.23	7.13	41.10	31.62
1571	科陆电子	30.00	0.00	66.63	38.96	12.87	40.55	31.62
1572	大立科技	35.00	0.00	64.50	37.30	0.00	54.40	31.62
1573	天润乳业	37.50	3.20	69.75	40.68	17.24	23.90	31.61
1574	双杰电气	30.00	0.00	73.88	37.22	3.75	44.08	31.61
1575	新疆城建	74.00	6.00	64.13	28.60	3.75	32.00	31.61
1576	理工环科	53.75	3.87	65.95	29.40	1.88	44.63	31.60
1577	亚夏汽车	36.50	5.40	68.38	21.36	13.10	47.00	31.59
1578	*ST中安	41.25	0.00	77.20	20.50	0.00	54.88	31.59
1579	好想你	28.75	0.00	69.75	27.20	17.50	45.05	31.58
1580	长盈精密	25.00	8.00	79.50	26.14	11.25	36.68	31.58
1581	农发种业	23.00	5.60	64.00	22.13	15.94	55.00	31.58
1582	中信证券	7.30	4.00	78.65	33.79	13.95	41.00	31.58
1583	长高集团	37.50	2.37	67.40	29.14	12.50	43.13	31.56
1584	新日恒力	26.25	0.80	57.50	37.18	12.55	52.70	31.56
1585	华自科技	36.25	0.00	70.00	45.66	12.00	27.50	31.55
1586	华仁药业	43.75	0.00	63.15	36.33	16.54	34.98	31.55
1587	皖江物流	26.50	8.00	75.25	13.12	28.00	36.20	31.55
1588	精华制药	39.00	0.00	70.40	35.69	14.79	32.66	31.54
1589	东方创业	38.50	1.20	62.63	36.18	18.90	34.90	31.53
1590	口子窖	13.75	2.00	70.63	39.25	9.25	46.43	31.53

续表

社会责任能力成熟度排名	公司名称	社会责任理念与战略	社会责任推进管理	经济价值创造能力	社会价值创造能力	环境价值创造能力	合规透明运营能力	综合得分
1591	中科电气	15.00	12.80	61.13	33.88	16.38	42.65	31.53
1592	苏常柴A	17.50	9.20	64.75	36.48	24.65	30.30	31.52
1593	友阿股份	33.00	4.80	70.38	25.69	5.00	50.90	31.52
1594	聚龙股份	33.75	0.00	67.88	28.03	9.38	50.93	31.49
1595	汉商集团	31.00	6.00	65.38	22.82	13.40	50.10	31.49
1596	恒通科技	78.00	6.00	64.75	23.14	0.00	37.63	31.47
1597	吉鑫科技	41.25	1.17	62.88	37.89	12.50	37.50	31.47
1598	康跃科技	17.50	4.80	62.00	26.11	25.48	46.73	31.47
1599	国投安信	15.30	2.00	75.00	35.05	11.95	42.18	31.44
1600	福达股份	40.00	0.00	71.23	47.98	9.38	23.88	31.43
1601	雅化集团	0.00	0.00	73.38	40.40	17.25	43.60	31.43
1602	电光科技	32.50	0.00	70.25	32.58	3.75	49.95	31.43
1603	浙江众成	17.50	0.00	72.80	29.86	18.33	43.83	31.42
1604	鲁西化工	25.00	0.00	66.35	30.78	19.42	44.10	31.42
1605	华谊集团	28.75	0.00	62.10	46.17	15.91	34.33	31.41
1606	东莞控股	29.00	8.00	72.00	13.96	23.00	41.40	31.40
1607	龙大肉食	28.75	0.00	73.63	28.23	13.74	42.88	31.40
1608	汤臣倍健	22.50	2.00	70.38	38.90	6.75	43.93	31.40
1609	南兴装备	47.50	5.20	72.00	17.43	11.85	41.30	31.40
1610	齐星铁塔	78.00	6.00	63.50	31.11	0.00	30.43	31.39
1611	利亚德	17.50	0.00	70.00	36.04	14.08	44.53	31.39
1612	新研股份	22.50	4.40	69.25	31.88	20.05	36.20	31.37
1613	拓维信息	31.25	0.00	74.05	34.17	0.00	48.63	31.36
1614	紫江企业	30.00	0.00	65.00	35.33	18.38	38.79	31.35
1615	时代万恒	22.75	2.00	58.88	35.44	14.35	50.80	31.34
1616	东材科技	35.00	0.00	68.63	30.52	17.91	37.58	31.33
1617	龙宇燃油	55.75	2.00	67.70	25.26	6.93	41.18	31.32
1618	航天通信	14.00	3.60	71.13	35.30	29.12	27.08	31.32
1619	圣阳股份	35.00	0.00	68.63	39.75	12.75	33.35	31.31
1620	山东矿机	17.50	4.80	62.00	27.51	18.30	51.55	31.30
1621	智云股份	35.00	14.00	71.13	22.81	11.50	34.93	31.28
1622	中航机电	25.00	21.20	74.75	19.37	19.67	24.90	31.28
1623	江南化工	27.50	0.00	62.43	27.58	8.75	59.70	31.27

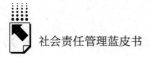
续表

社会责任能力成熟度排名	公司名称	社会责任理念与战略	社会责任推进管理	经济价值创造能力	社会价值创造能力	环境价值创造能力	合规透明运营能力	综合得分
1624	万达信息	33.75	0.00	77.25	25.26	5.75	46.65	31.26
1625	鹏博士	55.00	0.00	65.38	30.83	0.00	46.88	31.25
1626	珠江控股	15.95	0.00	73.88	22.39	37.87	30.60	31.25
1627	星徽精密	21.25	4.80	65.88	43.90	6.15	41.00	31.24
1628	中船科技	12.50	8.00	69.63	40.15	20.05	28.75	31.23
1629	华邦健康	22.50	0.00	71.10	28.33	27.58	33.98	31.23
1630	中科新材	6.25	7.68	62.00	36.66	12.45	51.20	31.22
1631	千金药业	48.00	6.36	70.68	28.30	1.25	40.20	31.22
1632	百洋股份	32.50	0.00	60.13	37.07	10.66	47.45	31.21
1633	浙江世宝	12.50	0.00	71.05	36.92	28.87	29.58	31.20
1634	天润曲轴	18.75	0.00	74.40	39.18	17.13	32.18	31.19
1635	瀚叶股份	32.50	0.00	64.10	40.03	15.91	35.15	31.18
1636	吉林化纤	36.25	0.00	68.38	15.93	28.83	39.95	31.18
1637	新大洲A	22.00	2.00	57.50	41.88	23.30	36.30	31.18
1638	金信诺	23.75	0.00	76.13	28.76	9.38	45.73	31.17
1639	天喻信息	37.50	0.00	64.75	25.47	8.25	53.88	31.17
1640	金路集团	15.00	0.00	65.88	34.13	30.74	34.05	31.16
1641	绿景控股	29.45	0.00	68.63	29.54	21.10	37.48	31.16
1642	惠泉啤酒	25.00	6.00	60.25	45.05	13.00	34.90	31.16
1643	佛慈制药	43.50	0.00	65.75	36.80	10.50	35.78	31.14
1644	龙星化工	18.75	0.00	64.38	33.58	31.00	33.60	31.13
1645	中兴商业	27.50	14.40	65.63	29.53	20.40	27.70	31.13
1646	普洛药业	43.75	0.00	70.40	42.02	13.25	22.95	31.13
1647	和邦生物	41.25	0.00	69.50	26.64	25.66	28.13	31.11
1648	郑煤机	17.50	11.93	64.50	34.59	0.00	52.00	31.09
1649	航发科技	20.00	19.20	60.75	14.66	18.01	49.00	31.09
1650	光明乳业	21.25	4.80	77.88	34.50	9.74	33.93	31.08
1651	孚日股份	41.25	0.00	77.25	30.95	2.50	39.00	31.07
1652	锌业股份	22.50	0.00	67.88	33.35	27.84	31.00	31.06
1653	新华龙	7.50	2.56	49.50	37.95	27.89	50.50	31.06
1654	广电电气	38.75	2.87	53.48	37.81	10.63	46.25	31.06
1655	石英股份	17.50	5.60	64.75	36.07	14.30	42.10	31.06
1656	通达股份	17.50	0.00	71.13	36.79	15.34	39.53	31.05

续表

社会责任能力成熟度排名	公司名称	社会责任理念与战略	社会责任推进管理	经济价值创造能力	社会价值创造能力	环境价值创造能力	合规透明运营能力	综合得分
1657	通策医疗	46.00	5.83	67.33	29.45	0.00	44.28	31.04
1658	通达动力	40.00	0.00	60.50	27.63	22.74	39.30	31.03
1659	爱建集团	20.30	2.00	77.70	33.20	11.95	36.25	31.03
1660	东方电热	25.00	0.00	67.75	40.24	13.74	36.73	31.02
1661	中青旅	40.00	0.00	74.50	29.48	14.50	31.60	31.01
1662	美锦能源	19.50	6.00	75.38	20.60	27.33	32.10	31.00
1663	文科园林	78.00	6.00	69.50	19.79	0.00	33.58	31.00
1664	仙琚制药	48.00	0.00	63.58	41.69	14.00	26.28	31.00
1665	合金投资	26.25	12.00	58.38	21.45	21.37	44.38	30.99
1666	量子高科	32.50	0.00	68.38	30.37	8.75	46.60	30.99
1667	四川美丰	25.00	0.00	60.58	29.22	22.25	46.20	30.98
1668	海信科龙	30.00	0.00	75.63	37.43	12.50	29.90	30.98
1669	上海新阳	25.00	0.00	62.05	36.33	21.25	38.60	30.98
1670	金陵药业	34.50	6.40	69.78	41.00	8.04	27.65	30.96
1671	强力新材	25.00	3.20	68.20	33.61	9.25	43.88	30.96
1672	焦点科技	32.50	0.00	68.80	34.06	0.00	51.10	30.96
1673	巨龙管业	70.00	6.00	69.75	15.62	5.00	36.75	30.96
1674	三维丝	26.25	0.00	71.65	27.50	12.25	46.00	30.96
1675	维力医疗	50.50	3.87	62.93	28.66	5.63	42.75	30.94
1676	金浦钛业	23.75	0.00	64.55	26.97	16.42	50.75	30.94
1677	海澜之家	28.75	0.00	82.00	33.32	0.00	40.58	30.94
1678	瑞茂通	61.50	8.00	73.13	15.09	23.00	18.45	30.93
1679	泸天化	23.75	0.00	65.53	26.13	10.00	56.98	30.93
1680	全聚德	12.50	0.00	72.50	32.33	13.75	46.28	30.92
1681	天业通联	16.25	5.20	52.88	36.34	20.98	47.35	30.92
1682	腾达建设	72.00	6.00	68.63	23.00	0.00	34.13	30.92
1683	金自天正	45.00	13.60	60.63	32.52	9.00	31.00	30.91
1684	国统股份	74.00	6.00	68.63	20.96	0.00	35.00	30.91
1685	远兴能源	23.75	0.00	62.53	23.93	19.25	52.78	30.90
1686	华北高速	35.25	8.00	69.75	10.81	23.00	40.50	30.90
1687	中油资本	24.30	4.00	81.65	30.26	13.95	28.28	30.89
1688	昆百大A	29.00	9.60	62.38	30.09	9.25	44.20	30.89
1689	奥特迅	53.75	3.37	62.53	29.45	6.25	40.13	30.88

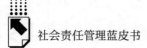

续表

社会责任能力成熟度排名	公司名称	社会责任理念与战略	社会责任推进管理	经济价值创造能力	社会价值创造能力	环境价值创造能力	合规透明运营能力	综合得分
1690	东山精密	16.25	2.80	68.25	22.14	19.30	50.05	30.88
1691	安通控股	31.50	8.00	61.25	15.03	29.25	40.50	30.88
1692	通合科技	40.00	0.00	81.13	38.28	6.00	23.85	30.87
1693	秀强股份	32.50	0.00	73.88	34.62	0.00	44.90	30.86
1694	迪威视讯	31.25	0.00	79.38	22.91	10.25	41.55	30.86
1695	美丽生态	72.00	6.00	69.50	19.20	0.00	36.68	30.85
1696	兰太实业	12.50	0.00	67.73	31.87	31.16	33.65	30.84
1697	世纪瑞尔	42.50	0.00	71.38	26.44	9.38	40.50	30.83
1698	安妮股份	42.50	0.00	60.88	36.06	8.00	42.73	30.83
1699	鼎龙股份	25.00	0.00	75.10	23.93	8.50	49.85	30.83
1700	精艺股份	16.25	8.00	62.00	37.63	15.60	39.00	30.83
1701	恒康医疗	47.50	0.00	70.63	36.37	10.12	27.75	30.82
1702	天源迪科	51.25	2.40	69.15	26.72	12.00	32.50	30.82
1703	爱康科技	31.25	0.00	67.75	25.10	17.50	43.50	30.82
1704	富临精工	6.25	0.00	73.58	42.95	9.99	41.18	30.81
1705	海普瑞	38.75	0.00	68.28	35.42	16.12	29.80	30.80
1706	先河环保	28.75	0.00	73.88	24.77	10.88	45.58	30.79
1707	杭电股份	40.00	3.87	68.83	30.62	0.00	45.53	30.79
1708	本钢板材	11.25	0.00	72.63	35.41	33.19	23.50	30.78
1709	双龙股份	17.50	0.00	66.75	29.21	21.75	43.53	30.77
1710	申科股份	22.50	9.20	59.63	29.56	23.07	36.95	30.76
1711	金固股份	8.75	0.00	62.00	45.86	16.79	41.38	30.76
1712	康达新材	8.75	0.00	63.73	43.00	10.25	49.03	30.76
1713	中泰桥梁	72.00	6.00	60.50	23.88	5.00	35.48	30.75
1714	东方国信	38.75	0.00	77.25	25.35	0.00	46.70	30.75
1715	天晟新材	10.00	0.00	63.53	32.98	17.00	51.73	30.74
1716	大西洋	26.25	3.60	64.75	43.60	5.55	38.70	30.74
1717	隆平高科	20.00	11.60	69.25	24.36	7.75	46.70	30.74
1718	海天味业	26.25	2.00	75.63	33.02	15.00	30.48	30.73
1719	新纶科技	35.00	0.00	70.10	21.59	18.33	41.23	30.72
1720	恒通股份	46.50	8.00	67.25	16.23	23.00	30.38	30.72
1721	以岭药业	44.25	0.00	73.73	34.17	11.25	26.95	30.72
1722	上海凯宝	43.75	0.00	70.45	27.54	17.25	31.10	30.72

续表

社会责任能力成熟度排名	公司名称	社会责任理念与战略	社会责任推进管理	经济价值创造能力	社会价值创造能力	环境价值创造能力	合规透明运营能力	综合得分
1723	柘中股份	76.00	6.00	65.00	14.58	2.50	40.25	30.70
1724	国栋建设	80.00	6.00	59.13	20.22	6.25	34.50	30.70
1725	中牧股份	55.00	0.00	67.73	32.41	14.75	25.10	30.70
1726	长城电工	40.00	0.00	62.75	41.45	7.50	36.58	30.69
1727	青岛金王	17.00	6.80	72.25	32.87	16.20	32.93	30.69
1728	益生股份	27.50	0.00	69.25	30.87	12.00	43.08	30.68
1729	合康新能	32.50	0.00	72.50	38.59	0.00	41.23	30.67
1730	特一药业	39.50	0.00	67.15	31.07	22.41	27.78	30.66
1731	深圳惠程	35.00	0.00	68.58	29.36	6.75	46.18	30.65
1732	一心堂	25.00	0.00	77.25	29.71	6.75	42.68	30.65
1733	达刚路机	20.00	8.40	62.25	31.42	19.68	37.40	30.65
1734	紫鑫药业	40.00	0.00	71.05	34.73	8.25	34.00	30.65
1735	国风塑业	18.75	0.00	67.53	32.44	19.75	40.10	30.64
1736	洪都航空	12.00	19.80	63.13	7.28	24.35	49.00	30.64
1737	*ST 三维	6.25	0.00	56.68	33.26	23.17	53.60	30.63
1738	曲美家居	33.75	11.03	62.68	24.15	6.25	47.25	30.62
1739	万盛股份	35.00	0.00	68.38	31.44	9.25	41.45	30.59
1740	温州宏丰	30.00	0.00	72.50	26.27	11.38	43.13	30.59
1741	鸿利智汇	26.25	0.00	76.63	22.37	8.13	48.20	30.58
1742	盘江股份	4.50	5.20	64.13	31.75	21.17	45.15	30.58
1743	福建金森	60.00	0.00	51.75	38.15	0.00	46.66	30.58
1744	鹏起科技	20.00	8.74	62.38	38.18	9.25	40.20	30.57
1745	三夫户外	15.00	0.00	71.38	26.72	9.38	54.05	30.57
1746	恒力股份	1.25	0.00	86.50	29.51	22.58	30.55	30.57
1747	东港股份	41.00	24.00	69.75	18.68	16.39	18.23	30.57
1748	海大集团	20.00	0.00	74.25	26.55	10.62	47.28	30.57
1749	中航资本	17.80	2.00	78.38	33.02	11.95	34.55	30.56
1750	五洋科技	21.25	7.40	65.63	26.87	21.03	37.05	30.56
1751	上海家化	37.50	0.00	63.63	32.23	17.25	35.78	30.55
1752	同洲电子	22.50	0.00	53.63	31.61	22.75	49.18	30.54
1753	航天动力	28.75	4.80	63.38	29.76	9.00	46.75	30.54
1754	信立泰	36.25	0.00	72.58	33.51	16.78	26.58	30.53
1755	创维数字	36.25	0.00	80.25	31.42	0.00	37.78	30.52

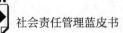
续表

社会责任能力成熟度排名	公司名称	社会责任理念与战略	社会责任推进管理	经济价值创造能力	社会价值创造能力	环境价值创造能力	合规透明运营能力	综合得分
1756	东方铁塔	78.00	6.00	68.38	21.08	0.00	30.65	30.50
1757	中环装备	32.50	0.00	72.75	37.26	0.00	41.33	30.49
1758	天翔环境	33.75	7.20	69.50	26.50	13.40	34.00	30.48
1759	济民制药	51.25	2.87	64.28	28.00	20.00	25.70	30.47
1760	启明星辰	16.25	0.00	74.00	36.37	0.00	49.90	30.47
1761	仁和药业	37.25	0.00	69.23	34.66	9.54	35.10	30.46
1762	江海股份	5.00	0.00	73.13	35.08	10.63	47.60	30.46
1763	再升科技	32.50	3.03	66.10	30.89	14.25	36.88	30.46
1764	瑞康医药	23.75	0.00	78.38	25.05	7.63	44.95	30.46
1765	威尔泰	15.00	3.60	57.25	34.11	26.34	39.40	30.43
1766	易世达	37.50	0.00	64.63	32.53	15.41	35.60	30.42
1767	全信股份	35.00	0.00	72.50	35.25	0.00	41.68	30.40
1768	捷顺科技	65.00	19.72	51.88	25.57	0.00	35.55	30.39
1769	小天鹅A	17.50	0.00	75.63	36.05	8.75	38.68	30.39
1770	海利生物	38.75	3.47	67.80	35.29	7.71	33.00	30.38
1771	众生药业	32.50	0.00	64.95	38.93	19.74	27.10	30.38
1772	通光线缆	25.00	0.00	72.50	31.14	5.00	46.23	30.38
1773	通威股份	25.00	0.00	80.63	24.79	14.12	35.33	30.37
1774	重庆百货	36.50	2.40	59.38	21.75	11.80	53.10	30.37
1775	永东股份	10.00	0.00	70.35	36.92	8.00	47.70	30.33
1776	首旅酒店	30.00	0.00	80.25	28.94	8.75	33.88	30.33
1777	聚光科技	22.50	0.00	77.25	22.70	0.00	56.00	30.32
1778	荣盛石化	5.00	0.00	63.48	38.53	22.33	41.33	30.32
1779	澳洋科技	11.25	0.00	68.33	23.98	25.50	44.35	30.31
1780	九华旅游	46.25	3.87	64.38	25.94	0.00	48.53	30.31
1781	金种子酒	21.25	3.20	66.38	34.49	6.25	46.25	30.31
1782	百大集团	31.00	4.00	66.50	42.09	5.65	32.90	30.31
1783	海达股份	12.50	0.00	70.83	48.22	6.25	36.13	30.30
1784	万林股份	45.25	8.00	67.25	14.55	23.00	30.38	30.30
1785	兆新股份	33.75	0.00	60.38	27.41	9.25	52.43	30.28
1786	众业达	33.75	3.87	70.23	29.22	0.00	46.03	30.26
1787	盛洋科技	48.75	1.70	57.20	27.22	9.50	45.38	30.25
1788	千山药机	26.25	4.80	68.13	30.90	2.00	47.65	30.25

续表

社会责任能力成熟度排名	公司名称	社会责任理念与战略	社会责任推进管理	经济价值创造能力	社会价值创造能力	环境价值创造能力	合规透明运营能力	综合得分
1789	＊ST沪科	22.50	10.16	59.13	32.92	12.15	41.20	30.25
1790	光正集团	72.00	6.00	62.50	22.45	0.00	37.10	30.25
1791	云投生态	72.00	6.00	63.00	16.20	0.00	42.73	30.23
1792	佛塑科技	23.75	0.00	69.75	28.92	9.75	46.23	30.21
1793	重庆路桥	39.00	8.00	59.00	13.21	23.00	42.93	30.20
1794	华中数控	30.00	6.40	66.38	20.63	11.15	46.58	30.20
1795	瑞丰光电	20.00	0.00	76.38	21.06	9.38	49.85	30.20
1796	西南证券	30.55	2.00	65.75	31.83	14.45	36.73	30.19
1797	越秀金控	24.05	4.00	70.10	36.20	13.45	30.58	30.18
1798	恒丰纸业	12.50	0.00	62.25	38.15	18.95	41.38	30.18
1799	精达股份	53.75	1.20	69.25	26.85	0.00	40.50	30.18
1800	中毅达	80.00	6.00	65.50	16.81	0.00	34.80	30.16
1801	中国中期	44.00	8.00	59.00	10.09	25.50	40.50	30.16
1802	濮阳惠成	32.50	0.00	72.88	28.04	17.25	31.30	30.15
1803	大湖股份	37.50	3.20	65.00	30.85	10.13	37.43	30.14
1804	博闻科技	76.00	6.00	59.38	20.55	7.50	31.73	30.13
1805	华西能源	32.50	0.00	71.13	29.20	2.66	46.33	30.13
1806	奥瑞金	21.25	0.00	62.25	34.07	12.63	46.60	30.12
1807	山鼎设计	80.00	6.00	62.25	18.04	0.00	36.58	30.12
1808	融钰集团	17.50	0.00	65.00	33.86	13.50	45.20	30.11
1809	鞍重股份	35.00	10.80	55.50	28.34	18.25	34.93	30.11
1810	誉衡药业	44.50	0.00	73.45	29.46	8.75	30.85	30.10
1811	成都路桥	76.00	6.00	72.50	20.83	0.00	25.65	30.10
1812	众兴菌业	12.50	0.00	65.88	37.31	10.75	46.23	30.08
1813	远东传动	21.25	0.00	70.55	49.61	10.63	24.48	30.07
1814	泰和新材	12.50	0.00	62.83	26.08	12.83	58.38	30.07
1815	卫星石化	12.50	0.00	73.93	30.60	11.50	44.08	30.07
1816	文峰股份	19.00	12.00	69.00	33.10	0.65	41.70	30.06
1817	南纺股份	33.00	2.80	56.25	32.63	16.30	40.60	30.04
1818	浙富控股	43.75	3.37	62.03	25.84	2.50	48.88	30.04
1819	莱克电气	31.25	0.00	62.88	42.74	6.25	37.68	30.04
1820	日出东方	32.50	0.00	70.88	36.62	0.00	41.35	30.04
1821	华昌化工	11.25	0.00	63.50	37.20	21.50	38.45	30.04

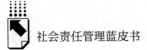

续表

社会责任能力成熟度排名	公司名称	社会责任理念与战略	社会责任推进管理	经济价值创造能力	社会价值创造能力	环境价值创造能力	合规透明运营能力	综合得分
1822	长春高新	50.25	0.00	72.55	36.12	0.00	30.30	30.04
1823	福鞍股份	33.75	0.80	61.13	37.21	13.75	35.25	30.04
1824	浪莎股份	23.75	0.00	71.38	28.53	0.00	53.78	30.04
1825	先导智能	26.25	9.60	75.88	19.76	15.90	31.00	30.01
本能级 980 家（35%）								
1826	同仁堂	32.75	0.00	74.98	30.85	14.54	28.08	29.99
1827	S 佳通	1.25	0.00	75.70	38.82	30.62	20.73	29.98
1828	宏达矿业	7.50	12.62	57.75	35.19	25.49	31.30	29.97
1829	老凤祥	30.00	0.00	79.75	27.73	1.25	41.00	29.95
1830	阳光照明	21.25	0.00	59.63	30.44	24.74	39.65	29.93
1831	亚太股份	8.75	0.00	74.18	46.47	15.21	25.53	29.92
1832	扬子新材	70.00	6.00	73.88	16.74	0.00	30.65	29.91
1833	广东鸿图	6.25	0.00	69.95	51.09	10.63	30.85	29.88
1834	北玻股份	13.75	11.60	63.38	29.50	25.69	28.18	29.87
1835	*ST 河化	35.00	0.00	48.13	38.59	16.33	43.48	29.87
1836	道氏技术	55.00	2.37	64.20	23.93	9.25	35.63	29.87
1837	硕贝德	36.25	0.00	75.83	23.79	4.38	41.80	29.87
1838	乾景园林	78.00	6.00	69.50	15.30	0.00	31.78	29.86
1839	长青股份	18.75	0.00	65.85	43.20	16.83	29.60	29.86
1840	诺普信	30.00	0.00	58.60	29.60	9.25	51.73	29.85
1841	大富科技	33.75	0.00	66.00	19.08	15.00	47.00	29.85
1842	莫高股份	30.00	4.00	61.75	36.83	16.83	29.73	29.84
1843	紫光国芯	32.50	0.00	75.38	18.16	6.25	47.90	29.83
1844	国创高新	76.00	6.00	60.25	23.06	0.00	34.10	29.81
1845	泰胜风能	15.00	0.00	69.75	34.60	18.74	34.18	29.81
1846	浙商中拓	25.50	23.60	74.75	10.77	18.61	23.70	29.81
1847	北大荒	27.50	2.40	70.63	26.25	17.50	33.53	29.80
1848	信维通信	35.00	0.00	78.63	23.43	0.00	44.08	29.80
1849	清水源	36.25	2.37	66.58	28.64	17.00	30.83	29.80
1850	韩建河山	80.00	6.00	62.50	18.04	0.00	34.50	29.79
1851	继峰股份	23.75	0.00	76.18	39.28	10.63	26.20	29.79
1852	上海梅林	30.00	1.60	72.63	17.78	12.00	44.80	29.78
1853	宁波华翔	20.00	0.00	78.73	45.56	2.00	28.08	29.78

续表

社会责任能力成熟度排名	公司名称	社会责任理念与战略	社会责任推进管理	经济价值创造能力	社会价值创造能力	环境价值创造能力	合规透明运营能力	综合得分
1854	太阳鸟	26.25	8.00	68.88	26.52	12.30	35.15	29.78
1855	海思科	28.75	0.00	69.78	31.19	18.66	29.80	29.77
1856	大东南	25.00	0.00	60.60	27.94	19.00	43.90	29.76
1857	*ST弘高	72.00	6.00	70.88	19.79	0.00	28.63	29.75
1858	开山股份	30.00	1.60	76.13	21.83	12.37	36.68	29.75
1859	陕天然气	22.00	0.00	74.25	30.38	4.43	41.80	29.71
1860	罗莱生活	31.25	0.00	68.13	25.81	8.75	45.00	29.71
1861	金鹰股份	48.75	0.00	66.13	24.13	8.75	38.93	29.70
1862	四川金顶	30.00	12.44	60.50	29.39	4.95	41.00	29.69
1863	博通股份	27.50	15.00	49.25	17.19	18.43	49.75	29.68
1864	诚益通	28.75	7.80	66.13	21.73	16.80	36.45	29.68
1865	立霸股份	35.00	0.67	64.50	25.75	17.00	37.50	29.67
1866	萃华珠宝	35.00	0.00	64.75	24.33	9.38	46.93	29.67
1867	万讯自控	37.50	0.00	65.63	27.99	7.00	43.38	29.67
1868	华鼎股份	20.00	0.00	68.63	33.70	12.75	38.63	29.67
1869	蓝思科技	37.50	0.00	69.00	19.85	20.62	34.50	29.66
1870	浙江东方	32.50	30.80	63.75	16.51	19.03	16.58	29.65
1871	博彦科技	43.75	0.00	75.00	21.65	5.00	38.63	29.62
1872	尤夫股份	18.75	0.00	67.88	33.00	14.58	38.70	29.62
1873	广东榕泰	12.50	0.00	72.23	34.00	21.75	29.63	29.62
1874	国美通讯	15.00	1.20	77.75	31.99	6.75	38.45	29.61
1875	奥康国际	26.25	0.00	72.75	24.26	6.25	46.58	29.59
1876	天顺风能	30.00	0.00	68.13	30.04	5.00	44.43	29.57
1877	良信电器	27.50	0.00	71.13	30.76	10.00	37.08	29.56
1878	健盛集团	36.25	8.00	66.38	24.61	9.38	35.70	29.56
1879	汉威电子	41.25	0.00	68.63	28.77	13.00	30.85	29.55
1880	科迪乳业	16.25	0.00	74.38	30.70	1.25	48.78	29.54
1881	复旦复华	61.00	3.70	65.43	27.01	8.83	25.23	29.53
1882	宝硕股份	31.05	2.00	74.55	23.47	11.95	34.85	29.53
1883	ST云维	8.75	0.00	56.33	43.64	28.66	30.58	29.53
1884	加加食品	21.25	0.00	65.63	31.82	10.62	44.15	29.52
1885	东阳光科	23.75	4.84	70.63	28.89	3.00	43.40	29.51
1886	华仪电气	12.50	0.00	68.63	45.05	18.12	25.13	29.50

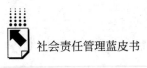

续表

社会责任能力成熟度排名	公司名称	社会责任理念与战略	社会责任推进管理	经济价值创造能力	社会价值创造能力	环境价值创造能力	合规透明运营能力	综合得分
1887	盈方微	35.00	0.00	67.00	35.45	0.00	41.95	29.49
1888	科隆股份	18.75	0.00	68.48	32.28	9.50	43.13	29.48
1889	*ST 郑煤	27.00	2.00	60.38	25.09	15.05	46.25	29.48
1890	景峰医药	42.75	0.00	70.60	32.23	3.13	34.00	29.47
1891	南京新百	15.00	0.80	74.23	24.54	21.50	34.30	29.47
1892	新华都	17.50	0.80	69.00	29.04	5.63	49.48	29.46
1893	威创股份	50.00	0.00	74.93	27.09	0.00	33.85	29.46
1894	国联水产	18.75	0.00	59.63	37.14	9.13	47.28	29.44
1895	杭锅股份	40.00	0.00	70.88	32.90	1.88	35.70	29.44
1896	金达威	40.00	0.00	70.18	24.77	18.45	27.95	29.44
1897	皇氏集团	27.50	0.00	70.88	26.93	8.96	41.53	29.44
1898	利德曼	45.50	0.00	69.13	30.52	12.66	25.98	29.44
1899	锦江投资	26.50	8.00	64.25	17.98	29.25	29.25	29.42
1900	启迪古汉	49.50	0.00	65.75	29.21	10.54	30.45	29.42
1901	鹿港文化	40.00	0.00	69.75	28.82	8.75	33.90	29.42
1902	九阳股份	15.00	0.00	70.63	30.61	21.24	32.63	29.42
1903	瑞丰高材	0.00	0.00	65.55	35.39	25.50	36.98	29.41
1904	搜于特	5.00	0.00	79.50	24.00	0.00	57.05	29.40
1905	普莱柯	50.25	1.47	68.28	27.74	6.25	31.68	29.40
1906	兴化股份	28.75	0.00	58.88	22.44	17.50	48.53	29.39
1907	百利电气	33.75	0.00	72.50	32.73	15.63	23.70	29.39
1908	旷达科技	6.25	0.00	71.53	31.24	17.00	39.95	29.37
1909	沃华医药	50.75	0.00	63.43	33.51	13.25	24.78	29.37
1910	升达林业	31.25	0.00	61.38	34.90	8.13	41.35	29.36
1911	特力 A	26.50	4.80	67.75	26.59	15.95	33.30	29.36
1912	南都电源	35.00	0.00	72.25	29.50	0.00	41.90	29.36
1913	延长化建	27.00	2.00	65.63	26.38	4.30	49.60	29.32
1914	神雾节能	36.50	1.20	66.75	23.05	14.74	36.85	29.32
1915	隆华节能	15.00	6.00	62.25	30.99	12.00	43.18	29.29
1916	好当家	35.00	2.00	68.13	29.24	3.00	40.90	29.29
1917	兴民智通	12.50	0.00	70.78	50.24	2.00	32.73	29.28
1918	华源控股	26.25	0.00	50.38	43.51	25.11	29.04	29.27
1919	双星新材	6.25	0.00	69.25	33.02	26.50	30.35	29.27

续表

社会责任能力成熟度排名	公司名称	社会责任理念与战略	社会责任推进管理	经济价值创造能力	社会价值创造能力	环境价值创造能力	合规透明运营能力	综合得分
1920	莎普爱思	56.25	1.20	68.83	32.67	2.50	26.13	29.26
1921	音飞储存	13.75	8.28	61.75	27.88	6.90	50.10	29.26
1922	智光电气	18.75	0.00	68.03	27.50	8.25	48.35	29.26
1923	*ST新城	46.80	5.40	58.50	28.40	16.64	27.60	29.26
1924	中央商场	21.00	3.60	68.13	26.86	15.45	36.70	29.23
1925	瑞凌股份	22.50	7.20	68.88	30.58	14.55	28.70	29.23
1926	西藏药业	26.25	0.40	68.63	24.27	9.12	45.33	29.22
1927	龙泉股份	78.00	6.00	68.88	14.58	0.00	29.53	29.22
1928	好莱客	33.75	3.87	70.70	25.44	2.50	41.03	29.21
1929	浙江医药	35.00	0.00	69.60	35.20	11.87	26.13	29.20
1930	高盟新材	18.75	0.00	64.53	33.91	15.58	37.80	29.20
1931	玉龙股份	22.50	10.56	53.38	45.64	4.05	36.10	29.20
1932	科斯伍德	6.25	0.00	64.38	29.24	20.33	44.65	29.17
1933	万丰奥威	31.25	0.00	72.05	39.72	7.50	25.38	29.16
1934	博实股份	5.00	13.60	71.38	14.40	12.35	47.50	29.16
1935	中顺洁柔	22.50	0.00	68.63	39.45	6.25	35.15	29.16
1936	应流股份	13.75	0.40	67.75	37.64	12.50	36.05	29.16
1937	宜华健康	40.00	0.00	71.75	34.32	6.25	27.33	29.14
1938	泰合健康	45.25	0.00	62.40	32.43	9.37	32.50	29.13
1939	神奇制药	60.00	7.03	66.23	26.84	5.63	22.78	29.13
1940	京运通	36.25	0.00	66.43	27.19	0.00	48.08	29.13
1941	建新股份	25.00	0.00	61.60	33.80	13.41	39.05	29.11
1942	海伦钢琴	30.00	10.00	67.25	26.62	7.50	33.68	29.11
1943	金晶科技	74.00	6.00	65.00	16.01	5.00	28.33	29.06
1944	奋达科技	31.25	0.00	66.75	32.33	9.75	35.23	29.05
1945	金智科技	2.50	0.00	68.83	38.05	9.71	43.40	29.05
1946	博腾股份	45.75	0.00	67.53	33.24	9.12	26.05	29.04
1947	天壕环境	33.50	0.00	77.25	16.58	16.73	32.15	29.04
1948	梦洁股份	18.75	0.00	71.63	36.04	1.88	41.25	29.02
1949	信质电机	27.50	0.00	71.13	28.26	8.75	37.78	29.01
1950	中鼎股份	16.25	0.00	76.18	44.19	6.25	25.53	29.01
1951	久其软件	15.00	0.00	74.68	39.53	0.00	38.63	29.01
1952	特锐德	25.00	0.00	73.63	29.42	6.00	38.23	29.01

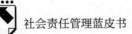

续表

社会责任能力成熟度排名	公司名称	社会责任理念与战略	社会责任推进管理	经济价值创造能力	社会价值创造能力	环境价值创造能力	合规透明运营能力	综合得分
1953	新农开发	12.50	1.60	69.13	27.57	21.13	34.75	29.00
1954	中葡股份	22.50	0.80	61.13	28.24	15.00	43.45	29.00
1955	长园集团	50.00	0.00	44.88	34.27	16.88	37.30	29.00
1956	恩华药业	43.75	0.00	63.18	38.54	9.92	25.15	28.99
1957	山东金泰	17.50	1.20	61.63	27.41	4.35	56.70	28.98
1958	未名医药	51.00	0.00	70.90	27.56	8.29	25.90	28.98
1959	向日葵	32.50	0.00	62.25	20.67	16.00	44.00	28.97
1960	沙隆达A	22.50	0.00	57.23	26.73	22.58	41.93	28.97
1961	天成自控	43.75	0.00	69.60	40.62	0.00	26.43	28.97
1962	老白干酒	26.25	0.00	77.50	32.57	12.00	24.30	28.97
1963	四川九洲	25.00	0.00	68.38	32.53	17.49	28.58	28.95
1964	大唐电信	30.00	7.20	61.25	20.11	18.30	37.23	28.93
1965	拓普集团	37.50	0.00	75.48	33.54	3.38	27.48	28.93
1966	亿通科技	22.50	0.00	68.00	25.66	9.38	45.13	28.92
1967	山鹰纸业	12.50	0.00	65.00	30.32	24.78	33.60	28.92
1968	长春一东	23.75	0.00	70.38	43.85	6.88	26.35	28.92
1969	新力金融	24.05	2.00	71.65	26.48	11.95	35.15	28.91
1970	日机密封	32.50	6.20	64.50	27.36	14.95	29.50	28.90
1971	茂硕电源	37.50	0.00	60.25	31.22	0.00	48.20	28.89
1972	柳州医药	25.00	1.00	71.75	33.45	10.00	31.40	28.89
1973	爱仕达	22.50	0.00	68.38	41.53	10.25	27.80	28.88
1974	高乐股份	12.50	0.00	60.90	37.04	14.12	41.43	28.88
1975	安居宝	18.75	0.00	68.00	24.43	9.38	48.20	28.88
1976	人福医药	35.25	0.00	74.20	25.33	13.74	27.55	28.87
1977	宜华生活	30.00	0.00	80.25	22.96	1.25	39.23	28.86
1978	览海投资	61.25	9.03	35.10	31.57	9.37	41.25	28.86
1979	维维股份	18.75	0.00	65.88	23.66	13.50	46.88	28.86
1980	露天煤业	12.00	2.00	70.38	33.53	9.51	38.20	28.85
1981	海特高新	39.25	20.80	64.75	18.23	15.29	19.35	28.84
1982	诚志股份	17.50	0.00	70.25	28.89	14.08	37.28	28.84
1983	智度股份	20.00	0.00	75.00	21.10	0.00	52.96	28.83
1984	科大智能	20.00	0.00	73.88	27.14	0.00	47.98	28.82
1985	陕西黑猫	14.50	2.00	68.73	28.23	22.34	30.75	28.82

续表

社会责任能力成熟度排名	公司名称	社会责任理念与战略	社会责任推进管理	经济价值创造能力	社会价值创造能力	环境价值创造能力	合规透明运营能力	综合得分
1986	裕兴股份	6.25	0.00	64.83	31.92	9.25	50.60	28.81
1987	海王生物	12.50	0.00	71.75	24.29	14.62	42.38	28.80
1988	盈峰环境	13.75	0.00	72.73	30.35	10.75	38.51	28.80
1989	浙江东日	17.50	19.00	44.25	10.68	19.82	56.50	28.80
1990	千红制药	32.75	0.00	69.23	35.04	11.37	26.13	28.79
1991	大秦铁路	32.75	8.00	55.00	20.87	23.00	34.88	28.79
1992	水井坊	22.50	4.40	73.38	24.11	5.79	39.73	28.78
1993	新宝股份	33.75	0.00	65.13	37.40	6.25	32.38	28.78
1994	龙力生物	21.25	0.00	70.63	24.79	11.67	40.95	28.77
1995	康弘药业	42.25	0.00	73.00	31.30	6.38	25.68	28.77
1996	康拓红外	12.50	0.00	67.25	30.71	6.25	48.63	28.76
1997	恒源煤电	38.25	2.00	69.63	15.37	13.04	38.48	28.76
1998	力生制药	40.75	0.00	65.18	32.11	7.13	32.70	28.75
1999	乐通股份	22.50	0.00	60.05	24.09	17.25	45.78	28.74
2000	三木集团	42.00	0.00	69.30	17.11	19.68	30.13	28.72
2001	光韵达	20.00	0.00	71.38	17.53	9.38	50.15	28.72
2002	生物股份	39.25	0.00	69.70	27.00	14.66	26.35	28.71
2003	古井贡酒	11.25	0.00	70.38	26.61	12.46	43.83	28.71
2004	深深宝 A	21.25	0.00	60.63	26.21	14.63	46.20	28.70
2005	山东海化	23.75	0.00	64.15	25.62	10.42	46.08	28.70
2006	东风股份	30.50	0.00	58.75	11.00	12.95	59.80	28.70
2007	神剑股份	11.25	0.00	68.38	19.82	8.00	56.90	28.68
2008	嘉事堂	28.75	0.00	73.13	26.16	0.00	44.08	28.68
2009	方大化工	17.50	0.00	68.08	18.56	23.75	39.13	28.66
2010	多氟多	0.00	0.00	74.08	22.00	25.50	37.65	28.66
2011	新联电子	36.25	0.00	67.25	27.98	0.00	43.85	28.66
2012	美尔雅	41.25	0.00	60.00	27.18	7.50	41.63	28.66
2013	积成电子	41.25	2.37	68.15	25.61	0.00	40.13	28.65
2014	ST 山水	10.25	6.00	63.13	31.00	22.86	30.45	28.64
2015	四通股份	50.00	3.37	60.80	23.15	9.38	34.65	28.64
2016	科华生物	46.25	0.00	67.25	28.40	6.38	31.38	28.64
2017	万向德农	32.50	7.00	64.75	36.10	9.25	23.90	28.63
2018	德尔股份	8.75	0.00	71.73	45.66	10.63	26.18	28.63

续表

社会责任能力成熟度排名	公司名称	社会责任理念与战略	社会责任推进管理	经济价值创造能力	社会价值创造能力	环境价值创造能力	合规透明运营能力	综合得分
2019	新潮能源	19.50	2.00	59.53	28.95	14.80	42.90	28.62
2020	尚荣医疗	49.50	0.00	69.00	28.67	4.25	29.58	28.62
2021	三垒股份	20.00	7.20	57.25	19.24	18.22	45.95	28.61
2022	赢合科技	23.75	14.00	69.50	15.02	14.75	32.50	28.61
2023	百川股份	18.75	0.00	66.88	32.03	15.33	34.30	28.61
2024	交运股份	32.50	0.00	69.10	40.48	5.00	26.28	28.60
2025	一汽富维	1.25	0.00	78.50	40.85	0.00	38.80	28.59
2026	德联集团	0.00	0.00	72.45	37.08	9.25	40.05	28.59
2027	步步高	18.75	0.40	74.50	24.52	4.50	44.48	28.59
2028	富祥股份	36.50	0.00	69.83	29.06	11.87	27.78	28.59
2029	百联股份	17.50	0.00	73.13	30.15	8.25	37.55	28.58
2030	大连电瓷	32.50	0.00	68.63	29.36	8.75	33.98	28.58
2031	苏泊尔	22.50	0.00	75.63	33.56	0.00	36.95	28.55
2032	木林森	22.50	0.00	74.73	35.35	6.13	29.88	28.54
2033	新元科技	25.00	8.40	63.88	20.30	17.30	34.75	28.53
2034	英唐智控	27.50	0.00	77.25	20.73	1.25	44.00	28.53
2035	力帆股份	6.25	0.00	64.10	44.65	17.63	28.60	28.52
2036	蓝英装备	17.50	6.80	63.38	29.74	14.70	34.10	28.52
2037	三聚环保	7.50	0.00	74.18	24.69	10.63	44.75	28.51
2038	阳谷华泰	0.00	0.00	70.35	37.47	13.13	37.40	28.50
2039	北大医药	43.00	0.00	61.75	31.28	3.75	37.65	28.50
2040	桂林三金	48.25	0.00	66.33	35.72	3.63	25.83	28.49
2041	顺网科技	20.00	0.00	77.25	16.44	0.00	53.45	28.49
2042	海南椰岛	25.00	2.40	67.13	20.56	12.75	41.38	28.46
2043	振芯科技	35.50	2.00	63.38	18.73	19.29	34.98	28.46
2044	同大股份	16.25	0.00	62.48	28.38	12.08	46.10	28.45
2045	朗源股份	17.50	0.00	60.88	37.01	0.00	50.45	28.45
2046	华英农业	21.25	0.00	64.25	29.57	13.50	38.93	28.45
2047	华宇软件	30.00	0.00	76.13	28.71	0.00	36.53	28.44
2048	华控赛格	15.00	0.00	76.58	30.91	0.00	42.16	28.43
2049	普利特	12.50	0.00	73.18	21.49	19.75	36.60	28.43
2050	浙江富润	7.50	0.00	64.88	20.82	32.74	35.35	28.43
2051	烽火通信	25.00	0.00	68.05	25.20	8.00	42.78	28.42

续表

社会责任能力成熟度排名	公司名称	社会责任理念与战略	社会责任推进管理	经济价值创造能力	社会价值创造能力	环境价值创造能力	合规透明运营能力	综合得分
2052	罗牛山	12.50	2.00	62.00	26.03	14.62	46.30	28.42
2053	中国国旅	43.75	3.87	74.55	21.46	0.00	33.70	28.42
2054	德威新材	6.25	0.00	71.23	33.29	8.75	41.00	28.39
2055	克明面业	28.75	2.80	68.13	21.83	6.00	42.98	28.39
2056	红旗连锁	12.50	0.00	76.13	24.36	3.75	46.48	28.38
2057	太安堂	34.75	0.00	66.55	30.37	11.12	30.25	28.37
2058	天邦股份	22.50	0.00	70.88	29.34	7.63	37.25	28.37
2059	蓝帆医疗	28.75	7.20	63.65	32.13	13.41	25.23	28.37
2060	国际实业	29.50	2.00	58.38	26.56	9.55	44.70	28.36
2061	火炬电子	32.50	0.00	73.08	18.72	0.00	47.70	28.36
2062	上海钢联	13.75	0.00	75.88	24.23	4.38	45.43	28.36
2063	丰原药业	44.75	0.00	68.75	32.86	3.88	27.10	28.34
2064	信邦制药	46.50	0.00	72.95	26.50	2.50	29.65	28.34
2065	森远股份	35.00	5.00	64.50	32.07	6.25	29.93	28.29
2066	泸州老窖	7.50	0.00	74.50	24.51	9.12	44.88	28.29
2067	葵花药业	41.25	0.00	71.70	30.04	6.00	26.50	28.28
2068	双塔食品	21.25	0.00	67.25	26.59	10.29	41.18	28.28
2069	川大智胜	20.00	0.00	68.38	23.88	0.00	53.65	28.26
2070	霞客环保	36.25	0.00	55.25	29.00	12.87	39.75	28.26
2071	新开源	6.25	0.00	70.98	27.63	14.33	40.58	28.26
2072	岭南控股	5.00	0.00	65.35	39.27	6.88	42.70	28.25
2073	高新发展	74.00	6.00	63.63	18.28	2.50	25.35	28.24
2074	露笑科技	30.00	0.00	67.25	32.02	0.00	40.93	28.24
2075	东方金钰	36.25	0.00	68.63	19.24	0.00	48.85	28.23
2076	美盛文化	45.00	0.00	65.63	21.75	5.00	39.45	28.23
2077	劲嘉股份	31.50	0.00	72.00	14.86	15.39	37.08	28.23
2078	中国汽研	8.75	0.00	66.38	44.68	6.00	34.88	28.22
2079	华斯股份	20.00	0.00	70.25	22.50	6.38	46.55	28.22
2080	西部资源	13.75	0.00	54.45	45.66	5.00	43.98	28.21
2081	和而泰	12.50	0.00	60.75	17.90	22.74	48.35	28.20
2082	厚普股份	35.00	8.80	68.38	18.79	14.75	26.50	28.20
2083	东软载波	28.75	0.00	77.25	19.45	0.00	43.83	28.17
2084	人人乐	22.50	0.00	66.75	30.88	5.63	40.70	28.16

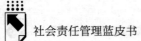

续表

社会责任能力成熟度排名	公司名称	社会责任理念与战略	社会责任推进管理	经济价值创造能力	社会价值创造能力	环境价值创造能力	合规透明运营能力	综合得分
2085	益盛药业	33.50	0.00	57.78	34.27	12.08	33.70	28.16
2086	神州数码	58.75	0.00	76.25	21.12	0.00	26.40	28.15
2087	胜宏科技	32.50	0.00	72.00	16.98	20.87	28.50	28.15
2088	朗姿股份	8.75	0.00	77.25	29.50	0.00	44.68	28.13
2089	亨通光电	16.25	0.00	80.58	29.02	9.25	28.30	28.11
2090	峨眉山A	17.50	0.00	65.85	29.82	6.25	44.53	28.11
2091	宝德股份	9.50	2.00	67.25	17.82	10.34	53.48	28.11
2092	百花村	61.25	0.50	52.18	25.60	1.88	41.98	28.11
2093	西部黄金	7.50	11.56	66.75	32.47	5.70	35.50	28.11
2094	炼石有色	25.00	0.00	47.50	27.81	33.51	33.40	28.10
2095	鲍斯股份	20.00	6.80	73.88	19.00	15.80	29.50	28.10
2096	智慧松德	6.25	2.40	73.88	24.20	6.88	45.20	28.08
2097	法尔胜	26.25	7.60	59.13	31.53	16.60	26.50	28.07
2098	开开实业	20.00	2.00	64.50	34.19	10.25	33.78	28.05
2099	生益科技	11.25	0.00	69.25	29.18	16.25	34.85	28.04
2100	海兰信	37.50	0.00	70.50	21.49	2.50	40.43	28.03
2101	罗普斯金	76.00	6.00	66.38	13.44	0.00	27.70	28.03
2102	扬杰科技	31.25	0.00	70.78	30.86	5.00	31.60	28.01
2103	赞宇科技	6.25	0.00	76.90	28.46	12.08	34.63	28.00
2104	雪浪环境	26.25	8.20	67.50	25.85	12.90	26.50	28.00
2105	华明装备	36.25	3.37	66.30	27.84	1.88	35.98	27.99
2106	宜通世纪	40.00	0.00	72.00	20.68	0.00	40.60	27.99
2107	万安科技	1.25	0.00	75.68	48.62	10.63	19.85	27.98
2108	金力泰	17.50	0.00	62.83	33.99	8.00	40.88	27.97
2109	雅本化学	5.00	0.00	61.10	29.83	8.50	53.13	27.96
2110	振东制药	38.25	0.00	70.90	28.61	2.00	32.58	27.96
2111	乐金健康	30.00	0.00	71.38	26.58	0.00	40.70	27.96
2112	国电南瑞	22.50	0.00	72.25	29.64	8.13	32.80	27.96
2113	*ST昆机	32.50	14.00	51.13	30.48	9.13	32.50	27.95
2114	万家乐	17.50	0.00	67.50	31.20	6.00	40.85	27.95
2115	红太阳	17.50	0.00	70.25	31.87	14.33	29.00	27.93
2116	阳煤化工	15.00	0.00	66.98	27.06	17.00	35.73	27.92
2117	福安药业	38.50	0.00	71.80	27.88	7.87	26.13	27.91

续表

社会责任能力成熟度排名	公司名称	社会责任理念与战略	社会责任推进管理	经济价值创造能力	社会价值创造能力	环境价值创造能力	合规透明运营能力	综合得分
2118	红日药业	18.00	0.00	73.23	29.83	13.58	28.38	27.90
2119	双象股份	12.50	0.00	65.65	22.71	18.75	40.90	27.89
2120	宁波高发	15.00	0.00	73.55	37.81	10.63	24.63	27.89
2121	威帝股份	48.75	0.00	70.30	25.37	0.00	32.13	27.88
2122	华西股份	12.50	0.00	71.40	26.42	10.00	40.10	27.88
2123	仁智股份	15.75	2.00	59.00	34.31	14.63	36.15	27.87
2124	贵州百灵	29.50	0.00	72.10	32.44	9.50	24.40	27.87
2125	爱迪尔	18.75	0.00	72.75	25.18	6.50	39.98	27.87
2126	中科金财	31.25	0.00	72.00	19.40	6.25	39.75	27.86
2127	*ST嘉陵	26.25	0.00	56.03	34.45	17.95	31.75	27.86
2128	恒大高新	6.25	0.00	58.63	33.39	11.25	48.00	27.85
2129	涪陵榨菜	30.00	0.00	70.88	22.38	5.50	39.30	27.85
2130	创新医疗	33.75	0.00	76.28	26.33	6.25	27.10	27.85
2131	柏堡龙	20.00	0.00	73.88	23.51	0.00	46.20	27.85
2132	青龙管业	74.00	6.00	66.13	22.06	5.00	14.40	27.85
2133	海陆重工	33.75	3.37	65.55	27.34	1.88	37.68	27.82
2134	威华股份	15.00	0.00	60.88	33.05	8.75	43.54	27.82
2135	浩云科技	27.50	0.00	67.25	25.87	6.25	39.75	27.79
2136	京蓝科技	24.75	21.40	70.50	18.91	11.30	18.45	27.77
2137	香雪制药	34.50	0.00	68.40	32.73	1.88	32.13	27.77
2138	罗顿发展	74.00	6.00	57.75	25.35	0.00	24.08	27.77
2139	得利斯	27.50	0.00	60.88	27.17	5.00	45.93	27.76
2140	中飞股份	25.00	3.60	59.75	31.00	7.20	38.80	27.76
2141	超图软件	37.50	0.00	76.70	21.27	0.00	35.43	27.76
2142	鱼跃医疗	36.75	0.00	63.13	36.93	7.08	26.65	27.76
2143	金雷风电	27.50	0.00	65.63	29.48	0.00	43.78	27.75
2144	科达股份	20.00	0.00	69.25	21.78	0.00	51.95	27.74
2145	万润科技	15.00	0.00	72.00	26.41	7.50	39.75	27.72
2146	燕塘乳业	7.50	0.00	72.00	43.00	2.50	32.28	27.71
2147	富瑞特装	36.25	1.20	54.38	30.83	12.54	34.78	27.69
2148	狮头股份	78.00	6.00	46.75	13.33	9.75	34.63	27.68
2149	安洁科技	12.50	0.00	62.88	32.82	12.50	38.63	27.68
2150	金河生物	29.75	0.00	69.18	31.13	10.95	25.98	27.68

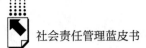

续表

社会责任能力成熟度排名	公司名称	社会责任理念与战略	社会责任推进管理	经济价值创造能力	社会价值创造能力	环境价值创造能力	合规透明运营能力	综合得分
2151	天马精化	6.25	0.00	63.33	33.37	25.08	28.50	27.67
2152	安源煤业	12.00	2.00	52.58	22.45	28.54	41.48	27.67
2153	鹏翎股份	10.00	0.00	63.70	45.67	10.63	28.15	27.67
2154	朗玛信息	20.00	0.00	73.00	29.43	0.00	40.13	27.66
2155	地尔汉宇	35.00	0.00	69.75	31.09	0.00	33.38	27.66
2156	银鸽投资	33.75	0.00	50.38	28.35	25.45	30.66	27.64
2157	奥特佳	0.00	0.00	72.98	39.83	15.00	25.75	27.64
2158	维科精华	13.75	0.00	57.75	25.43	18.87	43.85	27.64
2159	日科化学	12.50	0.00	61.65	32.48	11.33	41.03	27.62
2160	佳创视讯	23.75	0.00	67.75	23.91	0.00	48.58	27.62
2161	鲁亿通	25.00	0.00	65.00	26.86	3.75	43.93	27.62
2162	银河生物	22.50	0.00	62.63	39.16	1.75	37.38	27.61
2163	南极电商	31.50	3.40	72.50	19.38	7.80	32.80	27.61
2164	海欣股份	42.50	1.20	64.35	23.16	1.25	39.75	27.60
2165	荣之联	25.00	0.00	72.00	27.67	0.00	39.75	27.60
2166	永清环保	13.00	0.00	77.50	13.85	7.18	47.55	27.59
2167	唐人神	22.50	0.00	69.00	22.92	11.62	37.13	27.57
2168	中恒集团	30.50	0.00	65.85	30.56	6.62	33.18	27.57
2169	东方集团	30.00	4.40	75.38	25.34	3.13	28.23	27.56
2170	大康农业	27.50	0.00	75.25	17.01	5.63	39.93	27.55
2171	珠江啤酒	25.00	0.00	66.75	26.44	9.96	35.98	27.54
2172	鲁银投资	32.00	3.60	64.75	10.18	27.08	29.58	27.53
2173	赛升药业	45.00	0.00	70.43	26.16	(1.25)	32.58	27.52
2174	星宇股份	15.00	0.00	74.35	44.24	0.00	25.98	27.52
2175	博信股份	76.00	6.00	62.75	12.66	0.00	29.23	27.51
2176	德奥通航	30.00	0.00	55.00	36.15	5.00	39.98	27.50
2177	立思辰	36.25	0.00	76.83	20.65	3.13	32.05	27.50
2178	东方财富	11.25	0.00	77.55	26.85	9.25	32.75	27.48
2179	辅仁药业	41.25	3.70	62.53	22.74	0.00	40.75	27.47
2180	永创智能	17.50	1.20	72.25	27.04	10.62	31.78	27.47
2181	齐峰新材	18.75	0.00	60.88	27.14	8.13	46.04	27.47
2182	春晖股份	22.50	0.00	69.08	23.13	9.25	38.60	27.46
2183	南京医药	30.00	6.80	75.38	21.59	0.00	32.10	27.46

续表

社会责任能力成熟度排名	公司名称	社会责任理念与战略	社会责任推进管理	经济价值创造能力	社会价值创造能力	环境价值创造能力	合规透明运营能力	综合得分
2184	新亚制程	15.00	0.00	71.75	20.20	0.00	52.15	27.44
2185	乔治白	23.75	0.00	65.88	28.91	9.38	34.95	27.41
2186	江南高纤	33.75	0.00	70.55	28.18	8.75	26.05	27.41
2187	佳隆股份	28.75	0.00	66.13	25.22	5.00	39.90	27.40
2188	泰格医药	33.25	0.00	67.85	26.81	1.88	37.15	27.39
2189	山河药辅	50.00	0.00	65.75	25.80	7.87	24.93	27.38
2190	亚太药业	37.75	0.00	66.00	30.60	9.62	24.93	27.38
2191	银信科技	15.00	0.00	74.75	25.12	0.00	43.75	27.35
2192	网宿科技	32.50	0.00	70.88	23.40	6.00	33.55	27.34
2193	信息发展	23.75	0.00	67.25	30.74	0.00	40.65	27.33
2194	西安饮食	6.25	0.00	64.18	29.94	6.16	48.05	27.32
2195	*ST新亿	6.25	8.80	52.75	24.85	3.75	58.15	27.32
2196	*ST厦工	26.25	9.60	53.63	34.21	5.00	34.95	27.32
2197	腾龙股份	3.75	0.00	74.23	45.16	0.00	30.25	27.31
2198	藏格控股	22.50	0.00	79.18	17.33	18.08	24.63	27.31
2199	银星能源	26.00	0.00	72.50	19.42	10.95	34.35	27.30
2200	宝利国际	76.00	6.00	66.38	17.64	0.00	19.35	27.29
2201	张家界	30.00	0.00	65.48	24.17	4.38	40.90	27.28
2202	希努尔	6.25	0.00	56.63	27.86	17.04	46.48	27.26
2203	三全食品	17.50	2.00	55.58	31.35	13.62	39.10	27.25
2204	迪安诊断	44.00	0.00	74.53	25.90	0.00	26.43	27.23
2205	美亚光电	41.25	0.00	65.93	28.11	0.00	34.33	27.23
2206	宏达新材	18.75	0.00	64.48	26.69	10.42	39.23	27.22
2207	派思股份	22.50	13.20	49.88	32.49	13.49	29.63	27.21
2208	国民技术	30.00	0.00	59.05	26.05	20.11	29.28	27.21
2209	中国海诚	78.00	6.00	51.88	19.29	0.00	30.65	27.21
2210	雷曼股份	25.00	0.00	60.13	26.81	0.00	50.33	27.21
2211	赢时胜	23.75	0.00	69.05	21.37	7.50	40.00	27.20
2212	天玑科技	36.25	0.00	65.63	16.42	2.50	46.40	27.19
2213	奥瑞德	32.50	0.00	69.25	26.67	3.75	33.25	27.18
2214	凯恩股份	14.00	0.00	64.13	30.59	15.00	33.38	27.15
2215	乾照光电	13.75	0.00	66.75	24.45	7.25	44.75	27.15
2216	宝色股份	22.50	10.00	61.55	17.58	20.38	28.83	27.15

续表

社会责任能力成熟度排名	公司名称	社会责任理念与战略	社会责任推进管理	经济价值创造能力	社会价值创造能力	环境价值创造能力	合规透明运营能力	综合得分
2217	光力科技	7.50	0.00	67.25	33.39	9.38	36.60	27.14
2218	邦宝益智	41.25	3.87	63.88	22.84	0.00	37.28	27.14
2219	斯太尔	12.50	0.00	68.50	43.77	3.38	28.13	27.13
2220	中威电子	20.00	0.00	63.38	26.63	9.38	40.08	27.10
2221	汉得信息	8.75	0.00	77.25	21.44	0.00	47.00	27.10
2222	易见股份	25.50	24.40	66.25	15.60	15.49	14.63	27.09
2223	共达电声	25.00	0.00	67.25	23.36	6.25	39.75	27.09
2224	弘讯科技	16.25	2.00	70.25	27.80	2.50	38.90	27.09
2225	*ST 锐电	38.75	1.20	59.63	23.56	0.00	44.40	27.06
2226	桃李面包	17.50	6.80	72.00	20.60	6.25	34.90	27.05
2227	天科股份	32.50	0.00	63.20	27.82	16.75	24.43	27.05
2228	六国化工	10.00	0.00	62.00	38.72	16.25	27.70	27.04
2229	初灵信息	15.00	0.00	73.63	16.14	9.38	42.73	27.03
2230	电科院	20.00	0.00	66.13	29.28	8.75	34.93	27.03
2231	龙净环保	43.75	0.00	62.75	24.64	0.00	38.48	27.03
2232	鸿特精密	6.25	0.00	67.25	38.72	6.66	34.05	27.03
2233	睿康股份	22.50	0.00	68.63	27.16	3.75	38.10	27.02
2234	道明光学	0.00	0.00	64.80	31.02	9.42	44.90	27.02
2235	众泰汽车	2.50	0.00	72.33	50.62	0.00	25.75	27.01
2236	深华发 A	25.00	0.00	69.10	24.24	13.91	28.90	27.01
2237	中航高科	20.50	23.60	63.13	18.96	14.60	18.38	27.01
2238	西藏旅游	42.50	0.00	55.88	25.83	16.50	28.13	26.99
2239	王子新材	20.00	0.00	57.25	34.54	14.45	32.55	26.98
2240	吉艾科技	23.25	2.00	54.70	24.11	18.68	37.50	26.98
2241	金亚科技	30.00	0.00	49.50	24.39	9.25	50.08	26.98
2242	隆鑫通用	30.00	0.00	64.85	38.11	0.00	30.25	26.98
2243	高升控股	20.00	0.00	80.00	17.48	0.00	41.28	26.98
2244	海洋王	33.75	0.00	63.35	26.20	13.75	27.78	26.97
2245	太极集团	38.00	0.00	65.88	29.90	5.38	27.55	26.97
2246	敦煌种业	37.50	2.00	61.88	26.24	0.00	38.85	26.96
2247	中天能源	10.75	2.00	74.78	22.07	6.30	38.63	26.95
2248	海默科技	15.75	2.00	57.50	27.66	12.13	41.70	26.95
2249	溢多利	46.50	0.00	67.15	26.54	3.13	27.03	26.94

续表

社会责任能力成熟度排名	公司名称	社会责任理念与战略	社会责任推进管理	经济价值创造能力	社会价值创造能力	环境价值创造能力	合规透明运营能力	综合得分
2250	珈伟股份	23.75	0.00	66.75	22.93	3.13	43.65	26.94
2251	恒顺众昇	17.50	0.00	65.63	27.32	0.00	46.95	26.93
2252	艾比森	33.75	0.00	65.60	27.65	8.33	29.28	26.93
2253	亚星客车	23.75	0.00	71.00	37.08	0.00	28.33	26.93
2254	洲际油气	9.50	2.00	65.30	31.69	16.30	28.95	26.91
2255	金安国纪	20.00	0.00	68.13	21.15	9.38	39.75	26.91
2256	合众思壮	38.00	1.00	70.00	16.61	9.30	31.48	26.91
2257	和晶科技	22.50	0.00	66.75	21.51	0.00	48.73	26.91
2258	富春股份	31.25	0.00	61.78	24.17	0.00	46.18	26.91
2259	星期六	17.50	0.00	65.88	21.25	8.25	44.38	26.91
2260	佛山照明	10.00	0.00	72.00	23.63	8.75	39.48	26.89
2261	农产品	13.75	0.00	64.50	20.33	11.04	45.90	26.89
2262	灵康药业	41.00	4.53	64.23	26.94	8.75	22.13	26.88
2263	中元股份	22.50	0.00	67.50	30.78	0.00	38.53	26.87
2264	沈阳化工	12.50	0.00	66.15	24.86	11.25	39.98	26.85
2265	哈尔斯	18.75	0.00	65.63	28.58	6.25	38.30	26.85
2266	宁波精达	32.50	0.40	67.25	26.21	3.13	34.13	26.85
2267	禾丰牧业	28.75	6.00	73.13	23.50	5.33	25.15	26.83
2268	新南洋	32.50	0.00	72.50	15.75	0.00	42.75	26.83
2269	永贵电器	27.50	0.00	78.63	23.63	5.00	26.43	26.81
2270	红星发展	12.50	0.00	65.00	39.51	14.00	23.50	26.81
2271	*ST 中基	23.75	1.20	53.38	23.07	15.92	42.20	26.81
2272	暴风集团	10.00	0.00	75.50	21.19	5.00	41.70	26.81
2273	科泰电源	22.50	0.00	63.63	30.84	0.00	41.98	26.81
2274	同济科技	22.00	22.20	69.75	13.48	10.60	20.68	26.81
2275	天和防务	40.50	0.00	58.25	12.43	20.16	35.58	26.80
2276	乐普医疗	43.25	0.00	73.90	23.15	1.25	26.58	26.80
2277	*ST 华泽	20.00	0.00	56.63	35.66	13.00	32.50	26.80
2278	亚星化学	20.00	0.00	56.10	30.95	17.25	33.48	26.80
2279	嘉麟杰	13.75	0.00	65.75	28.10	13.38	33.98	26.79
2280	中光防雷	25.00	0.00	68.38	27.74	3.75	35.08	26.79
2281	青青稞酒	23.75	0.00	68.13	22.30	6.67	38.48	26.78
2282	锦富技术	28.75	0.00	59.13	16.89	9.38	47.38	26.77

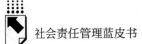
续表

社会责任能力成熟度排名	公司名称	社会责任理念与战略	社会责任推进管理	经济价值创造能力	社会价值创造能力	环境价值创造能力	合规透明运营能力	综合得分
2283	光环新网	35.00	0.00	79.48	21.81	0.00	28.00	26.77
2284	丰华股份	13.75	8.46	59.50	25.29	8.10	39.70	26.76
2285	荃银高科	27.50	0.00	49.38	42.75	2.25	38.98	26.75
2286	华测检测	34.00	2.00	68.38	19.52	18.73	21.08	26.75
2287	金利华电	38.75	0.00	66.38	27.60	0.00	33.08	26.74
2288	劲胜精密	42.50	0.00	69.00	28.86	0.00	27.05	26.73
2289	新海宜	17.50	0.00	58.88	21.52	0.00	58.25	26.71
2290	山东地矿	40.75	0.00	55.25	23.14	24.55	22.70	26.69
2291	掌趣科技	20.00	0.00	66.20	27.69	0.00	43.25	26.69
2292	吉林森工	28.75	0.00	61.38	30.57	0.00	40.30	26.68
2293	商赢环球	20.00	0.00	78.00	17.76	0.00	41.33	26.68
2294	四方精创	37.50	0.00	68.63	20.01	0.00	38.63	26.66
2295	佳讯飞鸿	26.25	0.00	73.63	20.37	0.00	39.50	26.65
2296	毅昌股份	27.50	0.00	65.50	26.26	0.00	41.03	26.65
2297	民和股份	20.00	0.00	61.25	23.56	6.00	46.10	26.64
2298	大庆华科	18.75	0.00	65.20	27.30	14.58	30.40	26.62
2299	天孚通信	38.75	0.00	72.13	22.39	5.00	26.80	26.61
2300	鹏欣资源	25.00	11.00	65.63	28.11	2.70	26.50	26.61
2301	明牌珠宝	23.75	0.00	60.00	16.44	13.74	44.45	26.61
2302	正邦科技	15.00	0.00	74.25	24.39	5.63	35.23	26.61
2303	金利科技	35.00	0.00	61.53	13.90	0.00	52.90	26.60
2304	恒锋工具	23.75	7.20	64.75	15.64	21.23	25.75	26.60
2305	德赛电池	8.75	0.00	77.03	31.12	1.88	32.80	26.58
2306	大金重工	30.00	0.00	69.75	28.22	0.00	33.03	26.58
2307	山大华特	38.00	0.00	70.00	25.89	5.00	25.60	26.57
2308	鼎汉技术	22.50	0.00	67.50	28.98	0.00	38.53	26.55
2309	宝莫股份	25.00	0.00	53.95	25.68	15.25	38.70	26.54
2310	永安药业	40.50	0.00	58.38	31.44	10.37	24.78	26.54
2311	冀凯股份	7.50	11.20	60.00	22.92	16.40	32.75	26.54
2312	高德红外	0.00	0.00	70.88	28.96	0.00	47.60	26.54
2313	瑞普生物	48.25	0.00	70.13	24.12	0.00	26.35	26.53
2314	麦迪电气	7.50	0.00	68.13	28.72	0.00	46.25	26.51
2315	神马股份	27.50	0.00	67.88	21.30	8.00	34.80	26.51

续表

社会责任能力成熟度排名	公司名称	社会责任理念与战略	社会责任推进管理	经济价值创造能力	社会价值创造能力	环境价值创造能力	合规透明运营能力	综合得分
2316	金健米业	25.00	1.60	65.00	25.46	3.75	37.55	26.50
2317	创力集团	35.00	0.80	59.75	28.62	5.63	33.00	26.50
2318	东北制药	37.50	0.00	53.90	29.82	11.75	30.90	26.50
2319	生意宝	35.00	0.00	55.25	21.70	0.00	50.80	26.50
2320	澳柯玛	25.00	0.00	67.25	27.22	0.00	38.80	26.49
2321	四环生物	30.50	0.00	60.30	40.97	1.25	27.60	26.47
2322	*ST 常林	7.50	10.80	73.38	24.66	6.75	27.25	26.46
2323	中成股份	38.50	12.80	50.50	21.26	20.29	20.70	26.45
2324	潜能恒信	14.50	2.00	57.88	23.99	7.93	47.03	26.44
2325	恒天海龙	23.75	0.00	56.70	23.40	25.32	28.25	26.44
2326	耐威科技	33.00	1.80	66.13	14.57	11.60	34.38	26.42
2327	百润股份	27.50	0.00	52.00	31.62	13.75	34.15	26.42
2328	天际股份	25.00	0.00	68.63	28.18	3.75	32.18	26.39
2329	聚飞光电	28.75	0.00	69.20	27.04	0.00	34.38	26.39
2330	贝因美	25.00	0.00	60.00	30.58	5.63	36.48	26.38
2331	国发股份	25.00	0.00	52.80	29.97	20.95	28.90	26.37
2332	通产丽星	18.75	0.00	58.13	39.32	4.50	34.05	26.35
2333	创意信息	37.50	0.00	74.40	23.24	0.00	27.85	26.34
2334	世纪鼎利	37.50	0.00	68.50	19.26	5.75	31.88	26.32
2335	*ST 德力	0.00	0.00	59.18	24.83	19.87	42.28	26.31
2336	华联综超	28.75	1.20	57.75	25.32	0.00	45.90	26.31
2337	精准信息	28.75	0.00	71.13	21.18	0.00	37.80	26.29
2338	天瑞仪器	25.00	0.00	72.50	17.16	0.00	42.50	26.29
2339	昆仑万维	5.00	0.00	67.63	26.60	6.25	42.75	26.28
2340	中矿资源	34.00	0.60	62.00	21.08	9.30	34.08	26.27
2341	嘉应制药	22.50	0.00	64.73	38.47	5.12	25.00	26.25
2342	长生生物	48.75	0.00	65.83	26.09	0.63	26.13	26.23
2343	上海贝岭	26.25	0.00	69.35	18.93	3.00	39.89	26.23
2344	汇金股份	36.25	0.00	70.80	24.32	5.00	25.38	26.21
2345	三诺生物	41.25	0.00	67.83	26.44	0.00	28.15	26.16
2346	天华超净	48.75	0.00	66.40	22.41	3.75	25.68	26.16
2347	安泰集团	22.00	2.00	54.95	22.23	14.38	39.53	26.15
2348	炬华科技	12.50	0.00	72.50	26.44	3.75	35.63	26.15

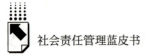

续表

社会责任能力成熟度排名	公司名称	社会责任理念与战略	社会责任推进管理	经济价值创造能力	社会价值创造能力	环境价值创造能力	合规透明运营能力	综合得分
2349	众合科技	32.50	0.00	61.28	27.56	2.12	36.23	26.14
2350	中新科技	15.00	0.00	65.13	29.90	6.25	35.60	26.14
2351	东方通	52.50	0.00	72.13	16.81	0.00	27.10	26.14
2352	安科生物	34.75	0.00	71.28	22.78	3.00	28.83	26.13
2353	龙津药业	37.50	0.00	59.10	26.70	4.00	34.53	26.13
2354	东杰智能	26.25	6.60	55.25	19.49	17.45	31.75	26.12
2355	红相电力	17.50	0.00	66.13	28.90	0.00	40.33	26.11
2356	航天长峰	27.50	20.40	63.13	17.84	4.50	23.88	26.10
2357	通葡股份	25.00	0.80	67.25	25.82	3.00	34.00	26.06
2358	西部牧业	10.00	0.00	60.25	33.23	2.50	43.23	26.06
2359	海立美达	15.00	0.00	74.80	38.16	3.33	20.03	26.04
2360	星星科技	13.75	0.00	65.88	19.11	7.08	44.90	26.03
2361	远大控股	27.75	0.00	60.73	17.25	26.36	24.85	26.03
2362	冠昊生物	34.75	0.00	65.28	26.51	4.13	29.35	26.02
2363	汉森制药	30.00	0.00	61.35	31.96	8.63	25.83	26.00
2364	亚星锚链	31.25	7.60	60.88	23.47	7.50	27.57	25.99
2365	正业科技	32.50	0.00	73.08	20.52	2.66	29.95	25.97
2366	深桑达A	26.25	0.00	67.25	33.34	7.50	21.55	25.96
2367	华光股份	27.50	0.00	66.13	30.72	11.33	20.70	25.95
2368	美康生物	40.25	0.00	71.10	23.44	0.00	27.25	25.95
2369	航新科技	26.50	0.00	66.13	13.16	13.95	36.18	25.94
2370	兴源环境	13.75	4.00	72.00	24.92	0.00	35.50	25.93
2371	人民同泰	0.00	0.00	68.75	42.91	0.00	32.40	25.93
2372	绿庭投资	15.30	2.00	58.38	22.39	11.95	40.80	25.92
2373	天康生物	16.25	0.00	65.38	23.34	6.13	40.13	25.92
2374	新疆浩源	9.50	2.00	61.13	19.31	8.18	48.10	25.92
2375	花园生物	39.75	0.00	64.50	22.52	3.75	31.00	25.89
2376	晶盛机电	28.75	0.00	69.73	20.24	5.00	32.78	25.87
2377	荣科科技	23.75	0.00	69.13	25.01	0.00	36.28	25.85
2378	惠天热电	38.00	7.80	73.00	10.43	3.75	27.45	25.84
2379	金字火腿	23.75	2.40	62.00	22.14	5.63	38.18	25.84
2380	银邦股份	12.50	1.00	53.13	27.69	3.15	51.60	25.83
2381	东宝生物	34.25	0.00	65.70	22.80	9.37	26.38	25.03

续表

社会责任能力成熟度排名	公司名称	社会责任理念与战略	社会责任推进管理	经济价值创造能力	社会价值创造能力	环境价值创造能力	合规透明运营能力	综合得分
2382	长信科技	21.25	0.00	79.78	22.12	3.33	26.43	25.82
2383	华灿光电	6.25	0.00	75.03	25.31	10.37	29.28	25.82
2384	三环集团	37.50	0.00	73.23	23.53	0.00	25.83	25.81
2385	浙江永强	6.25	0.00	65.65	21.74	5.00	47.53	25.81
2386	新华锦	28.75	0.00	63.63	27.81	0.00	35.93	25.80
2387	凯发电气	25.00	0.00	71.63	24.66	0.00	33.15	25.80
2388	万孚生物	47.25	0.00	66.63	21.03	0.00	29.28	25.77
2389	和佳股份	40.25	0.00	66.80	21.69	0.00	32.28	25.76
2390	园城黄金	10.00	5.96	55.00	28.91	22.70	25.00	25.76
2391	梅安森	22.50	0.00	55.25	23.98	11.25	40.13	25.76
2392	福瑞股份	40.50	0.00	68.45	25.22	0.00	26.93	25.76
2393	*ST万里	35.00	0.50	55.95	25.45	2.50	39.00	25.71
2394	齐心集团	24.00	0.00	69.50	25.12	14.10	20.78	25.71
2395	完美世界	5.00	0.00	83.63	16.67	0.00	39.75	25.71
2396	湘电股份	20.00	6.00	61.38	32.58	0.00	31.75	25.71
2397	光启技术	0.00	0.00	70.15	33.93	11.87	26.83	25.70
2398	雪莱特	7.50	0.00	65.00	22.38	8.75	42.30	25.67
2399	拓尔思	16.25	0.00	73.63	17.66	0.00	42.25	25.66
2400	浩物股份	16.25	2.40	68.73	38.81	0.63	22.95	25.66
2401	创业软件	22.50	0.00	71.38	22.61	0.00	36.00	25.65
2402	文化长城	27.50	0.00	64.50	17.22	0.00	45.28	25.61
2403	神农基因	13.75	0.00	68.38	24.48	0.00	41.78	25.61
2404	好利来	25.00	0.00	66.38	27.20	0.00	34.78	25.60
2405	金莱特	27.50	0.00	63.13	30.92	0.00	32.88	25.60
2406	奥马电器	20.00	0.00	65.13	25.63	0.00	40.33	25.59
2407	乐凯新材	7.50	0.00	71.95	23.39	17.00	25.68	25.59
2408	莱茵生物	43.75	0.00	56.25	28.09	8.58	24.93	25.59
2409	三特索道	18.75	0.00	62.70	23.89	0.00	45.15	25.59
2410	三力士	12.50	0.00	63.15	19.40	8.75	43.75	25.56
2411	中国船舶	17.50	12.00	50.63	30.14	3.75	35.75	25.56
2412	众信旅游	15.00	0.00	73.13	18.97	0.00	41.45	25.54
2413	天泽信息	6.25	0.00	72.50	20.82	0.00	45.05	25.53
2414	新通联	28.75	0.00	57.25	31.53	8.13	28.95	25.53

社会责任管理蓝皮书

续表

社会责任能力成熟度排名	公司名称	社会责任理念与战略	社会责任推进管理	经济价值创造能力	社会价值创造能力	环境价值创造能力	合规透明运营能力	综合得分
2415	博雅生物	35.00	0.00	70.60	24.23	0.00	27.55	25.53
2416	麦趣尔	28.75	0.00	64.75	22.36	0.00	38.70	25.52
2417	数码视讯	30.00	0.00	67.98	23.67	0.00	33.40	25.51
2418	海联讯	22.50	0.00	55.50	26.83	9.38	37.50	25.51
2419	亚盛集团	16.25	0.00	63.63	23.82	4.38	40.85	25.51
2420	天津磁卡	18.00	3.80	62.25	16.40	17.82	31.28	25.48
2421	国光电器	27.50	0.00	57.38	25.01	9.38	34.48	25.47
2422	两面针	32.50	0.00	67.25	22.44	21.75	12.00	25.47
2423	九洲电气	27.50	0.00	67.00	30.22	0.00	28.95	25.46
2424	绿盟科技	40.00	0.00	69.23	21.86	0.00	28.08	25.45
2425	可立克	27.50	0.00	60.15	23.95	12.25	29.73	25.44
2426	安控科技	22.50	0.00	69.90	22.49	3.75	32.65	25.43
2427	岳阳林纸	0.00	0.00	62.25	30.90	19.88	28.20	25.42
2428	数字政通	33.75	0.00	75.60	16.90	0.00	29.95	25.42
2429	全通教育	31.25	0.00	71.75	17.03	0.00	35.05	25.41
2430	桂林旅游	18.75	6.00	53.30	25.78	5.63	40.05	25.41
2431	智飞生物	42.50	0.00	65.58	25.54	0.00	26.35	25.39
2432	安科瑞	22.50	0.00	65.88	30.08	0.00	32.50	25.37
2433	天通股份	20.00	0.00	76.13	19.01	2.00	32.69	25.37
2434	精锻科技	0.00	0.00	72.63	48.39	0.00	19.90	25.36
2435	澄星股份	7.50	0.00	65.90	39.95	8.00	22.88	25.36
2436	南华生物	47.50	0.00	49.65	25.36	11.88	27.60	25.36
2437	汇冠股份	25.00	0.00	76.13	19.21	0.00	31.63	25.35
2438	维格娜丝	13.75	0.00	62.50	23.40	0.00	47.23	25.34
2439	兰州黄河	20.00	5.20	58.88	16.92	8.12	40.53	25.34
2440	松发股份	42.50	0.00	71.58	16.87	0.00	28.58	25.31
2441	多喜爱	27.50	0.00	64.75	18.10	2.00	40.35	25.29
2442	太原重工	25.00	8.00	56.38	21.45	6.25	34.50	25.28
2443	沃施股份	28.75	6.80	56.75	18.93	17.75	24.25	25.28
2444	金科娱乐	5.00	0.00	72.25	17.19	9.58	38.63	25.28
2445	苏试试验	38.75	0.00	67.58	22.33	0.00	28.98	25.27
2446	尔康制药	30.75	0.00	71.53	24.98	0.00	26.80	25.27
2447	经纬电材	25.00	0.00	65.00	26.10	0.00	35.38	25.27

290

续表

社会责任能力成熟度排名	公司名称	社会责任理念与战略	社会责任推进管理	经济价值创造能力	社会价值创造能力	环境价值创造能力	合规透明运营能力	综合得分
2448	红蜻蜓	30.00	0.00	72.75	16.30	0.00	34.58	25.25
2449	亿纬锂能	27.50	0.00	71.00	26.82	0.00	27.10	25.24
2450	摩恩电气	31.25	0.00	61.15	25.49	0.00	36.15	25.23
2451	神州泰岳	38.75	0.00	70.13	19.11	0.00	29.20	25.19
2452	乐凯胶片	21.25	0.00	70.78	25.51	16.75	15.08	25.18
2453	沧州大化	17.50	0.00	66.78	26.95	15.41	21.03	25.18
2454	广聚能源	10.75	2.00	69.75	28.49	5.80	27.83	25.17
2455	和顺电气	7.50	0.00	67.50	35.68	0.00	32.48	25.17
2456	长亮科技	35.00	0.00	71.65	19.39	0.00	29.13	25.13
2457	北斗星通	44.50	0.00	63.38	17.90	16.37	17.18	25.12
2458	东华测试	47.50	0.00	61.60	19.89	0.00	31.60	25.11
2459	安记食品	27.50	2.40	63.88	20.98	0.00	36.85	25.09
2460	江苏国泰	22.00	8.80	60.73	15.97	21.10	20.48	25.07
2461	凯利泰	28.75	0.00	68.83	25.33	0.00	29.13	25.07
2462	太龙药业	36.25	0.00	55.60	28.45	12.45	22.58	25.06
2463	曲江文旅	32.50	0.00	69.75	19.42	0.00	31.93	25.05
2464	德展健康	26.25	0.00	63.60	28.24	2.00	30.70	25.04
2465	力源信息	5.00	0.00	78.88	16.05	0.00	41.40	25.04
2466	皇台酒业	17.50	4.80	57.50	19.72	6.13	41.20	25.03
2467	宝钢包装	0.00	0.00	58.13	30.57	8.13	42.00	24.99
2468	振华重工	17.50	8.80	67.63	22.07	0.00	30.55	24.98
2469	中远海科	15.00	0.00	55.25	22.60	8.75	43.80	24.97
2470	英特集团	2.50	0.00	66.75	21.82	17.79	30.88	24.95
2471	翰宇药业	31.25	0.00	69.50	23.06	2.50	26.05	24.92
2472	跃岭股份	10.00	0.00	63.15	42.95	2.00	24.78	24.92
2473	聚隆科技	7.50	6.00	66.13	20.55	15.60	25.75	24.87
2474	*ST天仪	43.75	0.00	51.85	29.45	2.00	30.53	24.86
2475	久远银海	32.50	0.00	68.03	25.35	0.00	26.70	24.86
2476	迪瑞医疗	32.50	0.00	68.78	25.62	0.00	25.68	24.86
2477	天银机电	30.00	0.00	67.13	23.61	5.00	25.68	24.85
2478	任子行	21.25	0.00	71.25	21.63	0.00	33.38	24.85
2479	创兴资源	72.00	6.00	53.88	8.20	0.00	29.90	24.84
2480	大恒科技	13.75	0.00	71.78	22.15	0.00	36.39	24.83

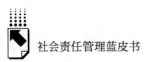

续表

社会责任能力成熟度排名	公司名称	社会责任理念与战略	社会责任推进管理	经济价值创造能力	社会价值创造能力	环境价值创造能力	合规透明运营能力	综合得分
2481	姚记扑克	6.25	0.00	69.73	22.42	9.00	33.28	24.82
2482	普丽盛	16.25	13.20	61.38	17.32	13.40	23.50	24.81
2483	金牛化工	23.75	0.00	61.13	21.63	17.25	24.58	24.80
2484	庞大集团	16.00	2.00	71.75	18.76	1.85	34.50	24.79
2485	友利控股	12.50	3.20	55.83	19.62	12.25	39.88	24.79
2486	北信源	31.25	0.00	67.30	17.62	0.00	35.43	24.79
2487	润和软件	31.25	0.00	71.55	18.83	0.00	29.88	24.77
2488	歌力思	16.25	0.00	77.25	16.95	0.00	34.33	24.76
2489	开元股份	33.75	0.00	59.60	23.56	8.00	27.63	24.76
2490	凯乐科技	11.25	0.00	75.88	16.41	3.75	35.23	24.75
2491	*ST 京城	23.75	11.20	56.13	25.96	3.75	27.25	24.75
2492	方直科技	15.00	0.00	61.63	24.18	0.00	43.23	24.72
2493	南宁糖业	7.50	7.60	67.50	12.76	7.79	37.50	24.72
2494	雷科防务	23.00	1.20	67.25	16.37	14.70	24.98	24.71
2495	戴维医疗	40.75	0.00	65.98	25.96	0.00	22.60	24.69
2496	浙江震元	22.50	0.20	65.88	18.61	10.33	29.85	24.69
2497	中海达	32.50	0.20	66.13	16.31	19.30	17.18	24.69
2498	富控互动	20.00	0.00	77.48	17.12	6.25	25.20	24.69
2499	联明股份	1.25	0.00	66.43	41.49	2.00	26.50	24.68
2500	田中精机	7.50	4.60	70.50	15.94	15.40	26.50	24.68
2501	亿晶光电	18.75	0.00	74.15	19.33	9.25	23.94	24.68
2502	陕西金叶	30.50	11.60	60.63	11.88	10.25	25.75	24.67
2503	华微电子	18.75	0.00	63.05	20.18	13.46	29.93	24.67
2504	我武生物	30.75	0.00	66.35	22.14	4.38	27.03	24.66
2505	*ST 丹科	7.50	0.00	60.50	25.62	21.41	25.13	24.63
2506	龙头股份	16.25	0.00	70.50	19.74	0.00	37.50	24.62
2507	中来股份	25.00	0.00	76.88	17.95	0.00	27.85	24.58
2508	金石东方	13.75	4.80	65.88	14.54	15.70	28.00	24.58
2509	索菲亚	6.25	0.00	76.18	17.28	0.00	39.55	24.57
2510	浩丰科技	25.00	0.00	68.63	13.20	6.25	34.50	24.56
2511	*ST 川化	32.50	0.00	58.13	24.79	8.00	27.45	24.56
2512	航天机电	33.75	0.00	55.80	26.22	10.29	25.31	24.55
2513	京威股份	0.00	0.00	74.80	39.69	0.00	21.73	24.31

续表

社会责任能力成熟度排名	公司名称	社会责任理念与战略	社会责任推进管理	经济价值创造能力	社会价值创造能力	环境价值创造能力	合规透明运营能力	综合得分
2514	三变科技	15.00	0.00	58.63	29.54	6.62	33.05	24.51
2515	汇中股份	22.50	0.00	70.30	26.04	0.00	27.33	24.51
2516	美都能源	37.00	3.20	66.75	8.36	18.90	18.38	24.50
2517	广弘控股	20.00	0.00	64.25	15.00	3.50	42.23	24.49
2518	江苏阳光	31.25	0.00	70.38	22.09	0.00	26.25	24.49
2519	黑牛食品	18.75	0.00	53.75	20.94	8.12	42.75	24.47
2520	同济堂	23.75	2.40	64.63	15.74	0.00	40.00	24.47
2521	西王食品	6.25	0.00	72.50	20.63	7.92	31.33	24.45
2522	台基股份	36.25	0.00	65.53	20.87	3.75	25.53	24.44
2523	欧比特	27.50	0.00	70.28	17.89	0.00	32.35	24.44
2524	旋极信息	30.00	0.00	72.28	27.00	0.00	19.83	24.44
2525	氯碱化工	16.25	0.00	56.58	31.74	16.71	21.63	24.42
2526	神开股份	24.50	2.00	55.25	27.00	1.30	36.30	24.39
2527	博晖创新	38.50	0.00	64.88	19.90	0.00	29.20	24.37
2528	昇兴股份	33.75	0.00	54.00	29.46	4.00	29.10	24.35
2529	哈空调	0.00	0.00	64.50	28.92	5.63	36.15	24.34
2530	九强生物	28.75	0.00	67.95	21.57	3.25	26.43	24.33
2531	天海防务	26.50	1.60	65.63	21.91	13.23	18.08	24.33
2532	江苏索普	31.25	0.00	60.90	19.76	14.66	22.45	24.32
2533	云南旅游	6.25	6.00	65.18	25.38	0.00	35.05	24.31
2534	理邦仪器	43.25	0.00	61.10	22.81	0.00	27.03	24.29
2535	宝光股份	36.25	0.00	57.75	27.64	0.00	29.40	24.29
2536	惠伦晶体	20.00	0.00	62.25	17.85	7.50	36.00	24.25
2537	通源石油	4.50	2.00	57.25	22.83	6.30	43.80	24.24
2538	同有科技	25.00	0.00	67.83	21.68	0.00	31.28	24.24
2539	*ST佳电	25.00	0.00	59.25	26.84	3.13	31.50	24.23
2540	青岛双星	15.00	0.00	61.93	32.07	0.00	32.20	24.22
2541	东方海洋	21.25	0.00	60.63	22.26	5.29	34.45	24.20
2542	钱江摩托	13.75	0.80	55.78	40.86	7.50	21.83	24.19
2543	金杯汽车	6.25	0.00	66.98	35.38	0.00	28.53	24.18
2544	中泰股份	20.00	6.80	59.50	19.38	14.05	23.50	24.18
2545	鲁北化工	5.00	0.00	61.38	23.54	23.66	22.98	24.18
2546	赛为智能	30.00	0.00	69.03	17.66	3.13	27.85	24.18

社会责任能力成熟度排名	公司名称	社会责任理念与战略	社会责任推进管理	经济价值创造能力	社会价值创造能力	环境价值创造能力	合规透明运营能力	综合得分
2547	赛摩电气	10.00	0.00	72.75	17.31	0.00	38.63	24.16
2548	宏昌电子	12.50	0.00	68.63	32.77	9.50	16.30	24.15
2549	亚玛顿	20.00	0.00	60.88	18.44	5.00	38.63	24.13
2550	合纵科技	15.00	0.00	76.25	24.62	0.00	24.70	24.10
2551	中房股份	18.50	8.60	50.50	28.98	13.38	22.18	24.10
2552	鹏辉能源	10.00	0.00	69.75	25.28	0.00	33.28	24.09
2553	运达科技	25.00	0.00	68.38	15.55	0.00	36.00	24.09
2554	梦网荣信	3.75	0.00	62.05	30.49	5.50	33.65	24.08
2555	盛通股份	23.00	0.80	65.00	12.42	23.90	18.88	24.08
2556	丰乐种业	2.50	0.00	63.13	21.77	5.33	42.05	24.06
2557	宋城演艺	17.50	0.00	72.25	16.46	0.00	35.23	24.06
2558	奥佳华	23.75	0.00	66.05	25.45	3.13	25.75	24.04
2559	华力创通	38.75	0.00	60.63	21.09	0.00	30.18	24.01
2560	国睿科技	16.25	0.00	66.53	16.62	3.75	37.33	23.98
2561	航天信息	13.75	0.00	80.63	13.80	3.90	27.28	23.98
2562	南华仪器	25.00	0.00	65.48	26.07	0.00	27.78	23.98
2563	*ST墨龙	15.75	2.00	54.13	26.92	6.30	35.10	23.98
2564	顺鑫农业	16.25	2.80	70.38	15.06	0.00	35.90	23.97
2565	荣丰控股	12.70	7.60	62.63	23.27	14.52	18.05	23.96
2566	杭州高新	1.25	0.00	64.83	20.49	17.25	29.83	23.96
2567	三鑫医疗	37.25	0.00	61.58	24.27	0.00	26.50	23.95
2568	双良节能	22.50	3.60	63.38	23.31	0.00	30.25	23.95
2569	朗科科技	40.00	0.00	64.05	20.53	0.00	26.20	23.94
2570	润达医疗	47.00	0.00	71.80	24.22	1.25	9.50	23.92
2571	熊猫金控	1.80	2.00	57.43	23.94	15.45	33.03	23.91
2572	信隆健康	0.00	0.00	41.25	44.21	22.75	24.63	23.91
2573	全志科技	25.00	0.00	67.88	15.82	0.00	35.25	23.91
2574	黑芝麻	0.00	0.00	64.50	19.81	5.00	43.45	23.90
2575	麦捷科技	6.25	0.00	68.70	16.60	0.00	43.93	23.89
2576	黔轮胎A	2.50	0.00	58.90	44.92	3.87	23.60	23.88
2577	航天科技	0.00	0.00	80.00	24.25	0.00	28.40	23.88
2578	金瑞矿业	12.50	0.00	49.65	26.08	20.58	29.20	23.84
2579	模塑科技	0.00	0.00	64.75	44.08	5.63	17.95	23.83

续表

社会责任能力成熟度排名	公司名称	社会责任理念与战略	社会责任推进管理	经济价值创造能力	社会价值创造能力	环境价值创造能力	合规透明运营能力	综合得分
2580	上海九百	11.00	6.60	59.25	26.40	7.50	26.50	23.83
2581	安凯客车	20.00	0.00	54.55	34.70	5.25	26.65	23.81
2582	鼎捷软件	33.75	0.00	65.18	26.84	0.00	21.43	23.79
2583	中国高科	33.00	2.20	62.88	13.05	11.30	24.38	23.78
2584	宗申动力	0.00	0.00	71.20	37.27	0.00	23.65	23.78
2585	莱美药业	42.50	0.00	53.10	25.82	0.00	29.58	23.78
2586	雪迪龙	35.00	0.00	68.58	16.54	1.25	26.25	23.77
2587	中天科技	15.00	0.00	78.15	16.83	3.75	24.97	23.76
2588	雅克科技	0.00	0.00	65.48	25.17	8.75	32.60	23.76
2589	恒华科技	23.75	0.00	69.60	20.10	3.75	25.30	23.75
2590	广生堂	33.00	0.00	65.58	18.76	0.00	29.28	23.75
2591	蓝科高新	12.00	2.00	54.25	23.12	6.93	38.93	23.74
2592	东方网力	21.25	0.00	69.90	16.53	0.00	33.63	23.73
2593	正虹科技	21.25	0.00	59.50	19.85	4.37	36.23	23.71
2594	德尔未来	6.25	0.00	51.75	31.72	8.50	36.30	23.71
2595	飞天诚信	30.00	0.00	64.58	18.69	5.00	26.80	23.71
2596	重庆啤酒	7.50	0.40	60.38	25.62	0.00	41.15	23.71
2597	精伦电子	8.75	6.40	68.43	23.97	1.88	26.03	23.68
2598	大东方	6.50	6.60	68.13	19.73	9.25	24.20	23.67
2599	德豪润达	43.75	0.00	49.13	20.59	5.00	32.30	23.64
2600	永鼎股份	23.75	0.00	78.53	13.07	3.00	23.44	23.62
2601	蓝盾股份	5.00	0.00	77.50	16.30	0.00	34.50	23.59
2602	金花股份	22.50	0.00	65.38	28.18	0.00	24.93	23.58
2603	海越股份	12.00	2.00	51.10	24.61	9.43	37.13	23.57
2604	神思电子	2.50	0.00	63.88	21.87	6.25	37.50	23.56
2605	宝莱特	30.25	0.00	65.98	22.56	0.00	25.30	23.52
2606	康耐特	18.50	0.00	70.33	24.04	1.88	24.10	23.51
2607	西安旅游	5.00	0.00	61.53	27.98	0.00	38.23	23.49
2608	游久游戏	33.75	0.00	64.03	11.86	0.00	35.78	23.47
2609	承德露露	7.50	0.00	66.75	19.63	2.25	37.60	23.47
2610	凯撒文化	20.00	0.00	67.03	8.00	0.00	44.20	23.46
2611	光一科技	22.50	0.00	66.65	19.97	5.00	26.13	23.44
2612	*ST圣莱	10.00	0.00	55.00	31.16	0.00	38.53	23.44

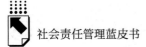
续表

社会责任能力成熟度排名	公司名称	社会责任理念与战略	社会责任推进管理	经济价值创造能力	社会价值创造能力	环境价值创造能力	合规透明运营能力	综合得分
2613	平高电气	22.50	0.00	68.63	22.78	0.00	26.28	23.43
2614	东方电子	3.75	0.00	64.50	27.86	6.50	29.18	23.42
2615	悦达投资	8.00	2.40	64.25	21.78	11.54	25.68	23.42
2616	*ST天成	0.00	0.00	69.63	34.15	0.00	26.28	23.41
2617	康欣新材	0.00	0.00	57.25	32.52	0.00	40.05	23.37
2618	山东华鹏	12.50	0.00	57.25	29.47	5.63	30.45	23.35
2619	索菱股份	25.00	0.00	63.03	21.18	0.00	31.53	23.33
2620	仟源医药	34.75	0.00	59.98	23.49	0.00	26.80	23.32
2621	华铭智能	25.00	0.00	66.13	16.10	0.00	33.38	23.31
2622	先锋电子	25.00	0.00	63.38	17.76	6.75	27.63	23.29
2623	综艺股份	19.00	2.20	62.25	13.42	11.65	29.28	23.28
2624	兰生股份	21.50	1.60	55.50	19.57	17.55	23.18	23.28
2625	青海华鼎	20.00	14.20	56.63	17.85	0.00	29.50	23.27
2626	上海三毛	12.50	0.00	67.38	19.96	0.00	35.00	23.27
2627	江苏舜天	14.25	5.60	57.63	20.35	16.15	21.45	23.24
2628	士兰微	18.75	0.00	68.88	19.24	3.75	26.76	23.23
2629	青海春天	20.00	4.40	57.88	24.38	2.50	28.66	23.21
2630	*ST金宇	31.25	0.00	42.25	26.06	5.12	38.03	23.19
2631	梅泰诺	32.50	0.00	63.03	18.15	0.00	29.43	23.16
2632	思创医惠	31.25	0.00	67.20	15.39	0.00	28.60	23.14
2633	大连圣亚	7.50	0.00	69.75	16.77	0.00	37.73	23.11
2634	汉鼎宇佑	33.75	0.00	61.48	17.40	0.00	30.78	23.11
2635	万方发展	29.75	0.00	56.30	14.57	18.46	22.45	23.09
2636	东土科技	18.75	0.00	68.68	21.17	0.00	27.93	23.07
2637	漫步者	0.00	0.00	57.63	22.91	8.75	38.85	23.06
2638	天宝股份	21.25	0.00	64.00	14.31	2.50	35.38	23.04
2639	长电科技	15.00	0.00	65.75	22.75	8.37	22.58	23.00
2640	*ST紫学	5.00	0.00	68.20	18.64	0.00	38.05	22.98
2641	ST生化	24.75	0.00	62.60	21.80	3.25	26.10	22.95
2642	西藏发展	7.50	0.00	59.75	15.86	14.38	33.18	22.92
2643	光电股份	12.50	0.00	60.03	16.82	13.99	29.23	22.86
2644	京天利	21.25	0.00	69.60	22.44	0.00	23.10	22.85
2645	晨鸣纸业	17.50	0.00	77.20	9.02	11.78	19.18	22.84

续表

社会责任能力成熟度排名	公司名称	社会责仕理念与战略	社会责任推进管理	经济价值创造能力	社会价值创造能力	环境价值创造能力	合规透明运营能力	综合得分
2646	双成药业	26.25	0.00	50.05	27.85	9.75	24.55	22.82
2647	＊ST准油	34.50	2.00	54.13	20.62	1.30	29.55	22.82
2648	博云新材	27.50	0.00	62.75	17.74	12.88	18.08	22.81
2649	天山生物	18.75	2.40	39.00	27.28	1.88	45.68	22.80
2650	泰山石油	4.50	8.40	58.38	21.82	6.43	28.95	22.76
2651	华菱星马	7.50	8.60	62.50	25.32	0.00	25.75	22.74
2652	舒泰神	28.00	0.00	63.35	21.00	0.00	26.43	22.74
2653	远方光电	12.50	0.00	65.05	19.43	0.00	34.75	22.71
2654	沃森生物	34.75	0.00	52.58	26.27	0.00	27.85	22.68
2655	欣泰电气	22.50	0.00	54.38	29.12	0.00	29.98	22.67
2656	酒鬼酒	5.00	0.00	64.50	17.03	0.67	41.00	22.67
2657	华平股份	28.75	0.00	62.45	21.54	0.00	25.98	22.67
2658	云赛智联	13.75	0.00	75.68	12.95	6.77	22.63	22.62
2659	阳普医疗	22.50	0.00	58.85	22.20	7.37	24.70	22.61
2660	群兴玩具	0.00	0.00	58.63	23.07	8.75	35.18	22.61
2661	中百集团	5.00	0.00	64.50	15.79	3.38	39.08	22.59
2662	中水渔业	6.25	0.00	56.50	19.66	3.38	42.43	22.58
2663	ST景谷	10.00	0.00	56.75	33.09	0.00	29.70	22.52
2664	三联虹普	22.00	0.00	64.50	10.57	19.06	18.68	22.50
2665	上工申贝	7.50	8.00	67.00	20.83	0.00	25.00	22.50
2666	银之杰	22.50	0.00	67.75	16.08	0.00	28.50	22.47
2667	东凌国际	3.75	7.20	63.13	10.98	0.00	41.28	22.44
2668	高伟达	5.00	0.00	66.13	21.21	0.00	34.50	22.43
2669	江粉磁材	11.25	0.00	77.30	11.27	4.66	25.13	22.43
2670	宁波富邦	11.00	6.28	56.38	30.14	6.20	19.50	22.43
2671	锐奇股份	7.50	2.40	55.63	23.42	12.30	26.63	22.42
2672	同方股份	35.00	0.00	66.00	8.78	2.40	27.90	22.41
2673	银江股份	31.25	0.00	57.38	18.02	3.75	27.93	22.40
2674	南大光电	30.00	0.00	55.43	23.08	6.75	22.45	22.39
2675	GQY视讯	23.75	6.66	55.05	14.84	0.00	34.38	22.34
2676	华升股份	15.00	0.00	55.50	22.03	0.00	38.25	22.34
2677	华天酒店	5.00	0.00	65.75	18.73	3.50	33.30	22.33
2678	康斯特	5.00	0.00	61.75	15.36	6.25	37.88	22.32

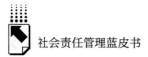

续表

社会责任能力成熟度排名	公司名称	社会责任理念与战略	社会责任推进管理	经济价值创造能力	社会价值创造能力	环境价值创造能力	合规透明运营能力	综合得分
2679	中电电机	25.00	0.00	65.35	27.10	6.25	11.25	22.29
2680	晨光文具	15.50	0.00	73.63	15.07	11.45	15.08	22.29
2681	道森股份	10.75	2.00	47.93	23.02	7.55	37.05	22.23
2682	*ST匹凸	32.50	5.33	47.50	11.93	0.00	40.40	22.18
2683	九安医疗	28.50	0.00	57.68	22.86	0.00	26.80	22.17
2684	金运激光	17.50	0.00	52.75	16.37	0.00	44.25	22.16
2685	中颖电子	7.50	0.00	53.00	18.22	0.00	47.58	22.13
2686	汉王科技	5.00	0.00	67.15	16.99	0.00	35.93	22.11
2687	华星创业	15.00	0.00	64.00	20.08	0.00	30.40	22.11
2688	*ST智慧	17.50	0.00	49.20	27.96	0.00	35.60	22.05
2689	创元科技	7.50	4.00	65.88	19.19	4.20	25.00	22.04
2690	方正科技	5.00	0.00	72.28	14.09	6.06	27.08	22.01
2691	S*ST前锋	14.50	7.60	53.00	22.13	11.13	20.23	21.99
2692	黄山旅游	10.00	0.00	70.88	17.26	0.00	28.43	21.98
2693	壹桥股份	15.00	0.00	60.13	20.33	7.13	26.13	21.97
2694	*ST昌九	10.00	0.00	61.33	22.27	8.75	24.13	21.96
2695	深纺织A	40.00	0.00	36.43	23.65	16.74	22.95	21.96
2696	勤上股份	18.75	0.00	53.88	17.87	0.00	39.75	21.94
2697	华塑控股	72.00	6.00	29.00	14.20	0.00	32.70	21.94
2698	上海物贸	14.00	2.40	64.25	10.13	11.10	25.98	21.89
2699	全新好	11.25	0.00	64.58	17.89	2.50	30.35	21.88
2700	同花顺	25.00	0.00	71.58	15.72	0.00	20.05	21.82
2701	哈高科	16.25	2.00	61.13	6.78	3.75	38.55	21.82
2702	北京君正	6.25	0.00	56.63	16.51	0.00	44.60	21.82
2703	凤凰光学	32.50	0.00	40.50	20.65	6.25	35.65	21.80
2704	国农科技	40.00	0.00	53.13	22.69	0.00	22.90	21.77
2705	康达尔	7.50	0.00	62.25	18.67	4.38	31.40	21.75
2706	苏大维格	11.25	0.00	63.40	18.61	0.00	32.58	21.75
2707	邦讯技术	11.25	0.00	55.23	26.03	0.00	33.03	21.70
2708	易联众	22.50	0.00	58.10	19.60	0.00	30.18	21.67
2709	广州浪奇	27.50	0.00	43.50	12.78	25.50	23.18	21.64
2710	保千里	17.50	0.00	76.18	12.55	0.00	21.77	21.64
2711	江泉实业	25.00	3.40	57.88	15.95	12.14	16.88	21.62

续表

社会责任能力成熟度排名	公司名称	社会责任理念与战略	社会责任推进管理	经济价值创造能力	社会价值创造能力	环境价值创造能力	合规透明运营能力	综合得分
2712	标准股份	26.25	3.20	52.25	18.18	0.00	31.75	21.59
2713	中直股份	18.50	0.20	73.13	10.94	8.86	16.28	21.54
2714	ST 亚太	10.05	4.96	51.50	25.19	19.50	12.68	21.49
2715	上海凤凰	12.50	0.00	68.88	32.72	0.00	10.80	21.48
2716	博济医药	35.75	0.00	52.55	21.29	0.00	25.60	21.47
2717	国旅联合	17.50	0.00	56.38	11.90	0.00	41.25	21.46
2718	大亚圣象	15.00	0.00	70.23	13.12	3.13	24.38	21.45
2719	汉邦高科	17.50	0.00	57.88	16.98	0.00	34.50	21.43
2720	西仪股份	0.00	0.00	63.55	32.40	0.00	22.98	21.41
2721	金海环境	16.25	3.20	63.38	19.57	3.13	20.50	21.38
2722	华资实业	12.50	3.20	60.00	9.61	0.00	38.98	21.37
2723	*ST 坊展	21.00	16.40	48.88	6.05	18.23	17.48	21.36
2724	三五互联	15.00	8.00	61.30	15.84	0.00	24.70	21.27
2725	山东药玻	49.00	0.00	48.25	19.95	0.00	22.58	21.24
2726	长方集团	35.00	0.00	52.35	23.68	0.00	22.45	21.23
2727	广东明珠	13.75	6.40	64.50	15.04	0.00	24.25	21.21
2728	二六三	5.00	0.00	64.13	14.31	0.00	36.60	21.21
2729	国机通用	16.25	4.00	60.88	17.11	3.00	23.75	21.20
2730	ST 南化	16.25	0.00	48.60	20.41	17.00	22.38	21.13
2731	北京城乡	0.00	0.00	62.25	20.33	2.50	32.30	21.13
2732	晓程科技	13.75	0.00	53.75	18.58	0.00	37.35	21.12
2733	宜宾纸业	0.00	0.00	53.63	31.31	0.00	32.10	21.07
2734	安硕信息	46.25	0.00	62.85	15.84	0.00	12.55	21.05
2735	中昌数据	6.25	0.00	73.05	12.71	3.50	24.00	21.01
2736	ST 明科	1.25	0.00	49.88	20.36	16.75	28.90	21.00
2737	丹邦科技	0.00	0.00	50.13	26.67	0.00	39.75	20.98
2738	深中华 A	18.75	0.00	63.00	26.84	0.00	16.20	20.96
2739	波导股份	20.00	0.00	61.75	12.82	0.00	30.26	20.87
2740	天华院	16.25	1.20	55.25	16.42	3.75	30.25	20.86
2741	法拉电子	12.50	0.00	73.40	8.17	3.13	24.16	20.84
2742	旭光股份	12.50	0.00	69.03	12.96	4.79	21.97	20.82
2743	*ST 云网	0.00	0.00	55.28	17.67	0.00	42.65	20.81
2744	南风化工	48.75	0.00	46.00	13.24	17.25	11.70	20.75

续表

社会责任能力成熟度排名	公司名称	社会责任理念与战略	社会责任推进管理	经济价值创造能力	社会价值创造能力	环境价值创造能力	合规透明运营能力	综合得分
2745	东北电气	27.50	0.00	46.88	21.29	0.63	31.05	20.72
2746	厦华电子	0.00	0.00	57.75	21.80	0.00	35.40	20.69
2747	中发科技	22.50	1.20	56.13	20.79	0.00	24.25	20.68
2748	太化股份	2.50	0.00	56.45	20.08	9.25	27.18	20.58
2749	华铁科技	24.50	0.00	67.25	6.81	10.65	15.98	20.57
2750	兆日科技	18.75	0.00	65.28	14.97	0.00	22.75	20.41
2751	长江通信	12.50	0.00	73.00	9.45	0.00	23.97	20.40
2752	第一医药	5.00	0.00	68.38	20.57	0.00	21.35	20.35
2753	特尔佳	3.75	0.00	55.88	29.19	0.00	25.90	20.35
2754	恒立实业	0.00	0.00	46.83	32.47	3.00	30.45	20.29
2755	迅游科技	7.50	0.00	61.13	12.52	0.00	34.88	20.28
2756	春兰股份	17.50	0.00	50.00	25.66	0.00	27.20	20.26
2757	金龙机电	18.75	0.00	55.38	17.79	3.13	25.75	20.24
2758	号百控股	10.00	0.00	65.25	14.88	0.00	26.20	20.14
2759	中航黑豹	10.00	5.60	52.00	15.01	3.75	28.75	19.92
2760	ST 成城	15.50	1.00	54.13	4.43	25.24	17.18	19.90
2761	中科创达	10.00	0.00	72.80	5.45	0.00	26.58	19.87
2762	恒生电子	11.25	0.00	71.18	12.84	0.00	19.65	19.78
2763	凯瑞德	8.75	0.00	46.75	22.63	2.50	33.00	19.75
2764	三六五网	0.00	0.00	67.75	5.64	0.00	36.28	19.74
2765	商业城	6.50	1.00	57.50	14.14	12.90	20.35	19.71
2766	亿阳信通	7.50	0.00	72.85	9.01	0.00	23.03	19.63
2767	联创光电	8.75	0.00	71.70	8.67	0.00	23.82	19.63
2768	大连友谊	10.00	0.00	65.63	12.14	1.88	23.60	19.58
2769	中路股份	10.00	0.00	62.50	11.73	0.00	28.63	19.51
2770	信威集团	6.25	0.00	72.80	9.95	0.00	21.77	19.44
2771	华虹计通	11.25	0.00	51.00	19.00	0.00	31.23	19.34
2772	中国软件	8.75	0.00	72.93	7.79	0.00	21.72	19.31
2773	科力远	13.75	0.00	63.25	10.65	3.13	22.46	19.28
2774	广东甘化	5.00	0.00	59.28	11.57	9.66	23.75	19.27
2775	*ST 新赛	7.50	0.00	37.50	26.42	6.25	32.60	19.25
2776	天润数娱	0.00	0.00	67.03	35.56	0.00	3.15	19.03
2777	福日电子	20.00	0.00	49.13	12.99	3.75	27.80	18.86

续表

社会责任能力成熟度排名	公司名称	社会责任理念与战略	社会责任推进管理	经济价值创造能力	社会价值创造能力	环境价值创造能力	合规透明运营能力	综合得分
2778	天龙光电	22.50	0.00	56.60	17.13	0.00	18.25	18.81
2779	佳沃股份	0.00	0.40	49.25	13.06	0.00	41.35	18.73
2780	盛天网络	10.00	0.00	73.20	5.31	0.00	19.65	18.67
2781	润欣科技	12.50	0.00	73.38	4.81	0.00	18.56	18.66
2782	金证股份	7.50	0.00	74.10	5.63	0.00	19.53	18.62
2783	民盛金科	2.50	0.00	52.25	9.60	0.00	39.75	18.54
2784	贤丰控股	3.75	0.00	40.83	24.84	0.00	35.08	18.51
2785	*ST 东海 A	6.25	0.00	53.63	14.10	0.00	30.15	18.24
2786	华胜天成	7.50	0.00	69.93	11.50	0.00	15.22	18.15
2787	铜峰电子	15.00	0.00	59.38	9.13	4.00	19.08	17.98
2788	平潭发展	15.00	0.00	57.55	11.26	3.13	17.03	17.51
2789	*ST 昌鱼	6.25	0.00	58.88	14.47	0.00	19.60	17.36
2790	湘邮科技	13.75	0.00	58.38	7.17	0.00	21.97	17.13
2791	中青宝	21.25	0.00	49.28	12.69	0.00	21.20	17.09
2792	九有股份	6.25	0.00	65.83	5.67	0.00	19.28	16.96
2793	开创国际	7.50	0.00	33.13	17.41	3.13	36.15	16.91
2794	*ST 柳化	30.00	30.00	21.75	8.00	16.75	0.00	16.77
2795	仰帆控股	0.00	7.60	51.38	10.09	0.00	22.75	16.53
2796	*ST 海润	13.75	0.00	52.15	10.18	2.50	17.86	16.26
2797	龙源技术	22.53	20.46	19.95	20.00	17.00	0.00	16.19
2798	*ST 中富	6.25	0.00	51.88	8.58	0.00	23.00	15.65
2799	香梨股份	0.00	0.00	36.50	20.59	0.00	27.30	15.19
2800	*ST 宏盛	0.00	0.00	44.75	1.24	0.00	34.90	14.56
2801	石化机械	9.50	2.00	54.13	9.59	3.30	0.00	13.37
2802	ST 慧球	21.25	0.00	39.50	10.49	0.00	11.70	13.23
2803	常山药业	19.50	0.00	0.00	24.71	0.00	28.13	11.46
2804	星河生物	10.00	20.00	30.00	1.80	0.00	5.50	11.31
2805	新都退	0.00	0.00	0.00	0.00	0.00	0.00	0.00

B.11
附录二 "一带一路"主题上市公司社会责任能力成熟度指数（2017）

社会责任能力成熟度排名	公司名称	社会责任理念与战略	社会责任推进管理	经济价值创造能力	社会价值创造能力	环境价值创造能力	合规透明运营能力	综合得分
超能级0家								
强能级0家								
本能级6家(7%)								
1	中国石化	67.00	67.82	87.00	73.20	70.29	79.63	74.73
2	中兴通讯	75.00	62.11	65.75	81.22	62.23	80.40	70.81
3	中国交建	74.00	42.52	81.50	76.89	66.24	60.75	66.42
4	中国石油	70.75	38.00	82.35	68.55	57.25	82.28	66.19
5	中国中车	57.50	40.06	74.08	75.52	58.16	75.15	63.88
6	柳工	48.75	23.89	74.50	76.78	57.82	82.18	61.60
弱能级69家(80%)								
7	中国建筑	78.00	36.00	85.13	67.51	35.75	57.13	58.47
8	中国中冶	70.00	6.00	80.38	71.36	52.57	73.98	58.17
9	中联重科	61.25	19.82	68.88	61.00	56.53	81.70	57.95
10	中国中铁	70.00	36.00	84.00	58.35	39.83	62.23	57.47
11	葛洲坝	74.00	15.60	81.75	47.91	67.91	60.55	56.67
12	南方航空	91.50	34.66	79.05	46.11	43.24	53.58	55.34
13	深赤湾A	82.75	8.00	70.65	43.61	49.66	74.50	52.63
14	特变电工	53.75	11.00	76.38	59.92	56.07	55.65	52.00
15	中国卫星	67.75	26.20	71.13	51.89	32.49	68.05	51.73
16	中国铁建	76.00	6.00	82.88	60.58	50.00	44.83	51.57
17	上峰水泥	78.00	6.00	69.75	58.23	39.15	63.45	50.38
18	广汇能源	63.25	6.80	63.25	58.08	54.91	61.73	50.38
19	中国化学	78.00	17.20	77.88	66.34	30.40	42.85	50.04

续表

社会责任能力成熟度排名	公司名称	社会责任理念与战略	社会责任推进管理	经济价值创造能力	社会价值创造能力	环境价值创造能力	合规透明运营能力	综合得分
20	日照港	51.50	8.00	68.63	60.35	61.25	49.68	49.77
21	铁龙物流	62.75	8.00	69.75	69.40	28.00	63.78	49.28
22	北方国际	78.00	6.00	77.25	51.98	44.11	46.10	48.38
23	中国电建	74.00	6.00	80.38	49.83	40.52	48.50	47.94
24	盐田港	26.50	8.00	75.00	50.81	37.38	79.25	47.73
25	中国西电	62.50	22.57	71.90	51.23	30.13	53.48	47.52
26	中国重工	31.25	46.99	54.13	65.80	19.49	57.15	46.96
27	上港集团	65.25	8.00	72.38	52.85	31.75	59.25	46.89
28	神火股份	43.75	18.00	71.50	45.02	51.37	49.45	46.74
29	徐工机械	63.75	17.60	70.05	50.93	30.07	54.95	46.62
30	中工国际	74.00	6.00	75.88	43.15	38.07	53.65	46.41
31	中远海特	70.25	8.00	62.75	41.68	37.38	62.25	45.19
32	大连港	51.50	8.00	71.50	42.55	37.38	62.25	45.05
33	中材国际	33.75	12.20	67.63	59.88	32.45	51.30	43.60
34	渤海金控	47.55	11.00	77.63	41.34	26.33	49.95	41.88
35	安阳钢铁	36.25	19.20	70.38	48.84	30.59	43.45	41.87
36	四川成渝	32.75	8.00	74.25	37.26	39.82	54.25	41.72
37	天津港	45.25	8.00	70.13	47.36	30.08	48.38	41.23
38	营口港	51.50	8.00	63.13	40.54	30.50	57.25	41.04
39	天山股份	78.00	6.00	69.50	24.61	34.91	41.75	39.62
40	许继电气	36.25	0.00	74.08	41.57	24.49	59.05	39.48
41	宁波港	51.50	8.00	75.63	30.49	28.00	47.25	39.24
42	中钢国际	76.00	6.00	73.13	31.26	27.49	36.50	38.99
43	三一重工	38.75	17.80	60.00	48.97	25.80	38.50	38.27
44	中核科技	33.75	12.40	65.88	32.34	17.12	65.25	38.11
45	西部建设	76.00	6.00	74.50	40.18	8.75	39.25	37.96
46	招商轮船	32.75	8.00	78.88	22.88	39.88	42.75	37.90
47	象屿股份	64.00	8.00	72.38	25.81	23.00	45.18	37.78
48	海南瑞泽	70.00	6.00	69.75	32.89	20.74	40.80	37.63
49	北新路桥	72.00	6.00	71.13	40.76	13.50	36.70	37.46
50	中铁工业	37.50	20.40	71.75	40.82	13.99	39.75	37.36
51	小商品城	30.00	11.40	74.53	36.93	15.35	52.60	37.34
52	内蒙一机	26.25	3.60	80.88	33.05	20.17	54.98	37.30

续表

社会责任能力成熟度排名	公司名称	社会责任理念与战略	社会责任推进管理	经济价值创造能力	社会价值创造能力	环境价值创造能力	合规透明运营能力	综合得分
53	福建高速	50.25	8.00	72.00	26.88	23.00	49.23	37.26
54	祁连山	78.00	6.00	70.88	26.83	22.83	36.08	37.07
55	四川路桥	80.00	6.00	77.00	31.39	6.25	39.05	36.74
56	宁夏建材	70.00	6.00	68.63	27.28	17.50	44.65	36.53
57	连云港	45.25	8.00	59.75	31.94	29.25	47.25	36.24
58	五洲交通	70.25	8.00	60.13	26.31	23.00	41.63	35.66
59	包钢股份	18.75	22.74	64.75	36.46	36.24	26.50	35.48
60	福建水泥	76.00	6.00	63.00	30.14	20.25	34.83	35.36
61	锦州港	29.00	8.00	61.38	33.53	29.25	47.25	35.19
62	宁波海运	32.75	8.00	70.63	21.73	29.25	46.13	34.91
63	厦门港务	51.50	8.00	73.13	16.83	25.50	41.50	34.84
64	渝开发	34.10	17.40	64.75	31.41	12.82	46.03	34.44
65	*ST青松	76.00	6.00	61.63	22.76	21.74	32.60	33.65
66	兰石重装	30.00	2.00	66.38	43.72	12.50	44.68	33.47
67	北部湾港	32.75	8.00	70.88	22.74	23.00	41.50	33.18
68	重庆港九	39.00	8.00	73.13	24.95	23.00	30.38	32.60
69	神州长城	70.00	6.00	75.00	22.65	0.00	38.00	32.50
70	建设机械	26.25	1.60	73.63	37.42	2.50	49.33	32.23
71	新疆城建	74.00	6.00	64.13	28.60	3.75	32.00	31.61
72	达刚路机	20.00	8.40	62.25	31.42	19.68	37.40	30.65
73	重庆路桥	39.00	8.00	59.00	13.21	23.00	42.93	30.20
74	成都路桥	76.00	6.00	72.50	20.83	0.00	25.65	30.10
75	浙富控股	43.75	3.37	62.03	25.84	2.50	48.88	30.04
无能级11家（13%）								
76	博实股份	5.00	13.60	71.38	14.40	12.35	47.50	29.16
77	青龙管业	74.00	6.00	66.13	22.06	5.00	14.40	27.85
78	西安饮食	6.25	0.00	64.18	29.94	6.16	48.05	27.32
79	银星能源	26.00	0.00	72.50	19.42	10.95	34.35	27.30
80	中矿资源	34.00	0.60	62.00	21.08	9.30	34.08	26.27
81	新疆浩源	9.50	2.00	61.13	19.31	8.18	48.10	25.92
82	中国船舶	17.50	12.00	50.63	30.14	3.75	35.75	25.56
83	曲江文旅	32.50	0.00	69.75	19.42	0.00	31.93	25.05
84	振华重工	17.50	8.80	67.63	22.07	0.00	30.55	24.98
85	西安旅游	5.00	0.00	61.53	27.98	0.00	38.23	23.49
86	青海华鼎	20.00	14.20	56.63	17.85	0.00	29.50	23.27

B.12

参考文献

晁罡、袁品、段文等：《企业领导者的社会责任取向、企业社会表现和组织绩效的关系研究》，《管理学报》2008 年第 5 期。

贺小刚、陆一婷：《公司社会责任与价值创造：基于社会调查的数据分析》，《科学·经济·社会》2008 年第 26 期。

李正：《企业社会责任与企业价值的相关性研究——来自沪市上市公司的经验证据》，《中国工业经济》2006 年第 2 期。

李红玉、陆智强、姚海鑫：《社会责任对公司绩效的作用机理——基于社会资本的一个理论解释》，《软科学》2009 年第 23 期。

沈洪涛：《公司社会责任与公司财务业绩关系研究》，厦门大学博士学位论文，2005。

沈洪涛、杨熠：《公司社会责任信息披露的价值相关性研究——来自我国上市公司的经验证据》，《当代财经》2008 年第 3 期。

石军伟、胡立君、付海艳：《企业社会责任、社会资本与组织竞争优势：一个战略互动视角——基于中国转型期经验的实证研究》，《中国工业经济》2009 年第 11 期。

肖红军、张俊生、李伟阳：《企业伪社会责任行为研究》，《中国工业经济》2013 年第 6 期。

肖红军、许英杰：《企业社会责任评价模式的反思与重构》，《经济管理》2014 年第 9 期。

朱松：《企业社会责任、市场评价与盈余信息含量》，《会计研究》2011 年第 11 期。

张兆国、靳小翠、李庚秦：《企业社会责任与财务绩效之间交互跨期影

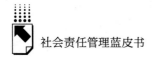
响实证研究》,《会计研究》2013 年第 8 期。

Aupperle K. E, Hatfield J. D. , "An Empirical Examination of the Relationship between Corporate Social Responsibility and Profitability", *Academy of Management Jounal*, 1985, 28 (2).

Brammer S. , Brooks C. , Pavelin S. , "Corporate Social Performance and Stock Returns. UK Evidence from Disaggregate Measures", *Financial Management*, 2006, 35 (3).

Bouquet C. , Deutsch Y. , "The Impact of Corporate Social Performance on a Firm's Multinationality", *Journal of Business Ethics*, 2008, 80 (4).

Bellusci F. , Musacchio A. , Stabile R. , et al. , "Does It Pay to be Different An Analysis of the Relationship between Corporate Social and FinancialPerformance", *Strategic Management Journal*, 2008, 29 (12).

Barnea A. , Rubin A. , Heinkel R. , et al. , "Corporate Social Responsibility as a Conflict between Owners", *Jounal of Business Ethics*, 2010, 97 (1).

J. Friedman M. , Friedman R. D. , *Capitalism and Freedom*, University of Chicago Press, 1963.

Friedman M. , "The Social Responsibility of Business is to Increase Its Profits", *New York Times Magazine*, 1984, 32 (6).

Griffin J. J. , Mahon, John F. , "The Corporate Social Performance and Corporate Financial Performance Debate: twenty-five Years of Incomparable Research", *Business Society*, 1997, 36 (36).

Jo. H. , Harjoto M. A. , "The Causal Effect of Corporate Governance on Corporate Social Responsibility", *Jounal of Business Ethics*, 2012, 106.

Margolis, J. D. , Walsh, J. R. , "Misery Loves Rethinking Companies: Social Initiatives by Business", *Administrative Science Quarterly*, 2003, 48 (2).

Marom I. Y. , "Toward a Unified Theory of the CSP-CFP Link", *Jounal of Business Ethics*, 2006, 67 (2).

Nelling E. , Webb E. , "Corporate Social Responsibility and Financial

Performance: the 'Virtuous Circle' Revisited", *Review of Quantitative Finance and Accounting*, 2009, 32 (2).

Roman R. M., Hayibor S., Agle B. R., "The Relationship between Social and Financial Performance: Repainting a Portrait", *Business Society*, 1999, 38 (38).

Schnietz K. E., Epstein M. J., "Exploring the Financial Value of a Reputation for Corporate Social Responsibility During a Crisis", *Corporate Reputation Review*, 2005, 7 (4).

Zhang L., Wang T. N. Fung H. G., "Market Reaction to Coorporate Social Responsibility Announcements: Evidence from China", *China World Economy*, 2014, 22 (2).

B.13
后 记

《中国上市公司社会责任能力成熟度报告（2017～2018）*No. 3*》是由中国企业管理研究会社会责任专业委员会和北京融智企业社会责任研究院共同编写的蓝皮书，旨在研究和评价中国上市公司的社会责任能力成熟度水平，探讨和推动中国企业社会责任理论与实践的发展，同时帮助企业提升履责能力。

本书的写作提纲和框架由肖红军、王晓光、付先凤共同确定。总报告由房晓萌撰写，技术报告由刘婕撰写，基础指数报告由付先凤、房晓萌、刘婕撰写，衍生指数报告由房晓萌、刘婕、胡玲锐撰写，指数比较报告由房晓萌、刘婕撰写，附录由刘婕整理撰写。

企业社会责任能力成熟度是一个动态变化的过程，通过推出研究报告，对中国上市公司的社会责任能力成熟度进行年度评价，希望能推动上市公司的社会责任能力提升。尽管我们在写作过程中始终本着科学严谨的态度，但是书中难免有疏漏，恳请各位读者批评指正，共同推动中国企业社会责任能力成熟度的提高。

中国企业管理研究会社会责任专业委员会
北京融智企业社会责任研究院
2018 年 2 月

社会科学文献出版社 **皮书系列**

❖ 皮书起源 ❖

"皮书"起源于十七、十八世纪的英国，主要指官方或社会组织正式发表的重要文件或报告，多以"白皮书"命名。在中国，"皮书"这一概念被社会广泛接受，并被成功运作、发展成为一种全新的出版形态，则源于中国社会科学院社会科学文献出版社。

❖ 皮书定义 ❖

皮书是对中国与世界发展状况和热点问题进行年度监测，以专业的角度、专家的视野和实证研究方法，针对某一领域或区域现状与发展态势展开分析和预测，具备原创性、实证性、专业性、连续性、前沿性、时效性等特点的公开出版物，由一系列权威研究报告组成。

❖ 皮书作者 ❖

皮书系列的作者以中国社会科学院、著名高校、地方社会科学院的研究人员为主，多为国内一流研究机构的权威专家学者，他们的看法和观点代表了学界对中国与世界的现实和未来最高水平的解读与分析。

❖ 皮书荣誉 ❖

皮书系列已成为社会科学文献出版社的著名图书品牌和中国社会科学院的知名学术品牌。2016年，皮书系列正式列入"十三五"国家重点出版规划项目；2013~2018年，重点皮书列入中国社会科学院承担的国家哲学社会科学创新工程项目；2018年，59种院外皮书使用"中国社会科学院创新工程学术出版项目"标识。

权威报告・一手数据・特色资源

皮书数据库
ANNUAL REPORT(YEARBOOK)
DATABASE

当代中国经济与社会发展高端智库平台

所获荣誉

- 2016年，入选"'十三五'国家重点电子出版物出版规划骨干工程"
- 2015年，荣获"搜索中国正能量 点赞2015""创新中国科技创新奖"
- 2013年，荣获"中国出版政府奖・网络出版物奖"提名奖
- 连续多年荣获中国数字出版博览会"数字出版・优秀品牌"奖

成为会员

　　通过网址www.pishu.com.cn访问皮书数据库网站或下载皮书数据库APP，进行手机号码验证或邮箱验证即可成为皮书数据库会员。

会员福利

- 使用手机号码首次注册的会员，账号自动充值100元体验金，可直接购买和查看数据库内容（仅限PC端）。
- 已注册用户购书后可免费获赠100元皮书数据库充值卡。刮开充值卡涂层获取充值密码，登录并进入"会员中心"—"在线充值"—"充值卡充值"，充值成功后即可购买和查看数据库内容（仅限PC端）。
- 会员福利最终解释权归社会科学文献出版社所有。

数据库服务热线：400-008-6695
数据库服务QQ：2475523410
数据库服务邮箱：database@ssap.cn
图书销售热线：010-59367070/7028
图书服务QQ：1265056568
图书服务邮箱：duzhe@ssap.cn

S 基本子库
SUB DATABASE

中国社会发展数据库（下设 12 个子库）

全面整合国内外中国社会发展研究成果，汇聚独家统计数据、深度分析报告，涉及社会、人口、政治、教育、法律等 12 个领域，为了解中国社会发展动态、跟踪社会核心热点、分析社会发展趋势提供一站式资源搜索和数据分析与挖掘服务。

中国经济发展数据库（下设 12 个子库）

基于"皮书系列"中涉及中国经济发展的研究资料构建，内容涵盖宏观经济、农业经济、工业经济、产业经济等 12 个重点经济领域，为实时掌控经济运行态势、把握经济发展规律、洞察经济形势、进行经济决策提供参考和依据。

中国行业发展数据库（下设 17 个子库）

以中国国民经济行业分类为依据，覆盖金融业、旅游、医疗卫生、交通运输、能源矿产等 100 多个行业，跟踪分析国民经济相关行业市场运行状况和政策导向，汇集行业发展前沿资讯，为投资、从业及各种经济决策提供理论基础和实践指导。

中国区域发展数据库（下设 6 个子库）

对中国特定区域内的经济、社会、文化等领域现状与发展情况进行深度分析和预测，研究层级至县及县以下行政区，涉及地区、区域经济体、城市、农村等不同维度。为地方经济社会宏观态势研究、发展经验研究、案例分析提供数据服务。

中国文化传媒数据库（下设 18 个子库）

汇聚文化传媒领域专家观点、热点资讯，梳理国内外中国文化发展相关学术研究成果、一手统计数据，涵盖文化产业、新闻传播、电影娱乐、文学艺术、群众文化等 18 个重点研究领域。为文化传媒研究提供相关数据、研究报告和综合分析服务。

世界经济与国际关系数据库（下设 6 个子库）

立足"皮书系列"世界经济、国际关系相关学术资源，整合世界经济、国际政治、世界文化与科技、全球性问题、国际组织与国际法、区域研究 6 大领域研究成果，为世界经济与国际关系研究提供全方位数据分析，为决策和形势研判提供参考。

法律声明

　　"皮书系列"（含蓝皮书、绿皮书、黄皮书）之品牌由社会科学文献出版社最早使用并持续至今，现已被中国图书市场所熟知。"皮书系列"的相关商标已在中华人民共和国国家工商行政管理总局商标局注册，如LOGO（🖐）、皮书、Pishu、经济蓝皮书、社会蓝皮书等。"皮书系列"图书的注册商标专用权及封面设计、版式设计的著作权均为社会科学文献出版社所有。未经社会科学文献出版社书面授权许可，任何使用与"皮书系列"图书注册商标、封面设计、版式设计相同或者近似的文字、图形或其组合的行为均系侵权行为。

　　经作者授权，本书的专有出版权及信息网络传播权等为社会科学文献出版社享有。未经社会科学文献出版社书面授权许可，任何就本书内容的复制、发行或以数字形式进行网络传播的行为均系侵权行为。

　　社会科学文献出版社将通过法律途径追究上述侵权行为的法律责任，维护自身合法权益。

　　欢迎社会各界人士对侵犯社会科学文献出版社上述权利的侵权行为进行举报。电话：010-59367121，电子邮箱：fawubu@ssap.cn。

社会科学文献出版社